Andrzej Zbych

Hauptmann KLOSS greift ein

Militärverlag
der Deutschen Demokratischen
Republik

ISBN 3-327-00971-6

1. Auflage in dieser Ausstattung
Originaltitel: Andrzej Zbych, Stawka większa níz Życie

Ins Deutsche übertragen von Hartmut Kühn.

Lizenz–Nr. 5
LSV: 7224
Printed in the German Democratic Republic
Lichtsatz: INTERDRUCK Graphischer Großbetrieb Leipzig, III/18/97
Druck: Druckerei des Ministeriums für Nationale Verteidigung
(VEB) – Berlin
Lektor: Karola Nickel
Umschlaggestaltung: Peter Huse
Typografie: Günter Molinski
Bestellnummer: 747 355 0
00540

Die letzte Chance

Er wußte, daß sie mit dem Morgenzug aus Berlin in Warschau eintreffen würden. Auf dem Bahnhof wimmelte es von Menschen, die sich, schwer mit Taschen und Koffern beladen, zum Ausgang drängten. Deutsche Soldaten füllten die Bahnsteige, versperrten die Zugänge und erkundigten sich nach den Zügen in Richtung Westen und Osten.

Er trat in dem Augenblick auf den Bahnsteig, als die Stimme aus dem Lautsprecher verkündete: «Achtung, Achtung, der Schnellzug Berlin–Warschau ...» Er sah eine Gruppe Offiziere, die bestimmt auf sie warteten. Ein Oberst, zwei Beamte in Uniformen des SD und natürlich Hauptmann Ruppert, auf dessen Anwesenheit er am meisten gehofft hatte, obwohl er bis zum letzten Moment nicht sicher war, ob die Informationen stimmten, die er erhalten hatte. Ruppert erblickte ihn sofort. Gutaussehend und elegant gekleidet, kam er herbei und hob lässig die Hand, was man mit ein wenig Phantasie für einen Hitlergruß hätte halten können.

«Wie geht es, Hans?» fragte er. «Was machst du hier?»

«Ich fahre nach Radom», entgegnete Kloss. «Ich habe noch ein wenig Zeit.»

«Und da hast du dich entschlossen, die große Hoffnung unseres Reiches zu sehen, den Wundertäter, den Menschen, der den Feind schneller vernichtet als Rommels Divisionen?»

«Von Henning?» fragte Kloss. «Ich habe noch nicht einmal gewußt, daß er heute ankommen soll.»

«Das hast du nicht gewußt?» Ruppert lachte über das ganze Gesicht. «Er kommt, er kommt, und sogar mit seiner Tochter. Man sagt, sie soll schrecklich häßlich sein.»

Der Zug lief ein. Die lange Reihe Waggons blieb quietschend in der Halle stehen. Die Menge strömte langsam den Treppen entgegen. Endlich, als der Bahnsteig fast leer geworden war, erschien in der Tür eines Waggons ein großer Mann in einem grauen Mantel und mit einem breitrandigen Hut. Neben ihm trug ein junges Mädchen mit Brille eine Reisetasche. Die Offiziere, die solange gewartet hatten, bewegten sich sofort in ihre Richtung und umringten sie. Kloss sah von Henning genau an; er wollte sich alle Details dieses Gesichts einprägen, er schloß die Augen, um alle Züge im Gedächtnis zu behalten, um diesen Menschen mit größerer Genauigkeit beschreiben zu können, als es irgendein Polizeibeamter vermocht hätte.

So also sah Professor von Henning aus! Er würde in Warschau scharf bewacht werden. Der SD würde ihn keinen Augenblick aus den Augen lassen, ein Posten sollte ständig vor seinem Arbeitsraum stehen. Die Versuche, die der Professor hier durchführen wollte, liefen unter dem Schutz von SS-Spezialbataillonen ab. Und trotzdem mußte er, Hans Kloss, die Pläne von Hennings in die Hand bekommen, er mußte sie haben, selbst wenn …

Es war übrigens immer das gleiche. Immer widersetzte sich das eigene Leben, wenn es um höhere Beträge ging. Kloss blickte noch einmal auf von Hennings Tochter, ein nicht sonderlich großes Mädchen, das vielleicht doch gar nicht so häßlich war, wie Ruppert noch vor einem Moment behauptet hatte. Gerade stellte sich der Hauptmann wieder neben ihn.

«Hast du sie dir angesehen, Hans?»

«Habe ich», sagte Kloss ernst. «Du hattest unrecht, das Mädchen ist gar nicht so übel.»

«Benita von Henning?» Ruppert lachte laut. «Meinst du das wirklich ernst, Hans? Wenn du willst, kannst du sie bei meiner Ilse kennenlernen.»

«Warum nicht», entgegenete Kloss.

Eigentlich hatte er schon erreicht, was er beabsichtigte, von

Henning gesehen und gleichzeitig die Bestätigung für die Information erhalten, daß Ruppert dem Professor zugeteilt worden war. Das war sehr wichtig, vielleicht sogar der Schlüssel zu der ganzen Angelegenheit. Ob Ruppert weich werden würde? Es war nie sicher, wozu ein Mensch in einer faschistischen Uniform fähig war. Aber Ruppert hatte viel zu verlieren, die Möglichkeiten einer Karriere, das Geld seines Vaters und schließlich Ilse, die Tochter Generals von Broch. Kloss hatte sie einige Male gesehen. Eine große, gut gebaute Frau, wahrscheinlich eine von denen, die an ihre deutsche Mission glaubten. Aber vielleicht täuschte er sich auch nur? Es war nicht einfach festzustellen, was wirklich hinter den Haltungen und Gesten eines Menschen stand. Er blickte auf die Uhr. Schließlich mußte er noch nach Radom. Über die Ergebnisse der Aktion «Ruppert» würde er erst am nächsten Tag etwas erfahren.

Der Bahnsteig war schon fast leer. Kloss ging langsam zu den Treppen. Er bemühte sich, starr geradeaus zu sehen, während Menschen mit Paketen und Koffern an ihm vorbeidrängten. Sie waren notdürftig und ärmlich gekleidet, konnten aber trotzdem ihren Haß nicht verbergen.

Als Kloss sich mit dem Leiter der Abwehr Radom zum Abendessen begab, ging in Warschau ein älterer, elegant gekleideter Herr in ein Haus nahe der Kreuzung Wilcza-Komotowska. Es war eines der kurz vor dem Krieg gebauten, gut erhaltenen Mietshäuser, die breite, mit Marmor ausgelegte Treppenhäuser und große, helle Wohnungen hatten. Nur Menschen ohne Geldsorgen konnten in einem solchen Haus wohnen, in dem die Miete das gewiß nicht schlechte Einkommen eines Beamten weit überstieg.

Der ältere Herr klingelte zweimal an der Wohnungstür im zweiten Stock. Er mußte einen Moment warten, bevor eine ältere Dame im langen Abendkleid auf der Schwelle erschien. Er verbeugte sich und gab ihr einen Handkuß, was von Vertraulichkeit zeugte, die jedoch nicht der Achtung entbehrte. Sie gingen in ein banal eingerichtetes Zimmer. Der einzige Einrichtungsgegenstand, der nicht zu dem bürgerlichen, ein wenig überladenen Inneren paßte, war ein Büfett von gewaltigen Ausmaßen, daß mit Gläsern und Flaschen vollgestellt war.

Die Gastgeberin öffnete zwei Spiegelschränke, die einen großen Teil der Wand einnahmen, und plötzlich befanden sie sich in einem geräumigen Salon, in dem das Vorkriegs-Sopot im okkupierten Warschau wiederauferstanden zu sein schien. Dichtgedrängt standen Männer und Frauen um ein Roulett. Der Croupier trug einen Frack und sprach Französisch. Die Gastgeberin bot dem älteren Herrn einen Stuhl an und verschwand dann wortlos hinter der Tür. Das Spiel interessierte ihn wenig; er war hier oft zu Gast, er kannte dieses geheime Nest und seine ständigen Gäste ziemlich gut.

Er lächelte zu einem hübschen Mädchen hinüber, das täglich hierherkam, um dann mit einem der Gewinner zu verschwinden; er nickte einem Mann mit heruntergezogener Krawatte zu, der fast den ganzen Dollarhandel des Warschauer Schwarzmarktes in seiner Hand hatte, und rückte dann seinen Stuhl so, daß er das Spiel eines jungen Mannes in einem dunklen, gut geschnittenen Anzug beobachten konnte. Der alte Herr wußte eine Menge über ihn, denn seinetwegen war er hierhergekommen. Er hieß Willy Ruppert, und seine Leidenschaft für das Roulett war sicherlich nur für die Vorgesetzten des gutaussehenden Hauptmanns ein Geheimnis. Ruppert hatte gerade ein Häufchen Spielmarken auf die Nummer dreiundzwanzig geschoben und verfolgte gespannt den Lauf der Kugel. Sie übersprang seine Nummer und blieb dicht daneben liegen. Der Croupier scharrte die Spielmarken des Deutschen zusammen. Ruppert stand auf und ging mit ziemlich unsicheren Schritten zur Tür. Der ältere Herr erhob sich ebenfalls. An der Theke trafen sie sich. Der ältere Herr füllte ohne Eile sein Glas und ging zu Ruppert hinüber.

«Guten Abend, Herr Hauptmann.»

Ruppert verbarg seinen Unwillen nicht. «Woher kennen Sie mich? Wer sind Sie?» Er hatte es doch bisher geschafft, unerkannt zu bleiben, und diesen Ort nie in Uniform betreten.

«Ich heiße Schmidt.» Der ältere Herr führte das Glas zum Mund. «Aber dieser Name wird Ihnen nichts sagen, obwohl unsere Bekanntschaft schon lange zurückreicht.»

«Ich sehe Sie zum erstenmal», bemerkte Ruppert kühl.

«Das ist nicht ganz treffend.» Schmidt schenkte sich wieder ein. «Sie haben verloren?»

«Was geht Sie das an? An diesem Ort schickt es sich nicht, zu fragen.»

«Entschuldigen Sie bitte.» Auf Schmidts Gesicht erschien ein Lächeln, ein freundschaftliches und nachsichtiges Lächeln. «Ich hoffe, daß Sie diesmal nicht so viel verloren haben wie im Jahre siebenunddreißig», sagte er mit Nachdruck, aber so leise, daß sich der Deutsche unwillkürlich zu ihm beugte.

«Was soll das heißen?»

«Nichts ..., höchstens so viel, daß sich im Leben manches wiederholt.»

Ruppert stellte sein Glas ab und wollte gehen, aber Schmidt hielt ihn mit einer gebieterischen Geste zurück.

«Nein, Herr Ruppert, jetzt werden Sie nicht gehen. Jetzt widmen wir uns ein wenig den Erinnerungen.» Er blickte sich um und vergewisserte sich, daß sie niemand beobachtete. «Im Jahre siebenunddreißig», fuhr er fort, «haben Sie dem polnischen Geheimdienst wertvolle Dienste erwiesen.»

Rupperts Gesicht erstarrte. Er schwieg. Er preßte das Glas in der Hand, dann griff er in die Tasche. Der ältere Herr, der sich als Schmidt vorgestellt hatte, zeigte keinerlei Unruhe, obwohl er sich darüber klar sein mußte, daß der entscheidende Moment käme, wenn der Deutsche die Waffe ziehen und schießen würde. Seit vielen Jahren war er mit dieser Arbeit vertraut und liebte diese kribbelnde Aufregung. Er sprach mit gleichmäßiger und ruhiger Stimme weiter, als hätte er Rupperts Geste nicht bemerkt.

«Sie haben damals zwölftausend Mark für die Fotokopien des Planes A erhalten. Das war eine hübsche Summe, mehr als Sie bei Baron Moltke verloren hatten.»

Ruppert nahm die Hand aus der Tasche und zündete sich eine Zigarette an. Der ältere Herr konnte nur mit Mühe ein Lächeln unterdrücken. Er wußte, er hatte schon gewonnen.

«Was wollen Sie von mir?» fragte Ruppert.

«Langsam, langsam.» Nun hatte Schmidt es nicht mehr eilig. Der Deutsche saß im Netz und konnte nicht mehr entkommen. «Wie geht es Inge?»

Inge ... So hieß Rupperts Schwester, die damals in einem Wehrmachtstab gearbeitet hatte. Ein zusätzlicher Trumpf, vielleicht sogar ein schon überflüssiger, aber der ältere Herr spielte gewöhnlich mit allen Karten.

«Sie ist die Frau meines Freundes», flüsterte Ruppert.

«Sehen Sie, ich erinnere mich an alles. Auch daran, daß damals gerade Ihre Schwester als Sekretärin im Ministerium ...»

«Genug!» Ruppert unterbrach ihn. «Sagen Sie mir, was Sie von mir verlangen.»

«Ein paar Kleinigkeiten.» Schmidt lächelte. «Nichts Bemerkenswertes. Dann vergessen wir alles.»

«Und wenn ich zur Gestapo gehe?»

«Dieser Weg bleibt Ihnen immer offen. Ich bitte Sie nur, sich daran zu erinnern, daß ich die Quittung mit Ihrer Unterschrift und keinerlei Gründe zum Schweigen habe.»

«Wer sind Sie?»

«Das ist unwichtig», antwortete der ältere Herr. Und nun begann er im Flüsterton, ganz langsam die Aufgabe zu erläutern, die sein Gesprächspartner erfüllen sollte.

«Uns interessieren von Hennings Experimente.»

«Das mache ich nicht!» Ruppert schrie beinahe.

«Leiser! Sie werden es tun. Bis übermorgen muß ich den Plan des Versuchsgeländes haben. Und dann noch eine Kleinigkeit ...»

Der ältere Herr beherrschte seine Arbeit ausgezeichnet.

Seine Anweisungen waren detailliert und präzise. Er bestimmte Ort und Zeit des nächsten Treffens und steckte Ruppert eine Mikrofilmkamera in die Tasche. Er lächelte, als der Deutsche die Spielhölle verließ, und war völlig ruhig.

Ruppert trat taumelnd aus dem Haus auf die Wilcza. Die Sperrstunde hatte schon begonnen, die Straßen waren leer und dunkel. Er schleppte sich durch die Wilcza. Diese fremde, feindliche Stadt erschien ihm auf einmal schrecklich und bedrohlich; ihn würgte die Angst, daß die Mietshäuser aus den dunklen Fenstern auf ihn blicken, ihn beobachten und auf Schritt und Tritt verfolgen würden und jeder seiner Gedanken Gegenstand einer genauen Untersuchung wäre. Er fühlte sich fast erleichtert, als ihn mit einem lauten «Halt!» eine Patrouille anhielt. Er zeigte seine Dokumente und starrte den zackigen Streifenführer unverwandt an. Es ist doch eine deutsche Stadt, dachte er. Aber schon einen Augenblick später, als er in die Aleje Ujazdowskie einbog, hörte er wieder auf, daran zu glauben, obwohl in der Villa Róż Ilse auf ihn wartete. In wenigen Minuten würde sie ihn fragen, ob er wieder getrunken hätte. Er würde antworten, er habe getrunken und würde weiter trinken, weil er ein Lump sei, sich eine Kugel in den Schädel jagen sollte, weil er die Achtung vor sich selbst verloren habe und weder Ilses noch der Uniform eines deutschen Offiziers würdig sei.

Kloss dachte voller Unruhe an Adams Mission. Dieser ältere Herr, mit dem er seit ein paar Monaten zusammenarbeitete, weckte ständig Unruhe in ihm, nicht Mißtrauen, aber einfach Unruhe. Adam betrachtete seine Arbeit als eine Art Spiel, das ihn von Zeit zu Zeit unterhielt und reizte, und das er mit berufsmäßiger Präzision ausführte. Kloss hatte sich nie für einen Fachmann gehalten, er fühlte sich eher als Amateur, und selbst, wenn das Risiko dieses Spiels ihm alles abverlangte, wäre er lieber an die Front gegangen. Adam hingegen war ein alter Fuchs, eben ein hervorragender Kundschafter, ein Mensch am richtigen Platz.

Gleich am Morgen nach der Rückkehr aus Radom war Kloss nach Mokotów gefahren. Das kleine Antiquitätengeschäft, das sich unweit der Puławska befand, weckte bei niemandem Mißtrauen. Man konnte hier gelegentlich eine gute alte Uhr kaufen, manchmal eine interessante Vase oder eine bibliophile Seltenheit aus privaten Buchsammlungen. Der Geschäftsinhaber hatte übrigens keinen großen Erfolg.

Als Kloss den Laden betrat, herrschte dort Leere. Marcin kam sofort hinter dem Ladentisch hervor, schloß die Tür ab und ging mit ihm nach hinten. Sie nahmen in einem kleinen Zimmer, das voll war von verstaubtem Gerümpel und Spinnweben, auf einem niedrigen Sofa Platz.

«Adam hat Ruppert geangelt», berichtete Marcin. Seiner Meinung nach war die Arbeit gut ausgeführt worden. Ruppert würde nicht zur Gestapo gehen, weil er ein Lump war, ein feiger Lump, dessen Feigheit sich bezahlt machen würde, wenn man sie in einer solchen Situation ausnutzte. Marcin war voller Optimismus, aber Kloss wurde seine Unruhe nicht los.

«Die Zentrale hat sich gemeldet», fuhr Marcin fort. «Sie haben die Information, Henning habe die Absicht, gerade hier in Polen seine neue Raketenwaffe auszuprobieren. Verstehst du, was das heißt? Deshalb bereiten sie das Versuchsgelände vor.»

«Es ist mir zu glatt gegangen», wandte Kloss ein. «Ich fürchte mich vor zu leichten Siegen. Wir wissen nicht, ob Ruppert überhaupt Zutritt zu den Plänen hat. Und ich bin mir nicht sicher, ob er nicht doch zur Gestapo geht.»

«Du glaubst Adam nicht?» fragte Marcin.

«Ich glaube ihm», antwortete Kloss, «darum geht es nicht. Die Aufgabe ist sehr schwierig ...» Er winkte ab. Was sollte er noch sagen? «Hast du die Art und Weise der Kontaktaufnahme festgelegt?»

Marcin bestätigte es. Den Kontakt zu Ruppert würde Anna aufrechterhalten. Adam würde man nicht mehr vorschicken, er sollte für alle Fälle eine Zeitlang Warschau verlassen ... Aber Anna ... Als Marcin ihren Namen aussprach, sprang Kloss auf. Kloss und Marcin kannten sich seit vielen Monaten, seit der Zeit, als Kloss der Warschauer Abteilung zugeteilt worden war, und trotzdem wußte Marcin nicht alles. Er wußte nicht, daß Kloss Anna kannte, sie sich seit ein paar Wochen fast jeden Tag trafen, entgegen jeglichen Regeln der Konspiration, entgegen der allerstrengsten Anweisung, daß Kloss nur mit einem Mitglied der Gruppe, mit der er zusammenarbeitete, Kontakt unterhalten dürfe. Er konnte seine Erregung nicht verbergen. Marcin war ein zu aufmerksamer Beobachter. Man konnte ihn nicht hintergehen. «Du kennst Anna?» fragte er.

«Ja», bestätigte Kloss.

«Das hättest du nicht tun dürfen. Begreifst du nicht», sagte Marcin fast im Flüsterton, «daß es dafür in deinem Leben keinen Platz gibt?»

Kloss wußte es genauso gut wie er, und dennoch wollte er weder Anna aufgeben noch mit Marcin darüber reden, obwohl sie eigentlich fast befreundet waren und sich nicht schlecht verstanden.

«Warum gerade Anna?» fragte er.

Der Antiquitätenhändler zuckte mit den Schultern. Wen hätte er sonst schicken sollen? Anna eignete sich hervorragend für diese Aufgabe.

«Wann soll sie herkommen?»

«Heute abend», sagte Marcin. «Heute abend erkläre ich ihr, was sie zu tun hat.»

Den ganzen Vormittag über war Kloss beschäftigt. Er erstattete seinem Chef, Oberst Recke, Meldung von seiner Reise nach Radom und rief dann Ruppert an. Er hatte den Eindruck, der Hauptmann sei erfreut darüber.

«Gut, daß du anrufst», sagte er. «Ich wollte dich für heute abend einladen. Ilse arrangiert ein kleines Essen aus Anlaß der

Ankunft von Hennings, den sie noch aus Berlin kennt. Wir würden uns freuen, wenn du kämst.»

Kloss sagte natürlich zu. Er mißtraute Ruppert, befürchtete immer noch, daß dieser zu einem Doppelspiel fähig sei, und die Angst um Anna bestärkte ihn noch in seinen Befürchtungen. Aber die Aufgabe mußte erledigt werden, und er hatte kein Recht, von Marcin zu fordern, Anna an dieser Aktion nicht teilnehmen zu lassen. Sie hätte sich außerdem selbst nie damit einverstanden erklärt.

Am Abend wartete er in der Puławska. Er sah Anna in das Antiquitätengeschäft gehen und wurde ungeduldig, als sie nicht so schnell wieder herauskam. Endlich erblickte er sie an der Haltestelle. Sie bemerkte ihn ebenfalls und lächelte. Kloss dachte, einst werden solche Zeiten kommen, in denen man ruhig zu seinem Mädchen gehen, es am Arm nehmen und nach Hause wird bringen können. Sie stiegen in dieselbe Straßenbahn – er in das Abteil für Deutsche, sie in das dichte Gewimmel im Innern des Wagens. Er tat, als läse er Zeitung, aber in Wirklichkeit blickte er unablässig zu ihr, unablässig sah er sie, in die Ecke zwischen Bank und Fenster gedrängt, neben einem älteren Herrn, der vergeblich versuchte, die Scheibe herunterzukurbeln. Die Straßenbahn rollte über die Poniatowski-Brücke und bog dann in die Zieleniecka ein, wo sie an der Haltestelle Ecke Grochowska hielt. Die Straßen von Praga schienen noch dunkler zu sein als die in der Innenstadt. Im Wagen war es schon nicht mehr so voll. Anna hatte einen Platz gefunden, nun konnte er ihr Gesicht sehen, aber sie blickten sich nur verstohlen, scheinbar zufällig an, denn sie konnte nur mit Verachtung zum deutschen Abteil blicken.

Plötzlich bremste die Straßenbahn heftig. Kloss sah vor sich eine leere Straße, einen Lastwagen mit schwarzer Plane und eine Abteilung SS-Männer – ein gewohnter, fast alltäglicher Anblick. Immer wieder schürten derartige Erlebnisse seinen Haß, und er empfand ohnmächtige Wut, als er sah, wie die

Menschen von der SS zusammengetrieben wurden, wobei die Bestien mit den Gewehrkolben auf sie einschlugen.

In der Tür des Wagens erschien ein SS-Mann und brüllte: «'raus!»

Die Menschen stiegen langsam aus, voller Angst und ohne Hoffnung, denn die Straßenbahn war eine Falle, aus der es keine Rettung gab.

Kloss traf sofort seine Entscheidung. Als der Wagen schon fast leer war, ging er zu Anna, hakte sie unter und nahm ihr die Tasche ab. Zusammen verließen sie die Straßenbahn. Der SS-Mann musterte sie mißtrauisch, aber salutierte, während eine alte Frau vor ihnen auf die Erde spuckte. Lange noch hörten sie das Brüllen der SS und das Weinen und Wehklagen der Frauen.

«Wie konntest du das tun?» fragte Anna.

«Hätte ich es nicht getan», sagte Kloss, «wärst du jetzt schon auf dem Pawiak.»

«Du hast mir so oft erklärt, daß wir uns unter keinen Umständen, wo auch immer, zusammen zeigen dürfen.»

«Ja, unter keinen Umständen, wo auch immer.»

Es war klar, was Marcin sagen würde, hätte er sie zusammen sehen können. Aber dennoch waren sie zusammen, gingen eine leere Straße in Praga entlang, und es kam ihm noch nicht einmal der Gedanke, man könnte sie beobachten oder verfolgen. Anna blieb vor der Toreinfahrt eines alten Mietshauses stehen.

«Wir sind da. Eine Freundin hat mir ihr Zimmer für zwei Tage überlassen. Sie ist nach Kraków gefahren. Kommst du mit?»

Aber er konnte nicht, weil er an diesem Abend auf dem Empfang bei Ilse, der Verlobten von Ruppert, sein mußte, um Benita von Henning kennenzulernen. Es war immerhin möglich, daß der stattliche Offizier der Tochter von Hennings gefiel. Und das könnte sich vielleicht einmal als nützlich erweisen.

Die Villa von Ilse und Ruppert war geschmackvoll eingerichtet. Die Offiziere beneideten Ruppert um dieses Mädchen; die Tochter eines Generals, das hieß Geld und Beziehungen, und außerdem verstand sie noch zu gefallen, sowohl den älteren Herren vom Stab als auch den Gestapoleuten aus der Szucha-Allee. Sie tanzte gerade mit Sturmbannführer Lothar, einem Mann mit trockenem, quadratischem Gesicht, von dem man sagte, er besäße keine Leidenschaften, ihn reizten weder Frauen noch Alkohol. Es tanzten übrigens nur wenige Paare, die Mehrheit der Gesellschaft hatte es vorgezogen, an der Bar Platz zu nehmen.

Unter den Männern in Ausgangsuniformen stach Professor von Henning hervor. In seinem dunklen Anzug wirkte er wie jemand aus einer anderen Welt. Seine Tochter Benita stand in einem schlichten Kleid neben ihrem Vater und beobachtete aufmerksam die Gesellschaft.

«Ich freue mich, daß du gekommen bist», sagte Ruppert. Er nahm Kloss beim Arm und führte ihn zu Hennings. «Leutnant Hans Kloss», stellte er ihn dem Professor vor.

Von Hennings Hand war trocken, Benitas Hand hielt Kloss ein wenig länger in der seinen. Ihre Augen blickten ihn hinter den Brillengläsern scharf an, sie schienen zu sagen: Du hättest mich nicht bemerkt, wäre ich nicht die Tochter von Hennings. Ruppert brachte Gläser, das Grammophon war soeben verstummt, und neben dem Professor erschienen Ilse und Lothar.

«Nett, sich mal nicht dienstlich zu treffen», bemerkte der Gestapomann zu Kloss gewandt.

«Ich habe gedacht, Sie sind dienstlich hier, Sturmbannführer», antwortete Kloss leise.

Lothar lächelte. «In gewissem Sinne. Ich bin überall dort, wo Professor von Henning ist.»

Ilse lachte ein wenig zu laut. «Vielleicht tanzen Sie mit mir, Professor? In Berlin, bei meinem Vater, habe ich einmal bemerkt, daß Sie prächtig tanzen.»

Der Professor bewegte sich steif im Takt eines sentimentalen Tangos, Kloss konnte also Benita auffordern. Beim Tanzen drückte er sie an sich, das Mädchen aber tat kalt und steif.

«Es scheint mir», sagte Kloss, «als hätte ich Sie schon irgendwo gesehen.» Nur diese Banalität fiel ihm ein.

«Beginnen Sie ihre Gespräche immer auf diese Art?»

«Nein», entgegnete er. «Sie tanzen ausgezeichnet, Benita.»

Er führte sie zur Bar und füllte zwei Gläser. Sie trank sehr vorsichtig, berührte den Alkohol nur mit den Lippen.

«Wie lange bleiben Sie in Warschau?»

«Ich weiß nicht. Warum fragen Sie?»

«Ich könnte Ihnen die Stadt zeigen.»

«Meinen Sie, hier lohnt sich irgend etwas?»

«Vielleicht», antwortete er. «Ich würde das übrigens auch nicht wegen Warschau, sondern Ihretwegen tun.» Er fühlte, wie ihn dieser Satz würgte.

Die Männer griffen immer häufiger zu den Gläsern. Die Gespräche wurden lauter. Kloss fing Fetzen dieser Gespräche auf, blickte dabei laufend zu Benita, die nicht so häßlich war, aber auch nicht so hübsch, als daß sein Interesse an ihr nicht hätte Verwunderung hervorrufen müssen.

«Franz ist gerade aus der Kursker Gegend zurückgekommen», plauderte irgendein Mädchen.

«Man sagt, wir beginnen eine neue Offensive.»

«Mein Bruder», begann eine andere, «hat mir ein Kleid aus Paris geschickt. Wenn du wüßtest, was das für ein Kleid ist! Ich muß es ein wenig kürzen, aber die hiesigen Schneider!»

«Ich fahre morgen ab.» Ein Offizier der Wehrmacht griff nach der Hand seiner Begleiterin. «Es ist uns nur ein Abend geblieben, Berta.»

Ilses Lachen übertönte alle Stimmen. «Trinken Sie, meine Herren!» rief sie. «In dieser verfluchten Stadt muß man sich von Zeit zu Zeit ...»

Sie zog Ruppert zu sich heran, die beiden tanzten wieder einen Tango, bis das Grammophon plötzlich stockte.

Von Henning und Lothar standen ein wenig abseits an der

Bar, als wollten sie ihre Besonderheit unterstreichen. Beide mit vollen Gläsern in der Hand, beide etwas zu ernst und zu feierlich.

«Wer ist der junge Mann, der mit Benita tanzt?» fragte von Henning.

«Leutnant Hans Kloss», antwortete Lothar. «Kein schlechter Offizier. Er kommt aus einer guten Familie.»

Hennings Gesicht blieb ausdruckslos. Er trank, dann stellte er das Glas ab.

«Ich fühle mich in dieser Stadt nicht allzu wohl», bemerkte er. «Man hat mich übrigens gewarnt, man müsse sehr aufpassen.»

«Sie können völlig beruhigt sein, Professor», entgegnete Lothar. «Ich habe hervorragende Leute, die wissen, daß auch hier die Front verläuft.»

Kloss tanzte fortwährend mit Benita und dachte dabei an Anna. Vielleicht wartete sie in dem Zimmer in Praga immer noch auf ihn. Aber er würde von hier als letzter fortgehen, zusammen mit Benita, sich zumindest darum bemühen, mit ihr zu gehen, denn wenn Ruppert einmal ausfallen würde, könnte die Bekanntschaft mit Benita ein Gewinn sein.

«Woran denken Sie, Leutnant?» fragte Benita.

«An Sie», antwortete er ohne zu zögern und drückte sie noch stärker an sich. Sie widersetzte sich nicht mehr, aber ihre Augen blickten weiterhin aufmerksam hinter den Brillengläsern hervor. Kloss fühlte noch einen anderen Blick auf sich gerichtet, den Rupperts. Der Hauptmann stand an der Bar und trank ein Glas nach dem anderen. Ilse ging zu ihm.

«Hör auf zu trinken, Willy», flüsterte sie. «Es reicht.» Sie wollte ihm das Glas fortnehmen, aber er erlaubte es nicht. Ilse ging zum Flügel, griff in die Tasten und begann mit wohltönender Stimme zu singen.

Der Treff war in Pomianowskis Kaffeestube angesetzt. Kloss, der auf der gegenüberliegenden Seite in der Marszałkowska stand, sah Ruppert ins Café hineingehen und ein paar Minuten später Anna aus der Straßenbahn steigen. Er beobachtete die Umgebung schon seit einer halben Stunde, hatte aber nichts Verdächtiges bemerkt. Nun war er überzeugt, Ruppert wurde nicht beschattet und das Café war nicht umstellt. Er beschloß dennoch zu warten, obwohl er sich klar darüber war, daß er nichts würde tun können, falls ihm Agenten der Gestapo entgangen sein sollten. Er war gespannt, ob Ruppert das Material mitgebracht hatte.

Ruppert breitete währenddessen die Berliner «Morgenpost» vor sich aus und legte auf die ausgebreitete Zeitung ein Päckchen Zigaretten Marke «Privat». In der Packung war ein Mikrofilm. Langsam wurde er nervös. Er hatte das Gefühl, in eine Sackgasse geraten zu sein, aus der es keinen Ausweg gab. Er war klug genug, um zu wissen, daß kein Geheimdienst seine Opfer wieder aus den Fängen ließ. Eigentlich hätte er sein Leben beenden müssen, aber er hatte ganz und gar keine Lust zu sterben. Er hatte Angst vor dem Tod, er wußte um diese Angst und schämte sich ihrer. Ihn machte dieses idiotische Zeremoniell nervös: die ausgebreitete Zeitung, die Zigarettenpackung und schließlich die Parole: «Wir haben uns in Berlin bei Horsch getroffen.»

Und die Antwort: «Ich wohne ganz in der Nähe, deshalb bin ich öfter dort.»

Ob derselbe Mann kommen würde, der ihn in der Spielhöhle erpreßt hatte? Warum aber dann diese Umstände?

Er erblickte in der Tür ein hübsches, gutgekleidetes Mädchen. Es sah sich aufmerksam in dem Café um und kam dann auf seinen Tisch zu.

Diese Polinnen könnten einem gefallen, dachte er gerade noch, da blieb sie mit einem zauberhaften Lächeln vor ihm stehen und sprach den gewissen Satz aus: «Wir haben uns in Berlin bei Horsch getroffen.»

Er sprang von seinem Stuhl auf und stotterte die Antwort. Sie gab ihm die Hand und setzte sich lächelnd.

«Bestellen Sie mir einen Kaffee», sagte sie. «Verhalten Sie sich so wie bei einem Rendezvous.»

Wenigstens das hätten sie ihm ersparen können. «Ich bin dagegen, daß Frauen in solche Angelegenheiten verwickelt werden», äußerte er unwillig.

«Sie haben sich nicht verändert», sagte sie laut, als die Kellnerin zu ihnen trat. «Und wie geht es Tante Elisabeth?»

«Ich kenne keine Elisabeth», gab er ihr nach einer Pause mürrisch zur Antwort.

«Ich auch nicht», antwortete sie und nahm mit geschickter Bewegung die Zigarettenpackung vom Tisch. Sie verschwand augenblicklich in ihrer Handtasche.

«Alles in Ordnung?» fragte sie.

«Ja», sagte er. «Ich bitte Sie, Ihren Leuten zu sagen», fügte er hinzu, «daß übermorgen unser letzter Treff sein wird. Ich werde nichts weiter für euch tun.»

«Gut», sagte sie. «Also übermorgen um dieselbe Zeit?»

Sie verließ zuerst das Café. Ruppert wartete noch einen Augenblick, obwohl er es sehr eilig hatte. Er würde sich um ein paar Minuten verspäten, und Professor von Henning schätzte Pünktlichkeit über alles. Er begab sich fast im Laufschritt zum deutschen Viertel. Zum Glück entdeckte er Kloss nicht, der noch immer in der Toreinfahrt wartete. Als er den Posten passiert hatte, der die Villa von Hennings bewachte, wischte er sich den Schweiß von der Stirn. Er war völlig zerschlagen, konnte sich nur mit Mühe beherrschen und hoffte, daß Benita nichts bemerken würde, denn vor ihr hatte er mehr Angst als vor ihrem Vater.

«Der Professor wartet schon seit zehn Minuten», sagte sie trocken und gab ihm die Hand.

In der hübschen Villa hatte man vor kurzem die Arbeitsräume des Professors eingerichtet. In einem großen Zimmer, in dem sich noch einige Möbel im Stil der Jahrhundertwende befanden, stand der Schreibtisch, ein anderes, bedeutend größeres, diente als Arbeitszimmer des Professors. Ein großer Sekretär, ein Zeichentisch und ein Panzerschrank von ansehnlichen Ausmaßen gehörten zur Einrichtung.

«Erinnern Sie sich bitte in Zukunft daran, daß ich Pünktlichkeit liebe», sagte der Professor ohne aufzusehen.

«In Ordnung», murmelte Ruppert.

«Sie haben gestern getrunken», fuhr der Professor im gleichen Tonfall fort. «Halten Sie sich bitte beim Alkohol zurück, solange wir mit dieser Arbeit noch nicht fertig sind.»

Sie beugten sich beide über den Zeichentisch.

«Studieren Sie diese Pläne», trug ihm von Henning auf. «Als Pionier müßte Ihnen klar sein, welche Art von Versuchsgelände ich benötige und ...»

In diesem Augenblick erschien Benita in der Tür. «Ein Anruf aus Berlin, Papa, sie können nicht durchstellen.»

«Bitte warten Sie auf mich, Ruppert», sagte der Professor. «Es wird etwas länger dauern.»

Der Hauptmann blieb allein im Zimmer zurück. Jetzt war die Gelegenheit, vielleicht die einzige, endgültig aus dem Netz zu schlüpfen, wenn ein Herauskommen überhaupt noch möglich war. Er hatte sehr wenig Zeit, aber genug, um die Bilder von der Abschußrampe zu machen, sie den anderen zu übergeben und dann niemanden mehr zu sehen, weder Schmidt noch das junge Mädchen, das wirklich zu hübsch war, als daß man sie in solche Arbeit hätte einbeziehen sollen. Ruppert beugte sich über die Pläne. Die Mikrokamera hatte er in der oberen Uniformtasche. Während er ständig die Tür im Auge behielt und nach Schritten lauschte, machte er die Aufnahmen.

Er ahnte nicht, er konnte nicht einmal vermuten, daß er genauestens beobachtet wurde. An einem kleinen Loch, das verdeckt in der Wand unter dem Hitlerbild eingelassen war, stand im Nebenzimmer Sturmbannführer Lothar. Neben ihm Benita. Über Lothars Gesicht huschte ein böses Lächeln. Er ließ kein Auge von dem fotografierenden Ruppert.

«Ich habe es geahnt», flüsterte er. «Ich habe schon lange vermutet, der polnische Geheimdienst würde versuchen, ihn einzuspannen. Es ist ihnen schon einmal gelungen. Wir haben zu spät davon erfahren, aber trotzdem noch früh genug!»

«Was werden Sie jetzt unternehmen?» fragte von Hennings Tochter.

«Sie werden es sehen, Fräulein Benita.» Lothar lächelte.

Kloss wurde seine Unruhe nicht mehr los. Als Marcin ihm vom ersten Treff zwischen Anna und Ruppert berichtete, lief er mit großen Schritten in dem kleinen Raum hin und her.

«Es ist zu leicht gegangen», sagte er. «Ich habe Angst, weil es zu leicht gegangen ist.»

«Zweifelst du daran, daß die Pläne echt sind?» fragte Marcin. «Für mich ist das ein großer Erfolg.»

Ja, natürlich war es ein Erfolg, woher also diese Angst, die Kloss nicht einen Augenblick verließ. Ruppert war, wie Adam behauptet hatte, vor dem Krieg durch die Berliner Agentur angeworben worden, und der deutsche Geheimdienst war ihm nicht auf die Spur gekommen. Nach der Verhaftung Sosnowskis, des polnischen Residenten in Berlin, hatte seine Mitarbeit aufgehört, man hatte ihn in Ruhe gelassen. Er hatte die ganze Zeit über in der Wehrmacht gedient. Also war wohl alles in Ordnung. Wenn ein erfahrener Mann wie Adam keine Falle sah, hätte er, Kloss, auch ruhig schlafen können. Aber nein, er konnte nicht: Er kannte Ruppert. Er wußte, es genügte, ihn hart anzufassen, und er würde alles auspacken. Wenn Sturmbannführer Lothar auch nur den leisesten Verdacht schöpfen würde …

Am nächsten Tag um zwölf Uhr mittags sollte sich Anna mit Ruppert ein zweites Mal in Pomianowskis Café treffen. Kloss hätte es lieber nicht zu dieser Begegnung kommen lassen, aber was konnte er Marcin vorschlagen? Er würde also wieder auf der Marszałkowska stehen und das Café beobachten. Es war nicht einfach, die Gestapoagenten zu erkennen, aber sollten sie dasein, würde er sie sicher vor Annas Eintreffen bemerken.

«Die Pläne der Abschußrampe», hatte Marcin verträumt gesagt. «Morgen werden wir die Pläne der Abschußrampe haben.»

«Und dann übernimmt ein anderer den Kontakt zu Ruppert», hatte Kloss gefordert. «Anna muß Warschau für einige Zeit verlassen.»

«Gut, gut.» Marcin war sofort damit einverstanden gewesen. «Wie läuft es bei Benita von Henning?» hatte er weiter gefragt.

«Sie wird nicht mehr nötig sein, wenn Ruppert die Pläne beschafft.»

«Mach weiter bei ihr. Es kann so viel passieren.»

Kloss hatte Benita schon zweimal angerufen, sich mit ihr für den Abend verabredet, und so würde Anna um einen weiteren Abend mit ihm kommen; er dachte, Anna würde doch wegfahren müssen. Ein Mensch mit seiner Aufgabe mußte allein bleiben. In seinem Leben durfte es keinen Platz für Anna geben.

Am Abend ging er mit Benita die Aleje Ujazdowskie entlang. Dieses unscheinbare Mädchen war keineswegs dumm, sondern ein sehr gefährlicher Gegner. Sie unterhielten sich über Warschau, Kloss erzählte von der Zerstörung der Stadt, und Benita behauptete sofort, er habe zu lange über dieses Thema gesprochen.

«Tut Ihnen Warschau leid?» fragte Benita.

«Nein», erklärte er ruhig. «Ich bin nicht sentimental.»

«Wir Deutschen pflegen sentimental zu sein», behauptete sie. «Das ist eine deutsche Eigenschaft. Selbst die Notwendigkeit zur Zerstörung ist für uns eine gefühlsmäßige Notwendigkeit.»

«Mag sein», entgegnete er trocken und hakte sie unter. Sie lächelte und lehnte sich leicht an. Ihm war klar, nun hätte er sie zu sich einladen müssen. Er verwarf diesen Gedanken jedoch; noch hatte er Zeit, noch war nicht heraus, ob er sie brauchen würde. In diesem Augenblick hörten sie die Schritte einer Streife. Sie erreichten gerade die Kreuzung zur Straße Pius XI., als auf der gegenüberliegenden Seite ein Mann auftauchte. Er ging sehr schnell an den Häuserwänden entlang. Die Sperrstunde war schon überschritten, er mußte sich also beeilen.

Er schafft es, dachte Kloss, sie haben ihn nicht bemerkt. Aber Benita hatte ihn gesehen.

«Dort!» rief sie.

Die Gendarmen blieben auf der Stelle stehen und hatten ihn sofort erblickt. «Halt!» rief der Streifenführer.

Die Gestalt wandte sich zur Flucht. Der Polizist nahm die Maschinenpistole und schoß in kurzen Feuerstößen. Der Flüchtende stolperte und sackte langsam auf dem Gehweg zusammen.

«Gehen wir», sagte Kloss. Er fühlte Schweißperlen auf der Stirn. Die Hand ruhte an der Waffe. Erst jetzt bemerkte er, daß er instinktiv die Pistolentasche geöffnet hatte. Wenn er die Waffe gezogen hätte!

«Du wolltest schießen?» fragte Benita. «Mit der Pistole hättest du ihn nicht erreicht.»

Ihn würgte der Haß. Er blickte ihr ins Gesicht. «Gehen wir», sagte er.

Sie nahm ihn bei der Hand. Sie schmiegte sich noch stärker an; sie atmete schnell, ihre Hand war feucht, als sie nach der seinen griff.

«Gehen wir», wiederholte er. «Wo wohnst du?»

«Du weißt nicht, wo man Professor von Henning einquartiert hat? Hat es dir dein Freund Ruppert nicht erzählt?»

Nur mit Mühe fand er zu seiner Rolle zurück. Er dachte jetzt nur eins: totschlagen, totschlagen, totschlagen ...

«Ruppert ist nicht mein Freund», erklärte er. Jedes ausgesprochene deutsche Wort verursachte ihm Qualen. «Ich kenne ihn einfach nur.»

«Er ist nicht dein Fall?»

«Nein. Mir sind härtere Menschen lieber.»

«Mir auch», sagte sie. «Mir auch. Du bist hart, nicht wahr?»

Am Morgen des nächsten Tages rief ihn sofort Oberst Recke zu sich. Recke war ein Offizier der alten Schule, er kam aus den Reihen der Abwehr. Er trug ein Monokel. Mit steifer Haltung und trockener Stimme sprach er kurz und sachlich, nur das Nötigste. Er liebte den Alkohol, aber das verbarg er sorgfältig vor seinen Untergebenen.

«Sie gehen zu Lothar», erklärte er. «Um zehn Uhr dreißig melden Sie sich in der Polizeistraße.»

«Zu Befehl!»

«Diese Leute haben wieder irgendwelche Forderungen an uns. Hören Sie sich das an. Können Sie schweigen?»

«Jawohl.»

«Fangen Sie keine Diskussionen mit Lothar an. Die Abwehr weiß alles, aber sie nutzt nicht alles aus. Klar?»

Um zwölf würde sich Anna mit Ruppert in Pomianowskis Café treffen. Wenn die Besprechung mit dem Gestapomann länger dauern würde, konnte er ihr keinen Schutz bieten. Aber vielleicht wußte Recke etwas über Ruppert? Er konnte ihn natürlich nicht fragen. Solch ein alter Abwehrmann hatte sicherlich das ganze Archiv im Kopf, aber er benutzte nur das, was sich für ihn oder Canaris bezahlt machte. Was wurde hier gespielt? Kloss hatte seit langem vermutet, daß Recke ein undurchsichtiges Spiel betrieb und die Abwehr als eine Art Privatorganisation behandelte. Würde man das ausnutzen können?

Er stand vor dem Schlagbaum in der Szucha-Allee und blickte die Straße entlang, die ihn an seine Kindheit erinnerte. An der Ecke zur Litewska hatte Tante Ludka gewohnt, die Schwester seiner Mutter. Er dachte, die Zeit wird kommen, in der die Schlagbäume von hier verschwinden.

Von einem Lastwagen, der gerade angekommen war, stießen SS-Männer Menschen auf den Gehsteig hinunter. Eine ältere

Frau blickte Kloss mit ausdruckslosen Augen an. Er ging weiter. Er mußte eine Weile warten, bis man ihn in Lothars Arbeitszimmer rief. Ihn ließ das Bild der alten Frau nicht los, die ihn angesehen hatte, als wäre er Luft gewesen. Sie hatte ihn an eine alte Lehrerin erinnert.

Lothar repräsentierte den Typ des Gestapomannes, den Kloss für den gefährlichsten hielt. Ein altes Mitglied der NSDAP, überzeugt davon, daß man ihn früher um seine Karriere betrogen hatte, war er bereit, alles zu tun, um noch einen Rang höher zu klettern. Vor 1933 war er als Vertreter im Auftrag einer nicht sehr großen Kosmetikfirma quer durch Deutschland gereist, aber er hatte es nicht verstanden, für die Waren Reklame zu machen, und Not gelitten. Eine seiner ersten Aktivitäten im SS-Sicherheitsdienst war es gewesen, seinen ehemaligen Chef zu denunzieren; er sollte ihn eigenhändig in einem kleinen Lager bei Hamburg erschossen und, wie man erzählte, daraufhin sogar einige Schwierigkeiten gehabt haben. Kloss wußte, Lothar konnte Offiziere der Wehrmacht nicht ausstehen; er sah in ihnen potentielle Verräter.

«Der Führer traut ihnen auch nicht», wiederholte er.

Er blickte Kloss kalt an, stand auf, hob vorschriftsmäßig den Arm und wies ihm einen Sessel zu. Er gehörte nicht zu den Menschen, die geradewegs sagen, worum es ihnen geht. Im Laufe von ein paar Jahren hatte er alle Tricks erlernt: Haken zu schlagen, das Ziel zu umkreisen, aus dem Gesprächspartner herauszuholen, was sich herausholen ließ, ohne zu offenbaren, was er schon wußte, solange das möglich war. Sie unterhielten sich über Professor von Henning. Lothar erwähnte, ohne zu lächeln, Benitas Flirt mit Kloss sei ihm nicht entgangen. Der Fakt, daß Kloss mit der Tochter des Professors getanzt und sie dann nach Hause begleitet hatte, war in diesem Haus zu einer Information von erstrangiger Wichtigkeit geworden. Hatte Kloss von seinem Chef irgendeinen Befehl erhalten, sich für Benita zu interessieren? Hatte Oberst Recke mit ihm über von Henning gesprochen?

Kloss zuckte mit den Schultern. Durch das große Fenster sah er auf den Hof des Gebäudes in der Szucha-Allee, die sich jetzt Polizeistraße nannte. Verstohlen blickte er zur Uhr. Würde Lothar endlich sagen, worum es ihm ging?

Er erklärte natürlich, keinerlei Anweisungen von seinem Chef zu haben. Für die Sicherheit von Professor Henning sei allein der SD verantwortlich. Und mit Benita könne man sich einfach angenehm unterhalten. Er wartete und stellte keine Fragen. Jede Frage hätte nur die Aufmerksamkeit des Gestapomannes erregt. Die Zeiger der Uhr bewegten sich erschrekkend schnell. Kloss dachte, seine Unruhe sei sicherlich grundlos, die Gestapo hatte mit der Abwehr die verschiedensten Fragen zu klären. Warum sollte das Gespräch ausgerechnet Ruppert betreffen? Woher dann aber das Interesse für Benita?

Da stellte Lothar eine Frage. Nur an der fast unmerklich gepreßt klingenden Stimme und dem veränderten Akzent war zu erkennen, daß er endlich auf das eigentliche Anliegen zu sprechen kam. Der Gestapomann wollte nämlich wissen, ob die Abwehr Informationen über Ruppert besäße.

Kloss fühlte sein Herz heftig schlagen. Er zündete sich eine Zigarette an und blickte wieder auf die Uhr. Es war gleich halb zwölf. Wußte Lothar etwas, oder wußte er nichts? Er antwortete vorsichtig, wie Oberst Recke es ihm eingeschärft hatte: «Ruppert wurde, wenn ich richtig informiert bin, vom SD überprüft.»

«Ich bitte um eine genaue Antwort», forderte Lothar. «Sie versuchen, mir auszuweichen, wie alle Offiziere der Abwehr.»

«Diese Annahme ist unbegründet», entgegnete Kloss kühl. «Ich habe das Archiv der Abwehr nicht im Kopf.»

«Genug», sagte der Gestapomann. Er hob ein wenig die Stimme und stützte sich nach dem Vorbild des Führers mit der linken Hand auf den Schreibtisch. «Die Abwehr behält ihr Wissen gern für sich, was? Und vielleicht hat es euch auch nicht gestört, daß Ruppert vor dem Krieg für den polnischen Geheimdienst gearbeitet hat?»

«Ruppert?» Kloss mußte den Überraschten spielen, während ihm die Uhrzeiger vor den Augen flimmerten. Also er wußte es! Schon sah er Ruppert und die auf Anna wartenden Gestapoleute. Lothar hatte natürlich eine Falle gestellt. Aber vielleicht verdächtigte er auch ihn, Kloss? Vielleicht wollte er Anna ihm gegenüberstellen? Er mußte sofort das Mädchen benachrichtigen. Jetzt ging es um Minuten. «Über Rupperts Verrat war uns nichts bekannt», behauptete er. «Wenn sie Genaueres wissen, gratuliere ich zum Erfolg.» Ihn würgten seine eigenen Worte.

«Ich habe ihn überführt», sagte Lothar. «Und das ohne eure Hilfe. Ihr seid ein Verein», brüllte er plötzlich, «der seine Pflichten nicht erfüllt. Sie können das Ihrem Chef ausrichten!»

«Zu Befehl», sagte Kloss. Er blickte demonstrativ auf die Uhr.

«Sie haben es eilig?» Lothars Stimme klang ironisch.

«Ich habe es eilig», antwortete Kloss. «Was soll ich Oberst Recke noch übermitteln?» Es war Viertel vor zwölf.

«Einen Augenblick. Ich wollte Ihnen ein paar Fragen stellen. Fragen persönlicher Art, Kloss. Sie waren mit Ruppert befreundet?»

«Das ist übertrieben. Ich kannte ihn.»

«Haben Sie mit ihm über von Henning gesprochen?»

«Ich war damals auf dem Empfang», antwortete Kloss. «Genauso wie Sie. Er hat mich Benita vorgestellt.»

Ruppert würde schon im Café warten, und Anna konnte jeden Moment dort sein. Sie war pünktlich. Sie war leider immer pünktlich. Lothar hatte Ruppert bestimmt nicht festgenommen; er hätte aus ihm alles herausgequetscht und einen Augenblick später schon Anna gehabt. Kloss würde es nicht schaffen; es war schon zehn vor zwölf.

«Haben Sie Ruppert festgenommen?» Kloss wagte die Frage.

Auf Lothars Gesicht erschien etwas, das einem Lächeln ähnlich war. Jetzt blickte auch er auf die Uhr.

«Sie halten mich wohl für einen Idioten, Kloss. Ich bitte, Herrn Oberst von Recke zu sagen, er soll sein Archiv durchstöbern. Wenn es etwas über Ruppert gibt, lassen Sie es mir zukommen. Es ist nicht viel, was ich von Ihnen erfahren habe.»

Kloss stand auf.

Fünf Minuten. Ihm waren nur noch fünf Minuten geblieben. Ein langer Korridor. Treppen. Ein SS-Mann öffnete ein Gitter. Wieder ein Korridor. Er hätte rennen mögen, aber er mußte langsam gehen und mit gleichgültiger Miene den Posten passieren. Hatte er überhaupt noch eine Chance? Es war drei Minuten vor zwölf.

Genau in dem Augenblick, als Kloss das Gebäude in der Szucha-Allee verließ, bestellte Ruppert in Pomianowskis Café einen Kaffee. Er blickte zum Fenster hinaus, breitete auf dem Tisch die Zeitung aus und legte eine Zigarettenschachtel obenauf. Eigentlich tat ihm das Mädchen leid, auf das zwei Gestapoleute in Zivil warteten, aber mit Mitleid und Bitterkeit dachte er vor allem an sich selbst. Soweit war es also mit ihm gekommen. Er, Hauptmann Willy Ruppert, ein Offizier mit großer Zukunft, der Geliebte der schönsten Frau in Warschau, mußte hier in dieser polnischen Kaffeestube die Rolle eines Köders, eines kleinen Spitzels spielen, den man ungestraft treten und entwürdigen konnte. Nun haßte er sie alle: Lothars Leute in den Mützen mit den Totenschädeln, die selbstsicheren Polen, die ihn zum Verrat gezwungen hatten und ihm auf der Straße mit gesenktem Blick entgegenkamen, um Haß und Verachtung zu verbergen.

Ein älterer Herr stimmte auf dem Flügel eine Melodie an, er spielte schrecklich falsch. Ruppert hatte ein gutes Gehör, er versuchte, nicht hinzuhören und blickte immer wieder zum Fenster hinaus. Das Mädchen hätte längst hier sein müssen. Vielleicht würde sie nicht kommen? Er wünschte wirklich für einen Augenblick, sie würde nicht kommen, den Häschern aus der Polizeistraße entgehen, aber sofort überfiel ihn wieder die Angst. Lothar glaubte ihm nicht, hatte erklärt, Ruppert hätte ihn belogen. Welches Schicksal erwartete ihn? Die Gestapoleute beobachteten ihn aufmerksam. Er kannte diese Gesichter, die kalten Gesichter der Spitzel. Beide schauten gleichzeitig auf die Uhr. Sie fingen an, ungeduldig zu werden.

Kloss hielt gerade eine Fahrradrikscha an.

«Mach schnell, Bruder», sagte er auf polnisch.

Der Rikschafahrer blickte ihn verwundert an und trat in die Pedale. Sie rasten die Marszałkowska entlang. Es war fünf nach zwölf. Kloss warf dem Jungen eine Münze zu. Er war wieder der deutsche Offizier, der es nirgendwo eilig hat. Er ging an Pomianowskis Café vorbei, blickte durch das Fenster und fühlte, wie ihm vor Erleichterung die Beine zitterten. Ruppert saß allein am Tisch. Was war mit Anna geschehen?

Anna ging die Wilcza entlang in Richtung der Aleje Ujazdowskie. Sie war in Eile. Sie kam an einer Gruppe vorbei, die eine Bekanntmachung an einer Mauer umringte. Als sie in die Mokotowska gelangte, sah sie plötzlich eine leere Straße vor sich. Ein Alarmsignal! Die Fußgänger verschwanden von der Wilcza. Ein Ladenbesitzer aus dem Souterrain knallte seine Tür zu. Anna blieb stehen. Fast wäre sie mit einer Frau zusammengestoßen, aus deren Tasche ein Brot ragte.

«An der Krucza machen sie eine Razzia», flüsterte sie, und Anna änderte sofort ihren Weg. Es half nichts – sie würde sich um zehn Minuten verspäten. Auf der Marszałkowska schien es ihr sicher; ein Zeitungsmann pries laut den «Nowy Kurier Warszawski» an, die Menschen warteten an den Haltestellen, und an der Ecke verkaufte ein älterer Herr mit Brille selbstgedrehte Zigaretten. Anna kannte ihn und lächelte ihm zu. Sie beschleunigte ihren Schritt. Es war schon zehn nach zwölf.

Kloss wartete. Aus welcher Richtung würde Anna kommen? War das Haus umstellt, oder warteten sie nur drin? Er mußte

Anna rechtzeitig bemerken! Er stellte sich in einen Hauseingang. Eine vorbeifahrende Straßenbahn nahm ihm für einen Moment die Sicht. Dann sah er Anna. Als er über den Fahrdamm lief, hätte ihn fast ein Auto angefahren. Anna war schon am Rinnstein und erblickte Kloss erst, als er zu ihr trat und sie so heftig anrempelte, daß ihre Tasche zu Boden fiel.

«Entschuldigung», sagte er, hob die Handtasche auf und fügte hinzu: «Geh nicht hin! Gestapo!»

Anna machte sofort kehrt und verschwand im Gedränge. Kloss blieb allein. Er blieb stehen und holte das Feuerzeug hervor. Seine Hände zitterten, als er sich eine Zigarette anzündete.

Beruhige dich, dachte er. Beruhige dich, sie ist in Sicherheit.

An der Mauer eines alten Mietshauses leuchtete, zwar ausgewischt, aber dennoch sichtbar, eine mit schiefen Buchstaben gemalte Aufschrift: «Warschau kämpft».

Um zwölf Uhr vierzig traten die Gestapoleute zu Ruppert, der immer noch wartete. «Gehen wir», sagte einer von ihnen, «sie kommt bestimmt nicht mehr.»

Ruppert erhob sich widerwillig; er wußte, was ihn erwartete. Er hatte noch eine Spur Hoffnung, wenn sie sich auf der Marszałkowska befinden würden. Sie könnte sich einfach verspätet haben, vielleicht würde er sie doch noch sehen. Sollte dieses polnische Mädchen der Teufel holen, es ging schließlich um ihn, Willy Ruppert. Eigentlich war er unschuldig, er wollte in Ruhe leben. Er mochte die Nazis nicht sonderlich, aber hatte auch mit den Polen nichts im Sinn. Die Polen hatten ihn zweimal zur Mitarbeit gezwungen, und jetzt zwang ihn Lothar.

Lothar wartete schon in seinem Arbeitszimmer. Er blickte mit seinen undurchdringlichen Augen auf Ruppert und zündete sich eine Zigarette an, ohne ihm eine anzubieten.

«Du hast uns belogen», sagte er, «aber uns darf man nicht belügen.»

Ruppert wollte sich empören, er sei ein deutscher Offizier, er erlaube es nicht, daß man so mit ihm rede, er erlaube es nicht, ihn mit du anzusprechen, selbst wenn er verdächtigt werde, er habe schließlich im Polenfeldzug das Eiserne Kreuz bekommen, aber er stammelte nur: «Ich war wirklich mit ihr verabredet, Sie können mir glauben!» Er hatte Angst. Er fühlte Schweiß auf seiner Stirn und hatte feuchte Hände. Werde ich Ilse noch einmal sehen? dachte er ohne Pause.

Lothar beobachtete ihn aufmerksam; Rupperts Angst entging ihm nicht. Er mochte es, wenn die Menschen Angst hatten, das waren die einzigen wichtigen Momente in seinem Leben; er empfand dabei Befriedigung, fast körperlichen Genuß. Er hatte nie geschlagen, wenn er auf den Gesichtern der Verhörten das gesehen hatte, was er jetzt auf Rupperts Gesicht erblickte. Er wußte dann, daß das sein Mann war, den man schonen mußte; aber später änderte er oft seine Meinung und konnte den Feigling, aus dem er schon alles herausgepreßt hatte, ohne Zögern erschießen.

«Erinnere dich gut», sagte er langsam, «ob du von unserem Gespräch erzählt hast.»

«Nein, Sturmbannführer.»

«Ilse?»

«Ich habe Ilse gegenüber nichts erwähnt», sagte Ruppert, aber er hätte schreien mögen, Lothar solle das Mädchen aus dem Spiel lassen, wie könne er es wagen, sie beim Vornamen zu nennen.

«Bist du sicher?»

«Bitte, glauben Sie mir, Sturmbannführer!»

In einem Nebenzimmer erscholl ein Schrei, der plötzlich abriß, aber Ruppert schien es, als halte der Schrei weiter an, als hätte jemand eine Platte aufgelegt, die ständig den gleichen Ton wiederholte.

Lothar lächelte, und das kam selten vor. «Ich gebe dir eine

Chance», sagte er. «Eigentlich sollte ich das nicht tun, weil du ein Lump und ein Verräter bist, aber ich habe eine Schwäche für dich. Wenn du binnen zwei Tagen das Mädchen findest …»

«Wie soll ich das machen?»

«Das ist deine Sache, mein Lieber. Wir haben dir nicht gesagt, daß du vom polnischen Geheimdienst Geld nehmen sollst. Das ist deine letzte Chance Ruppert, und wenn nicht, dann weißt du, was dich erwartet?»

«Ich weiß es», sagte er und wußte es tatsächlich. Ihm trat der leere Hof des Gebäudes in der Polizeistraße vor Augen, die steinernen Platten, das tägliche Scheuern. Wo würden sie ihn töten? Sicherlich nicht auf dem Hof, sondern im Keller, im Dunkeln.

«Und schau mal bei dieser Spielhölle vorbei, mein Lieber», fügte Lothar hinzu. «Vielleicht triffst du deinen alten Bekannten Schmidt. Ich würde gern etwas mit ihm plaudern.»

Also erlaubten sie ihm zu gehen, und Ruppert ging, ohne daran zu denken, daß das Urteil damit nur aufgeschoben war. Hinausgehen – das allerwichtigste in diesem Augenblick war es, hinauszugehen und nicht die blasse Visage Lothars und die Platten auf dem Hof dieses Gebäudes sehen zu müssen.

«Anna muß verschwinden», sagte Kloss. «Lothar hat jetzt ihre Personenbeschreibung.»

Marcin hatte Figuren auf einem Schachbrett aufgestellt und dann mit der linken Hand wieder umgeworfen.

Anna legte Kloss die Hand auf die Schulter. «Du übertreibst.» Sie lächelte. «Ich werde höchstens meine Frisur ändern.»

Sie begriffen nicht, sie begriffen noch immer nicht! Sie unterschätzten den Gegner; die Jahre der Okkupation hatten ihnen vor allem Verachtung für die Deutschen eingegeben.

«Sie werden alles tun, dich zu finden», erklärte er. «Lothar weiß jetzt, daß wir beschlossen haben, zu Henning vorzudringen. Sie werden ihn besser bewachen als Kutschera. Lothar ist ein gefährlicher Gegner.»

«Ich habe einen Befehl erhalten.» Marcin sprach leise, ohne sein Spiel mit den Schachfiguren zu unterbrechen. «Wir müssen die Pläne Hennings um jeden Preis haben.»

«Wir zahlen einen hohen Preis!» Kloss dachte, dieser Preis könnte Anna sein oder er oder sie alle, aber er wußte auch, er würde auch deshalb nicht aufgeben bis zum Ende des Krieges: eine undurchführbare Aufgabe, die man durchführen muß.

«Hast du irgendeinen Plan?» fragte Marcin.

«Teile Adam mit, daß er verraten worden ist», sagte er. «Am besten, du brichst für gewisse Zeit den Kontakt zu ihm ab.»

«Schon geschehen. Also hast du einen Plan?»

«Ja», sagte Kloss. «Dazu brauche ich Anna.»

«Du hast gesagt, sie müsse verschwinden.»

«Sie wird morgen verschwinden.» Jedes Wort kostete ihn Überwindung. Er hatte kein Recht, Anna einer Gefahr auszusetzen, aber er mußte, denn es war die einzige Gelegenheit, das Unmögliche möglich zu machen.

«Ich bin einverstanden», sagte Anna.

Die einzige Chance, von Hennings Pläne zu bekommen, war Benita, das unscheinbare Mädchen mit der Brille, das man dennoch nicht unterschätzen durfte, denn es wußte, daß es nicht gerade schön war, und seine Augen verloren selten ihren wachen Ausdruck. Sie kam abends zu ihm, wie telefonisch verabredet worden war.

«Vater ist heute abend bei General von Falkenheim.» Damit wiederholte sie, was er schon am Telefon gehört hatte und worauf sein Plan beruhte. «Ich habe Zeit für dich», flüsterte sie, als er ihr den Mantel abnahm, «aber ich habe immer noch etwas Angst.»

«Wovor?» Schon waren sie ins Zimmer gegangen. Auf dem Tisch standen zwei Gedecke, Gläser. Sie erfaßte es sofort.

«Wenn sich für mich jemand interessiert, der sympathisch

ist ... Könntest du für diesen Abend vergessen, daß ich Benita von Henning heiße?»

«Ich werde nicht daran denken», versprach er, nicht sehr überzeugt davon, daß er glaubhaft log. «Ich vergesse, daß du das am besten bewachte Mädchen in Warschau bist.»

«Das zieht dich an?»

«Nein, nein!» rief er schnell und bot ihr einladend einen Stuhl an.

Sie blickte zu der Schlafzimmertür hinüber, dann leerte sie das erste Glas. Kloss legte eine Platte auf. Benita tanzte hervorragend, er spürte, wie er langsam ihr Vertrauen gewann, wie sie sich immer stärker an ihn schmiegte. Dann nahm sie die Brille ab und legte sie auf den Tisch.

«Du tanzt wunderbar, Hans.»

«Du auch, Benita», sagte er, und diesmal log er nicht.

«Ich tanze selten. Bei Schulfeiern habe ich meist in der Ecke gesessen.»

«Unfug», flüsterte Kloss, «du bist ein hübsches Mädchen, Benita.» Er übertrieb ein wenig, er fühlte sich nicht wohl in seiner Rolle. Sie rückte von ihm ab.

«Du lügst. Warum lügst du?»

«Ich sage die Wahrheit», widersprach er. «Ich habe das schon damals gedacht, als ich dich das erste Mal auf dem Bahnhof gesehen habe.»

«Du warst auf dem Bahnhof?»

«Zufällig», flüsterte er und begriff, daß er wieder einen Fehler begangen hatte. Er hätte das nicht sagen dürfen. In ihren Blick kehrte der wache Ausdruck zurück. Er füllte die Gläser, sie trank gehorsam, aber war dennoch irgendwie anders. Sie nahm die Brille nicht ab, und er spürte unaufhörlich ihren aufmerksamen Blick auf sich gerichtet.

«Willst du mich betrunken machen?» Sie lächelte.

«Wäre das schlimm?»

«Nein, natürlich nicht. Also trinken wir!» Sie schmiegte sich wieder an ihn. «Ich bin selten betrunken.»

Dann bat sie ihn, ein Glas Wasser zu bringen. Das war die Gelegenheit, auf die er gewartet hatte, denn er hatte genug von diesem Abend und von dem Betrug an dem Mädchen, dessen Unglück der Name von Henning war. Er ging in die Küche, füllte ein Glas mit Wasser und nahm eine kleine Phiole aus der Tasche. Dieses Schlafmittel müßte sofort wirken.

Er konnte nicht sehen, daß Benita aufgestanden war und durch die geöffnete Tür die Szene beobachtete. Sie war bedeutend nüchterner, als Kloss angenommen hatte, eigentlich völlig nüchtern. Sie begriff. Als er ins Zimmer zurückkam, saß sie wieder an ihrem Platz und sah das leere Glas an.

«Gieß mir noch etwas ein», flüsterte sie, «ich will mich richtig betrinken.»

Kloss gab ihr das Glas, sie nahm es in die Hand und setzte es an die Lippen.

«Und jetzt stell das Grammophon an.»

Er wechselte die Platte. Benita goß das Wasser in eine Blumenvase und hielt weiterhin das leere Glas in der Hand, tat so, als habe sie es schon geleert und schmiegte sich an ihn, als das Grammophon den Tango wiederholte.

«Du gefällst mir», flüsterte sie. «Du gefällst mir bei weitem besser als Ruppert.» Sie lachte laut heraus. «Du bist stärker und klüger. O Hans, du kannst mit Mädchen umgehen.» Sie begann zu singen, dann brach sie plötzlich ab.

Kloss wartete darauf, daß sie ihm in die Arme sinken und die Augen schließen würde. Das Schlafmittel hätte schon längst wirken müssen, sie sprach jedoch immer noch.

«Ich habe eine schöne Stimme, nicht wahr? Alle sagen, wenigstens meine Stimme ist schön. Nun, küß mich! Du bist trotzdem schüchtern, Hans.»

Endlich sank sie in den Sessel zurück. Kloss war überzeugt, daß sie nur mit Mühe gegen die Müdigkeit ankämpfte.

«Gieß mir noch etwas ein, gieß deinem Mädchen noch etwas ein, das du mit einem Trick hierhergelockt hast.»

«Was redest du, Benita?»

Sie berührte das Glas leicht mit den Lippen. «O Gott, wie es sich mir im Kopf dreht, Hans, du hast keine Ahnung, was mit der Welt los ist! Was hast du mit mir gemacht?»

Er brachte sie ins Schlafzimmer und legte sie auf die Couch. Sie flüsterte noch: «Komm zu mir», und schloß die Augen.

Kloss beugte sich über sie. Sie atmete ruhig und regelmäßig, aber er wollte lieber noch einen Augenblick warten, ehe er Benitas Handtasche öffnen und ihr die Schlüssel entnehmen würde. Als er überzeugt war, daß das Mädchen schlief, ging er in das andere Zimmer zurück. Da schlug Benita die Augen auf; aus der Tasche ihres Kleides holte sie eine kleine Pistole. Sie trug immer eine Waffe bei sich, sogar in Berlin, und hier in Polen trennte sie sich nie von ihr. Sie erschien genau in dem Augenblick in der Tür, als Kloss zu einem großen Schrank trat.

«Bleib stehen», sagte sie, «beweg dich nicht! Hast du noch Lust auf ein Glas Kognak?»

Kloss drehte sich blitzschnell um. Er sah Benitas Augen, die kalt hinter den Brillengläsern hervorblickten, und die Pistolenmündung.

«Man soll keine Mädchen betrügen», flüsterte sie.

«Bist du verrückt geworden? Was redest du für einen Unsinn?» Er machte einen Schritt in ihre Richtung.

«Nicht zu nahe, mein Lieber. Komm nicht noch näher. Ich bin bei völligem Bewußtsein, ich habe deine Mixtur nicht getrunken. Du warst nicht vorsichtig genug.» Und nach einer Weile, Kloss war bewegungslos stehengeblieben, fügte sie hinzu: «Vater ist wirklich nicht zu Hause, das hast du dir gut ausgedacht. Für wen arbeitest du?»

«Du bist eine Verrückte», antwortete er.

«Jetzt bist du endlich ehrlich.» Sie lachte über das ganze Gesicht. «Komm nicht näher, sonst schreie ich. Jemand von deinen Nachbarn wird es schon hören. Hör mir genau zu. Du wirst mir jetzt alles erzählen, zumindest darauf habe ich ein Recht. Du denkst, Deutschland hat den Krieg schon verloren, nicht wahr?»

Kloss schwieg.

«Du willst nicht sprechen? Aber woher willst du wissen, daß ich mich nicht bereit erklären würde, mit dir zusammenzuarbeiten. Hast du nicht daran gedacht, Hans? Sag mir nur, für wen?»

Kloss schwieg immer noch. Endlich ging er langsam auf Benita zu. Er blickte aufmerksam in ihr Gesicht und auf die Waffe. Würde sie schießen oder nicht? Sie wich zurück, bis sie nur noch ein paar Schritte von dem großen Schrank trennten.

«Wenn du mir nicht sofort alles erzählst, schreie ich oder schieße.» Schließlich lehnte sie sich mit dem Rücken gegen die Schranktür. Kloss ging auf sie zu, ohne die Sekunden zu zählen. Noch einen Augenblick ...

«Bleib stehen!» schrie Benita, aber da öffneten sich mit einem Ruck die Schranktüren. Anna sprang heraus. Anna, die ganze Zeit über schweigende Zeugin der Szene, schlug Benita die Pistole aus der Hand. Sie konnte nicht einmal mehr schreien. Kloss tat es irgendwie leid, unnötig leid um diese Benita von Henning. Sie lag nun gefesselt auf dem Bett, hatte einen Knebel im Mund, und in ihren Augen waren Haß und Verzweiflung, als sie sah, wie Anna und Kloss im Zimmer umhergingen und in ihren Sachen wühlten. Sie blickte zu Anna, die sich in ihrem Kleid, in ihrem Mantel, mit ihrer Brille zum Ausgehen fertigmachte.

«Anna», sagte Kloss, als sie die Wohnung verließen, «es wird sehr gefährlich sein. Du gehst schnell am Posten vorbei, denn er muß sicher sein, daß du Benita bist. Findest du dich in von Hennings Arbeitszimmer zurecht? Hast du Rupperts Skizze im Kopf?»

«Ja», flüsterte Anna.

«In der Ecke steht ein Panzerschrank. Du öffnest den Schrank, machst eine Aufnahme und gehst dann durch die

Küche hinaus. Du kannst die Villa genau in dem Augenblick verlassen, wenn Wachablösung ist. Ich werde dich keine Sekunde aus den Augen lassen. Ich werde dich beschützen.»

Sie küßte ihn, als sie im Hausflur waren.

«Denke daran, wo die Zaunpfähle etwas niedriger sind. Aber nur bei der Wachablösung. Dann sieht der Wachhabende nicht auf den Hof. Jetzt komm!»

Die Nacht war dunkel, die Straße leer. Eine Polizeistreife ging an ihnen vorüber. Sie warteten noch ein paar Minuten unter einem Baum, dann lief Anna den Bürgersteig entlang und ging langsam zu dem Posten, der vor dem Tor der Villa von Hennings stand. Kloss, im Schatten des Baumes versteckt wartend, ließ sie keinen Augenblick aus den Augen. Er zog die Waffe heraus und entsicherte sie. Sein Herz schlug wild.

«Gute Nacht, Fräulein», sagte der Posten.

Kloss atmete erleichtert auf.

Anna ging zur Tür, nahm die Schlüssel aus der Handtasche. Einen Augenblick schien es, als verklemmte sich der Schlüssel. Es dauerte eine Ewigkeit.

Hoffentlich würde der Posten nicht versuchen, ihr zu helfen, dachte Kloss. Endlich klappte es, und Anna trat in das Innere des Heiligtums des Professors. Kloss verlor sie aus den Augen.

Anna durchquerte die Halle. Das Arbeitszimmer des Professors stand offen. Sie versuchte, an nichts mehr zu denken, sondern mechanisch nach dem von Kloss vorbereiteten Plan zu handeln. Zuerst zog sie die Vorhänge zu, dann schaltete sie das Licht an, nahm die Schlüssel heraus und ging völlig ruhig zum Panzerschrank. Der Schlüssel drehte sich im Schloß einmal, ein zweites Mal, aber die Tür öffnete sich nicht. Anna brach der Schweiß aus.

Nur die Ruhe bewahren, dachte sie, nur die Ruhe bewahren. Sie begann noch einmal von vorn. Als sich der Panzerschrank leise öffnete, gestattete sie sich eine Verschnaufpause. In dem mittleren Fach lagen sorgfältig numerierte Aktendekkel. Die geheimen Pläne Professor von Hennings. Anna breitete sie auf dem Tisch aus, holte einen Fotoapparat hervor und blickte auf die Uhr.

Wieviel Zeit blieb ihr noch bis zur Wachablösung?

Kloss wartete währenddessen mit schußbereiter Waffe unter dem Baum, nicht weit vom Tor. Wie lange würde es noch dauern? Noch nie war es ihm so schwergefallen zu warten. Da hörte er ein Motorengeräusch, ein offenes Militärfahrzeug kam angefahren, Soldaten sprangen heraus. Hatte Benita doch gelogen? Vielleicht hatte Professor von Henning gar nicht die Villa verlassen und nun die Gestapo angerufen? Nein, es verlief sicher alles nach Plan, es war nur die Ablösung.

Anna hätte aus der Villa kommen müssen. Sie löschte gerade das Licht, ging in die Küche und schloß die Küchentür mit Benitas Schlüsseln ab. Sie befand sich auf der Rückseite des Hauses, auf dem Hof. Sie hörte die Stimmen der Posten und sah einen Soldaten auf der Straße. Gebückt rannte sie quer über den Hof – das war das schwierigste Stück des Weges. Sie übersprang den Zaun, zerriß sich dabei das Kleid. Schon war sie auf dem Nachbargrundstück. Der Posten, der am Zaun entlanggelaufen war, machte gerade kehrt. Anna, die sich an der Mauer geduckt hatte, erreichte die Straße.

Kloss wartete dort. Beide verschwanden in der Dunkelheit. Sie sprachen lange kein Wort. Es dauerte eine ganze Weile, ehe Anna flüsterte: «In Ordnung.»

Der Morgen war sonnig. Anna stand mit einer Tasche in der Hand in dem kleinen Zimmer hinter dem Antiquitätengeschäft. Die Welt schien ihr jetzt fröhlich und schön. Sie mußte zwar Warschau verlassen, würde aber trotzdem bald wiederkommen und Hans sehen können. Ihre Arbeit, die schwerste Arbeit, die ihnen bisher übertragen worden war, hatten sie hinter sich. Sie konnten stolz sein. Die Faschisten würden nie darauf kommen, daß die Pläne von Hennings aufgehört hatten, ein Geheimnis zu sein.

«Was ist mit Benita geworden?» fragte sie.

Marcin lächelte krampfhaft. «Mir wäre es lieber gewesen», brummte er, «wir hätten das Mädchen nicht zu entführen brauchen. Jetzt haben wir nur Ärger mit ihr. Ich habe Leute in Kloss' Wohnung geschickt, die sie in einem Schrank an einen sicheren Ort in Mokotów gebracht haben.»

«Und was nun?»

«Ich weiß es nicht.» Er zuckte mit den Schultern. «Wir werden es der Zentrale melden. Es konnte nicht schlimmer kommen. Benitas Verschwinden bringt die ganze Warschauer Gestapo auf die Beine.»

«Aber was hätten wir tun sollen?»

Marcin zuckte wieder mit den Schultern. «Ich habe Angst um Hans», bemerkte er.

Jetzt begann auch Anna, sich um Hans Sorgen zu machen. Sie hatten sich vor kurzem erst getrennt, und es war ihr gewesen, als sei er völlig in Sicherheit, aber er mußte ja bleiben, und immer und überall konnte ihm der Tod drohen.

«Laß mich noch in Warschau bleiben.»

Marcin verbarg seine schlechte Laune nicht. «Laß diese Dummheiten», sagte er scharf. «Du fährst von hier aus sofort zum Bahnhof und meldest dich in Radom bei Bartek. Wenn ich dich hier noch einmal sehe, werde ich das als Nichtausführung eines Befehls betrachten.»

Als sie den Antiquitätenladen verließ, kehrte ihre fröhliche Stimmung wieder. Auf der Straße waren keine deutschen Uniformen zu sehen. Ein junger Mann, der Blumen in der Hand hielt, lächelte ihr zu, und Anna antwortete ihm ebenso. Sie ging langsam und blickte sich um, denn sie hatte immer noch die Hoffnung, einen winzigen Schimmer Hoffnung, Kloss zu sehen, obwohl sie wußte, daß er nicht hierherkommen durfte, daß er bei seiner verfluchten Abwehr beschäftigt war. Sie blieb an einer Straßenbahnhaltestelle stehen. Die Bahn kam gerade, und in diesem Augenblick sah sie den auf sie zukommenden

Hauptmann Ruppert. Er war schon sehr nahe, zu nahe, um noch fliehen zu können. Er erkannte sie, bevor sie irgendeine Entscheidung treffen konnte. Die Straßenbahn hielt an der Haltestelle. Anna lief zum hinteren Wagen, aber Ruppert war schon neben ihr und hielt sie am Arm fest.

«Lassen Sie mich los!» rief Anna.

Die Menschen gingen an ihnen vorüber und taten so, als bemerkten sie nichts. Die Straßenbahn fuhr an.

«Ich kenne Sie nicht!» schrie sie und klammerte sich an die Tür, aber auf dem Gehsteig erschien eine Polizeistreife.

«Nehmt sie fest!» befahl Ruppert.

Lothar hatte gesagt, das Mädchen zu finden sei Rupperts letzte Chance. Ruppert hatte sie gefunden, aber er hatte einen bitteren Geschmack im Mund, als er sich beim Sturmbannführer meldete. Er erwartete, sie würden sich wenigstens bei ihm bedanken, es könne irgendwie Schluß sein damit, er hatte noch immer die Hoffnung nicht aufgegeben, dem Netz zu entwischen. Aber Lothars Reaktion war bestürzend.

«Du bist ein Idiot!» schrie der Gestapomann.

Ruppert spürte, wie ihm die Hände zitterten; im Laufe der letzten paar Tage hatte er sich an die Beschimpfungen gewöhnt, er wußte, er würde auf keine Mißachtung mehr reagieren, aber er vermochte nicht, das Zittern seiner Hände zu verbergen.

«Du bist ein Dummkopf», sagte Lothar schon ruhiger. «Wer hat dir gesagt, du sollst sie festnehmen? Du solltest sie nicht aus den Augen lassen – das war alles. Was für eine Chance! Durch das Mädchen hätten wir zu ihrem Netz vordringen können.» Er setzte sich an seinen Schreibtisch und blickte Ruppert kalt an. «Eigentlich brauche ich dich nicht mehr, Ruppert», sagte er. «Du hast alles verdorben, Ruppert. Aber vielleicht hast du das bewußt getan? Rede, vielleicht treibst du weiter ein Doppelspiel?»

Ruppert hätte gern etwas gesagt, protestiert, aber die Worte erstarben ihm auf den Lippen.

Lothars Wut erreichte ihren Höhepunkt erst einen Augenblick später. Das Telefon klingelte und die Meldung, die der Sturmbannführer entgegennahm, bewirkte, daß sogar er, der in einer soliden Gestaposchule Erzogene, die Ruhe verlor. Benita von Henning war verschwunden! Er warf Ruppert aus seinem Arbeitszimmer, er würde ihn noch rufen lassen und fertigmachen; aber jetzt hatte er etwas anderes zu tun. Professor von Henning hatte schon Berlin alarmiert und den Gruppenführer angerufen, aber er, Lothar, verstand nicht und würde auch nach ein paar Stunden Verhör nicht verstehen, wie das hatte geschehen können. Der Posten, der seinen Dienst am Tor versehen hatte, bezeugte, daß Benita ungefähr um dreiundzwanzig Uhr dreißig zur Villa zurückgekommen sei, vor der Wachablösung. Alle Wachposten, die danach ihren Dienst versehen hatten, erklärten, die Villa habe niemand mehr verlassen. Professor Henning war erst gegen Morgen vom Empfang beim General zurückgekehrt. Wie konnte das also geschehen sein? Auf welche Weise war Benita verschwunden? Wohin war sie gegangen? Wer hatte sie entführt? Und wenn sie jemand entführt hatte, wie hatte er es geschafft, die Aufmerksamkeit der Posten abzulenken? Vielleicht steckten die mit ihm unter einer Decke? Nein, das war absurd. Es waren die besten seiner Leute, denen er die Bewachung der Villa übertragen hatte, oft erprobt, sie hätten sich dazu nicht hergegeben.

Das Gleiche meldete er ein paar Stunden später dem Gruppenführer, als dieser ihn in sein geräumiges Arbeitszimmer rufen ließ. Der Gruppenführer sah Lothar kalt an. Lothar stand in gebührender Haltung vor ihm und wußte, daß er ihm gegenüber ein Nichts war, eine Marionette, die man jeden Augenblick an die Ostfront schicken oder im Keller erschießen lassen konnte. Es weckte keinen Protest in ihm. Er fühlte nur Angst, die gleiche Angst, die die Menschen spüren mußten, die in Habachtstellung in seinem Arbeitszimmer vor ihm standen.

«Ich habe getan, was ich konnte, Gruppenführer», erklärte er.

«Sie haben nichts getan. Wenn von Hennings Tochter im Laufe von zwei Tagen nicht auftaucht, möchte ich nicht in Ihrer Haut stecken. Was wissen Sie über Benita von Henning?»

«Sie ist seit ihrer Studienzeit an der Technischen Hochschule in Berlin unsere Agentin», antwortete Lothar.

«Wie konnte sie die Villa unbemerkt verlassen?»

Das wußte Lothar nicht, aber es mußte eine solche Möglichkeit gegeben haben, da sie hinausgelangt war. Aber warum hatte sie das getan? Vielleicht arbeitete sie noch für einen anderen Geheimdienst? Nein, das war sicherlich ausgeschlossen.

Der Gruppenführer erhob sich. «Lothar, Sie haben eine für das Reich und für die weitere Kriegführung unerhört wichtige Sache verschlampt. Haben wir denn Gewißheit, daß von Hennings Experimente weiterhin Geheimnisse vor dem Feind sind?»

Lothar hätte schreien mögen, aber der ruhige Ton, der nichts Gutes verhieß, ließ ihn schweigen. Schließlich befahl ihm der Gruppenführer energischste Untersuchungen, alle zu verhören, die etwas mit Benita von Henning zu tun gehabt hatten, also auch diesen Leutnant Kloss von der Abwehr, der sich mit ihr zu amüsieren schien. Gleichzeitig aber versetzte er Lothar noch einen schmerzhaften Hieb.

«Es war eine Dummheit, Lothar, eine idiotische Dummheit, das Mädchen aus dem polnischen Netz herauszulösen. Man hätte sie beobachten und die anderen aufspüren müssen.»

Der Gruppenführer hatte recht. Lothar wußte das nur zu gut. Nun, er würde mit Hauptmann Ruppert noch abrechnen.

Für den Sturmbannführer gab es keinen Dienstschluß mehr. Er hatte sich vorgenommen, die Verhöre nicht zu unterbrechen, solange er nicht alles wußte, was man über Benita von Henning in Erfahrung bringen konnte. Natürlich sprach er auch mit dem Professor. Der Professor behandelte ihn von oben herab und gab ihm zu verstehen, daß gerade er ihn, Lothar, für das Verschwinden von Benita verantwortlich mache.

«Man hätte die Villa besser bewachen müssen, Herr Sturmbannführer», bemerkte er trocken. «Verlieren Sie keine Zeit durch Gespräche mit mir, sondern gehen Sie unverzüglich an die Arbeit.»

«Aber vielleicht hat Benita die Villa erst gegen Morgen verlassen?» wandte Lothar ein.

«Sie machen Witze!» knurrte der Professor. «Ich rate Ihnen gut, mit mir keine Späße zu treiben. Als ich zurückgekommen bin, war Benita nicht mehr da.»

«Ist irgend etwas von ihren Sachen verschwunden, außer dem Abendkleid, dem Mantel und der Handtasche?»

«Nein, nichts weiter», sagte der Professor. «Aber Benita hatte die Schlüssel zum Panzerschrank bei sich, verstehen Sie? Die Schlüssel zu meinem Panzerschrank!»

«Das war unvorsichtig», bemerkte Lothar trocken.

«Unvorsichtig», parierte der Professor, «war es, Ihnen den Schutz meiner Person anzuvertrauen.» Er verließ das Arbeitszimmer und hob nicht einmal die Hand zum Gruß. Lothar wußte, von Henning konnte sich das erlauben, denn der Professor hatte noch vor Kriegsausbruch in seiner Villa in Berchtesgaden den Führer empfangen.

Lothar ließ Kloss zu sich rufen, aber beschloß, zuvor noch das von Ruppert ergriffene Mädchen zu verhören. Wie er angenommen hatte, bestritt sie alles.

«Der Herr hat sich geirrt», flüsterte sie. «Ich kenne ihn nicht.»

Lothar sah das Mädchen an, das in seinem Arbeitszimmer an einem kleinen Tisch neben der Tür saß. Er wußte, während eines normalen Gespräches würde nichts aus ihr herauszubekommen sein, hier mußte man bedeutend schärfere Methoden anwenden, aber wenn er sie anwandte, war er sich nicht sicher, ob das Mädchen sie überstehen würde.

«Du hast nur eine Chance, die Wahrheit zu sagen», erklärte er. «Wir wollen nicht viel – deinen Kontaktmann und Adressen.»

«Ich weiß nicht, was Sie von mir wollen.»

«Ich rate dir, es gut zu überlegen. Ich werde dir Leute zeigen, die auch behauptet haben, nichts zu wissen. Du wirst dich überzeugen können, wie sie jetzt aussehen.»

Sie schwieg. Hatten seine Worte Eindruck bei ihr hinterlassen?

«Wem hast du die Dokumente übergeben, die du von Ruppert bekommen hast?» schrie er. «Wem hast du sie übergeben?»

Sie preßte die Lippen zusammen. Sie war sehr blaß, in ihren Augen erblickte er Angst, offensichtliche Angst, aber sie schwieg.

«Wir wissen auch so alles», sagte er ruhig. «Du bist in einer Stunde wieder in Freiheit, wenn du sprichst.» Er beugte sich zu ihr herunter. In den Fingern hielt er eine brennende Zigarette. Er näherte sich Annas Gesicht und führte langsam die Zigarette zu ihrer Wange.

«Wo ist Benita von Henning?» fragte er.

«Ich weiß nichts», flüsterte sie. «Ich kenne diese Frau nicht.»

«Du bist hart, was? Um so schlimmer für dich. In einer Stunde wirst du anders reden.»

In der Tür erschien ein SS-Mann und meldete die Ankunft von Leutnant Kloss.

«Soll reinkommen», sagte Lothar und befahl, Anna hinauszubringen.

Sie trafen sich in der Tür. Anna hob nicht den Kopf, blickte ihn nicht an, denn sie hatte Angst, Lothar könnte in ihren Augen etwas sehen, was er nicht sehen durfte. Daß sich Hans nur nichts anmerken ließ! Das Blut wich aus ihrem Gesicht. Anna sah nur eine kaum wahrnehmbare und unsinnige Geste, das Zurechtrücken der Pistole. Wozu tat er das?

«Wir haben einen Vogel gefangen», sagte Lothar. «Eine Agentin aus einem polnischen Netz», erklärte er.

«Haben Sie das Netz auffliegen lassen?» Kloss wußte später nicht, wie es ihm gelungen war, sich zu beherrschen.

«Nein.»

«Hat sie nicht gesprochen?» fragte Kloss. Hörte der Gestapomann das Zittern in seiner Stimme?

«Sie wird sprechen», behauptete Lothar ruhig.

Kloss setzte sich in einen Sessel, ohne eine Aufforderung abzuwarten.

«Vielleicht braucht man sich mit ihr gar nicht weiter zu beschäftigen», bemerkte er.

«Mischen Sie sich bitte nicht in meine Angelegenheiten ein!» donnerte Lothar. Das fehlte noch, daß irgendein Grünschnabel von der Abwehr ihm die Worte des Gruppenführers wiederholte. «Ich habe Sie nicht hierhergerufen, um über polnische Agenten zu reden, die die Gestapo verhaftet hat.» Er blickte Kloss kalt an. «Den gestrigen Abend haben Sie mit Benita von Henning verbracht.» Kloss zündete sich ruhig eine Zigarette an.

«Sie sind schlecht informiert», behauptete er. «Mit Benita war ich vorgestern spazieren. Aber worum geht es denn?»

«Antworten Sie auf meine Fragen!»

«Ich mag diesen Ton nicht.»

«Sie werden sich daran gewöhnen.» Lothars Stimme war jetzt farblos. «Woher wissen Sie, daß Sie jemals von hier wegkommen werden?»

«Ich glaube, daß ich doch von hier weggehen werde», antwortete Kloss. «Bitte rufen Sie Benita an und fragen Sie sie, ob ich gestern mit ihr zusammen war.»

«Benita von Henning ist verschwunden», erklärte der Sturmbannführer. «Und Sie, Herr Kloss, sind einer der Verdächtigen.»

«Sie machen Scherze!»

Jetzt donnerte Kloss los. Es war gut gespielt. Kloss wußte

mit solchen Leuten zu reden. «Wie können Sie sich erlauben», schrie er, «einen deutschen Offizier zu beschuldigen! Ich bin nicht Ruppert, Lothar! Ich werde sofort Oberst Recke anrufen.»

Dieser Bluff hatte Erfolg.

«Bitte, beruhigen Sie sich», lenkte Lothar ein, «wir werden uns verständigen.» Er fragte ihn nach Benita aus, nach ihrer Bekanntschaft. Kloss antwortete und bemühte sich, wachsam zu bleiben, und dachte gleichzeitig ständig an Anna. Anna war hier. Wie konnte man sie aus der Szucha-Allee befreien? Kloss wußte, es würde genauso schwer sein, wie von Hennings Pläne zu bekommen, aber er wußte auch, er würde alles tun, sie zu retten.

Das gleiche wiederholte er zwei Stunden später in einem nicht allzu großen, von einem Garten umgebenen Haus in Mokotów, wo Marcin wohnte. Marcin war nervös und beunruhigt; eigentlich wollte er nicht über Anna sprechen. Er war ein Realist, der es ablehnte, über Pläne zu reden, deren Ausführung er von vornherein für unmöglich hielt.

«Den Laden und alle Adressen, die Anna kennt», erklärte er, «halte ich nicht mehr für sicher. Genaugenommen bist auch du nicht mehr sicher. Ich weiß nicht, ob die Zentrale dir nicht befehlen wird, dich von deiner Arbeit zurückzuziehen.»

Kloss saß ihm gegenüber und bedeckte das Gesicht mit den Händen. «Anna wird nichts sagen.»

Marcin stimmte weder zu, noch widersprach er. Er machte sich keine Illusionen und war auf alles vorbereitet. Er verstand Kloss, aber wußte auch, daß Passivität in ihrer Situation der einzig mögliche Weg war.

«Und wenn ...», sagte Marcin nach einer Weile. «Es bleibt uns nur eines: zu warten.»

«Nein!» brach es aus Kloss hervor. «Ich kann nicht warten!»

«Und was willst du tun?»

«Ich weiß es nicht. Ich kann nicht mehr denken.»

Hauptmann Ruppert hatte die Hoffnung nicht verloren. Er glaubte immer noch, etwas würde geschehen, und er würde aus all dem herauskommen. Er saß am Flügel und spielte Mozart. Ihm fiel immer wieder dieselbe Phrase ein, als hätte er alles außer diesem einen Motiv vergessen. Ilse ging im Zimmer auf und ab; sie kam zu ihm, legte ihm die Arme um den Hals, aber statt ihn zu beruhigen, erregte es ihn nur.

«Willy, willst du mir nicht endlich sagen, was los ist?»

Was hätte er ihr sagen können? Als er die Klingel hörte und Lothar sah, begriff er, daß sich die Angelegenheit ihrem Ende näherte.

Ilse ließ sie allein, und Ruppert stellte sich neben Lothar; er war nicht mehr erregt, einen Augenblick später kehrte sogar seine Selbstsicherheit zurück.

«Was haben Sie mit ihr gemacht?» fragte er plötzlich.

«Mit wem?» Lothar begriff nicht.

«Mit dem Mädchen, das ich für Sie gefunden habe.»

Lothar verzog das Gesicht. «Interessiert Sie das noch? Vergehen Sie nicht vor Kummer, Ruppert! Dieses Mädchen sagt nichts», fügte er wütend hinzu. «Ich habe beschlossen, euch gegenüberzustellen, vielleicht hört sie dann wenigstens auf zu leugnen.»

Ruppert schwieg eine Zeitlang. «Ich will sie nicht sehen!» schrie er. «Hören Sie! Ich will sie nicht sehen!»

«Halten Sie den Mund!» Lothar blickte Ruppert mit unverhohlener Verachtung an. Er kannte diese Anzeichen. Die größten Lumpen waren zu solchen Ausbrüchen fähig, aber das hielt nicht lange an. «Sie werden alles tun, was ich Ihnen befehle», behauptete er. «Dieses Mädchen muß reden. Ich habe übrigens den Verdacht, Ruppert, daß Sie Ihre Finger bei der Entführung von Benita von Henning im Spiel hatten. Sie sind nicht ehrlich zu uns, und ich kann Unehrlichkeit absolut nicht leiden.»

«Das ist nicht wahr!» Ruppert verlor seine Beherrschung. «Es ist eine Gemeinheit, mich auch damit zu verdächtigen.»

«Eine Gemeinheit?» wiederholte Lothar und schlug Ruppert ins Gesicht.

Der Offizier wich zurück, einen Augenblick lang schien es, als wolle er sich auf Lothar stürzen. Er rieb sich mit der Hand die Wange. Dann fiel er in einen Sessel und bedeckte das Gesicht mit den Händen.

«Wie konnten Sie sich unterstehen!» Auf der Schwelle stand Ilse.

«Ich empfehle Ihnen zu schweigen», antwortete Lothar und ging hinaus.

Ruppert drehte sich zum Flügel um und griff in die Tasten. Wieder die gleiche Phrase aus dem A-Dur-Konzert von Mozart.

Lothar hatte allen Grund, nervös zu sein. Nun waren schon so viele Stunden vergangen, aber er hatte nichts erreicht, was Benita von Hennings Verschwinden aufklärte. Er wußte genausoviel wie am Anfang. Das Gespräch mit dem Gruppenführer, der ihn zum zweitenmal hatte zu sich rufen lassen, war schärfer.

«Sie sind ein Dummkopf, Lothar», sagte der Gruppenführer, kaum daß der Gestapomann die Tür hinter sich geschlossen hatte. «Ein Dummkopf», wiederholte er.

«Das Mädchen will nicht reden», erklärte Lothar. «Ich habe die Leute aus dem Spielklub ausgehoben, aber sie wissen anscheinend wirklich nichts. Ich werde sie der Kriminalpolizei übergeben.»

«Und was wollen Sie weiter tun?» In der Stimme des Gruppenführers schwang unverhohlene Drohung mit. «Vor kurzem habe ich mit Berlin telefoniert. Sie können sich denken, was man mir gesagt hat?»

«Ich kann es mir denken», antwortete Lothar, obwohl er hätte schweigen sollen.

«Nun, was also?»

«Heute nacht werde ich persönlich das Mädchen verhören.»

Der Gruppenführer sah Lothar mit der gleichen Verachtung an, mit der dieser vor kurzem noch auf Ruppert geblickt hatte.

«Und dann wird sie überhaupt nicht mehr sprechen können, was? Ich schicke Sie an die Front!» schrie er endlich. «Dieses Mädchen», sagte er leise, «lassen Sie morgen früh frei.»

«Zu Befehl!»

«Sie teilen ihr die besten Leute und alle Mittel zu. Ich warne Sie davor, sie entkommen zu lassen. Sie muß uns auf die Spur bringen. Und dann, hören Sie gut zu, Lothar, wenn tatsächlich Benita entführt worden ist, hätte ich nichts dagegen, wenn man einen Austausch vorschlägt: Benita von Henning gegen dieses Mädchen.»

Lothar zuckte die Achseln. «Wie soll ich sie aufspüren, Herr Gruppenführer?»

«Versuchen Sie es», sagte der Gestapochef. «Und machen Sie keinen Fehler.»

Anna konnte leider von diesem Gespräch nichts wissen, deshalb dachte sie, sie träume, als man ihr ihre Handtasche wiedergab. Ein Posten öffnete den Schlagbaum und nahm den Passierschein entgegen. Sie befand sich allein auf der leeren Straße. Sie konnte es immer noch nicht glauben. Der ganze Körper tat ihr weh, aber trotzdem war sie frei, man hatte sie laufenlassen, sie hatte nichts gesagt, sie konnte stolz sein. Warum nur hatte man sie laufenlassen? Es war ein Wunder, das reine Wunder, weil sie doch keinen laufenließen. Wenn das Schicksal es wollte, kam man nach Auschwitz, aber daß jemand herauskam?

Anna blickte sich um. Die Straße war nicht mehr leer. Ein paar Meter hinter ihr ging ein Mann in Hut und Mantel. Auf der anderen Straßenseite – ebenfalls ein Mann. Leute von der Gestapo! Sie verfolgten sie, beschatteten sie. Jetzt begann sie zu begreifen. Sie sollte sie auf die Spur bringen. Sie rechneten damit, daß sie in Freiheit mehr sagen würde als in der Zelle.

Sie beschleunigte den Schritt, obwohl es ihr schwerfiel. Auf der Fahrbahn sah sie ein Motorrad; der Fahrer fuhr langsam. Anna schien es, obwohl sie sich nicht ganz sicher war, die drei Leute, der Motorradfahrer und die zwei Männer, die wieder auf dem Gehsteig erschienen waren, hätten sich angeblickt und dann wieder zu ihr gesehen. Ein Fahrzeug fuhr an ihr vorbei, ein mit Planen abgedeckter Lastwagen.

Anna bog in eine Seitenstraße ein, sie kannte sich hier aus, mischte sich unter die Menge, sah Szenen, die ihr vertraut waren. Ein Junge ohne Beine saß an der Wand eines Mietshauses gelehnt, sang und streckte seine Mütze aus. Vor einem Lebensmittelgeschäft bildete sich eine Schlange – sicherlich gab es Margarine. Zwei Jungen in hohen Schuhen standen in einem Hauseingang, die Hände in den Taschen. Anna kannte diese Jungen nicht, aber sie kannte solche Kinder; hier fühlte sie sich heimisch und sicher. Sie hätte nur ein paar Schritte zu gehen brauchen, und sie wäre auf dem Plac Krzyży gewesen, wo eine Freundin aus der Schulzeit wohnte. Sie hätte sich nur in die Straßenbahn setzen brauchen, um nach Mokotów zu fahren und Marcin oder vielleicht auch Hans zu sehen. Hans – wiederholte sie in Gedanken. Aber sie durfte es nicht tun. Sie unterschied sich von denen, die an ihr vorübergingen. Wer auch immer zu ihr kommen würde – ihm drohte höchste Gefahr. Sie durfte sich mit keinem Bekannten treffen, keinen erkennen, aber auf keinen Fall jemanden von ihrer Gruppe sehen. Sie blickte sich um. Natürlich, da waren sie wieder. Sowohl der Motorradfahrer als auch die beiden Männer in Hut und Mantel. Und auch ein Auto. Wie konnte sie ihre Schatten abschütteln? Gab es überhaupt eine Chance?

Sie lief zurück zur Marszałkowska und tauchte in der Menge an der Haltestelle an der Wilcza unter. Aber schon einen Moment später erschien auf der Fahrbahn wieder das Auto. An der Haltestelle stand auch einer der Männer. Der zweite ging zur anderen Straßenseite hinüber. Anna war verzweifelt. Sie waren da und hetzten sie wie ein Tier. Die Straßenbahn hielt quietschend. Anna wartete bis zum letzten Augenblick, und erst als die Bahn anfuhr, sprang sie auf das Trittbrett; jemand zog sie ins Innere. Vielleicht hatten sie es nicht geschafft, vielleicht sie nicht bemerkt. Die Straßenbahn fuhr schneller. Anna beobachtete die Straße, das Gesicht an die Scheibe gedrückt. Sie sah niemanden.

Sie sah immer noch keinen der Verfolger, als sie nach ein paar Haltestellen aus der Straßenbahn sprang. Sie rannte zu einer Apotheke. Das Telefon stand in der Ecke, von den Kunden ein Stück entfernt. Anna wählte die Nummer eines Mädchens aus ihrer Gruppe, Małgosia, die einzige Nummer, die für sie in Frage kam, denn Marcin durfte sie ja nicht anrufen. Endlich hörte sie Małgosias Stimme.

«Małgosia», flüsterte sie.

Am anderen Ende Schweigen, dann die erschreckte Stimme Małgosias: «Bist du es, Anna? Bist du es wirklich?»

In diesem Augenblick sah Anna durch das Schaufenster ihren Verfolger. Auch der Motorradfahrer war wieder da. Also war es ihr nicht gelungen, sie abzuschütteln, konnte man sie nicht abschütteln.

«Sie haben mich laufenlassen», flüsterte sie, «aber kommen mir hinterher. Ich rufe später an.» Sie hängte den Hörer ein.

Anna war wieder auf der Straße. Sie ging in die Menge zurück, in der sie sich nicht verstecken konnte. Die geöffneten Läden, die Kaffeestuben, die Menschen, die von der Arbeit nach Hause kamen. Das Leben ging weiter. Aber sie war müde und halb bewußtlos und dachte nur an das eine: Sie mußte sie abschütteln, sie mußte sie abschütteln, denn anderenfalls würde es für sie in dieser Stadt wie in einer Wüste sein.

Neben dem Gehsteig fuhr langsam eine Rikscha entlang. Anna blieb stehen. «Schnell, geradeaus», sagte sie und sprang hinein. Sie entspannte sich und schloß die Augen. Die Rikscha fuhr geradeaus, bog erst um eine Ecke, dann um eine zweite. Anna wußte nicht mehr, welche Straße sie entlangfuhren. Sie drückte dem Jungen einen zerknüllten Geldschein in die Hand, den sie in ihrer Handtasche gefunden hatte, und sprang heraus. Sie befand sich auf einer sehr belebten Straße, ging in ein Geschäft und stellte sich an. Es war keiner von ihnen zu sehen, es war wirklich keiner zu sehen. Aber einen Moment später sah sie durch das große Schaufenster wieder beide, die Männer mit Hut und Mantel. Sie versuchte nicht mehr zu telefonieren.

Währenddessen saß in dem Wagen, der langsam an der Bordsteinkante entlangfuhr, ein SS-Mann an einem Funkgerät.

«Sie ist in ein Geschäft gegangen», sprach er ins Mikrofon, «bis jetzt hat sie nicht wieder versucht, zu telefonieren.»

Marcin verbarg seinen Unwillen nicht, als er Kloss wieder in das Haus in Mokotów kommen sah.

«Du kommst zu oft hierher», behauptete er. «Ich verstehe alles, aber man darf die grundlegenden Prinzipien der Konspiration nicht verletzen.»

Kloss wußte ebenfalls, daß man es nicht durfte, aber er hoffte immer noch, etwas tun zu können, um Anna zu retten, sie aus der Szucha-Allee zu befreien, selbst wenn er sich opfern müßte.

Was konnte er opfern? Das wichtigste war der Auftrag. Und er durfte nichts tun, was die Arbeit gefährdete. Das halbe Leben würde ich dafür geben, jetzt kein Soldat zu sein, dachte er plötzlich.

«Oberst Recke hat mich zu sich rufen lassen», erzählte er Marcin. «Berlin hat vierundzwanzig Stunden Zeit gelassen, Benita von Henning ausfindig zu machen. Sie drehen durch. Man erzählt sich, Fischer wäre mit einem Austausch einverstanden. Anna für Benita.»

«Unsinn», antwortete Marcin.

Kloss begriff ebenfalls, daß es unmöglich war, und dennoch klammerte er sich an diesen Gedanken, die letzte Chance, ein Hoffnungsschimmer.

«Wie stellst du dir den Kontakt zu Lothar vor?» fragte Marcin. «Wer sollte den Vermittler spielen? Außerdem können wir Benita nicht freilassen, sie weiß zuviel.»

Und dann fügte er hinzu: «Man hat mir aufgetragen, dir für das Beschaffen der Pläne zu danken.»

«Anna gebührt der Dank, nicht mir», antwortete Kloss.

Während sie sich unterhielten, hatten sie ständig das Tor zum Garten im Blickfeld. Marcin sah das Mädchen als erster.

«Versteck dich», befahl er Kloss. «Małgosia kommt. Sie kennt dich doch sicher nicht.» Und dann zischte er noch ärgerlich: «Ihr kommt alle hierher wie in eine Kirche. Es dauert nicht mehr lange, und der dümmste Gestapoagent kommt uns auf die Spur.»

Małgosia war gekommen, um Annas Anruf zu melden. Kloss hörte Marcins Gespräch mit dem Mädchen, während er im Nebenzimmer hinter der Tür stand. Marcin reagierte einfach und schnell. Er befahl Małgosia, die Wohnungsschlüssel abzugeben und Warschau zu verlassen.

«Wenn Anna deine Telefonnummer kennt», erklärte er, «dann bist du nicht mehr sicher.»

«Aber sie wollte noch einmal anrufen», flüsterte das Mädchen.

«Es hilft nichts.» Marcins Stimme war trocken. «Du mußt begreifen, Małgosia, wir können ihr nicht helfen.»

Das Mädchen wollte protestieren, aber Marcin unterbrach sie schroff. Schließlich verantwortete er das Leben dieser Menschen; er durfte keinen Leichtsinn zulassen.

Als das Mädchen wieder gegangen war, erschien Kloss augenblicklich auf der Schwelle. Er hatte sich entschlossen.

«Gib mir vier Leute!» verlangte er.

«Nein», antwortete Marcin.

«Gib sie mir, ich werde Anna retten.»

«Und wieviel Leute gehen dabei drauf?»

«Wir können sie doch nicht im Stich lassen.»

«Die Gestapo wartet nur darauf, daß wir es nicht länger

aushalten und eine Aktion beginnen. Vergiß nicht, daß sie Anna beschatten. Nein, mein Lieber, wir werden uns nicht enttarnen.»

«Ich geh in Małgosias Wohnung. Anna wollte noch einmal dort anrufen. Sie wird es versuchen.»

«Ich verbiete es dir», sagte Marcin.

Eigentlich war er kein Vorgesetzter von Kloss, sondern lediglich der Chef der Gruppe, mit der Kloss zusammenarbeitete. Er hatte kein Recht, ihm Befehle zu erteilen. Beide wußten es. Kloss legte ihm die Hand auf die Schulter.

«Du weißt genau, Marcin, daß ich das tun muß. Drei Leute hast du doch hier.»

Marcin schwieg.

Kloss verließ das Zimmer, um gegen den Verstand, gegen die Prinzipien der Konspiration und die Sicherheit der Leute zu handeln, mit denen er zusammenarbeitete. Er kannte nur einen von den vieren, Romek, aber er wußte, der würde sofort einverstanden sein, sie würden zusammen in Małgosias Wohnung fahren und versuchen, Anna zu befreien.

Romek reinigte seine Waffe. Die anderen unterhielten sich flüsternd. Als Kloss kam, sprangen sie auf. Dann hörten sie sich ruhig an, was er ihnen zu sagen hatte. Einige Minuten später waren sie schon in Małgosias Wohnung.

Das Warten begann. Das Telefon blieb stumm. Im Aschenbecher sammelten sich die Zigarettenkippen. Kloss schloß die Augen und sah Anna vor sich, wie sie die Straßen entlanghetzte, sich kaum auf den Beinen halten konnte, ohne eine Zufluchtsstätte zu finden. Es war auch möglich, daß Lothar die Telefonnummer feststellen lassen konnte, bevor sie ein zweites Mal anrufen würde. Deshalb beobachtete Romek aufmerksam die Straße, waren die Waffen schußbereit, blickten sie auf die Uhr und auf den Gehweg, auf dem regelmäßig eine Streife erschien.

Nach endlosem Warten schrillte das Telefon.

Er hob den Hörer ab und hörte Annas Stimme.

«Hör zu», sagte er, «in fünfzehn Minuten am Häuserdurchgang.» Er nannte noch den Namen der Straße, dann legte Anna auf.

Ruppert trank. Er drehte die Flasche um – sie war leer. Er stellte sie auf den Tisch, sie fiel um. Unsicher stand er auf und ging zum Flügel. Er griff in die Tasten. Ilse war gegangen und hatte ihm nicht sagen wollen, wohin, sondern nur verächtlich mit den Schultern gezuckt. Aber er wußte es auch so. Sie war zum General gegangen. Eigentlich blieb ihm noch ein Ausweg, aber er konnte sich nicht entscheiden und hoffte weiter, als würde es noch eine Chance geben. Er griff wieder in die Tasten, als das Telefon klingelte. Ruppert stand auf und nahm den Hörer ab.

«Hallo», sagte er, «was ist los? Wer ist dort, zum Teufel?»

Aber sofort richtete er sich auf und begann unsicher, sich mit den Fingern der linken Hand die Jacke zuzuknöpfen. Das war ihm geblieben: Er reagierte auf die Stimme des Generals.

«Ich habe mit Lothar gesprochen», sagte der General unwillig, als empfände er Ekel. «Ich nehme an, Hauptmann Ruppert, Sie wissen, was ein Offizier zu tun hat. Im Hinblick auf Ihre ausweglose Lage gebe ich Ihnen eine halbe Stunde. Ich glaube, das wird reichen.» Er legte den Hörer auf, bevor Ruppert irgend etwas sagen konnte.

Auf dem Tisch, neben dem Telefon, lag seine Waffe. Eine kleine Bewegung hätte genügt, und er hätte alles hinter sich gehabt, sowohl Ilse als auch Lothar, und auch diese sinnlose, dumme Hoffnung. Aber er konnte sich nicht entscheiden.

Nicht hier, dachte er. Ich werde es tun, aber nicht hier! Er schnallte das Koppel um, nahm die Pistole und trat vor das Haus. Er setzte sich ins Auto und ließ den Motor an. Er wußte nicht, wohin er fahren würde, und wollte es auch nicht wissen. Der Tod sollte von allein kommen.

Währenddessen blickte Anna auf eine Hausnummer; ja, das war der Häuserdurchgang, den ihr Hans genannt hatte. Beide Männer mit Hut und Mantel verfolgten sie noch offensichtlicher als zuvor. Anna dachte an nichts mehr, sie hatte keine Kraft mehr zum Denken. Sie führte einfach aus, was ihr Hans befohlen hatte. Sie wußte nicht, ob noch eine Chance bestand, sie machte sich keine Gedanken darüber, dachte nicht einmal an die, die ihr Leben riskieren würden, sie zu retten. Sie wollte sich ausruhen, sich einfach nur ausruhen. Sie betrat den leeren Hof. Im dunklen Hausflur stand Romek. Er schob sie weiter, dann ging alles blitzschnell.

Als einer von den beiden Männern, die Anna verfolgten, in der Tür erschien, warf sich Romek auf ihn. Ein erstickter Schrei, und der Gestapomann fiel zu Boden, während Anna und der zweite Widerstandskämpfer hinten im Hof verschwanden. Am Gehsteig stand eine Rikscha. Wojtek sprang auf den Sitz, aber bevor Anna Platz nehmen konnte, erschien der Motorradfahrer. Er bremste heftig. Eine MG-Garbe war vom Hof her zu hören.

«Hau ab!» schrie Wojtek. Er warf sich zu Boden, holte die Maschinenpistole unter dem Mantel hervor und schoß auf den Motorradfahrer. Die Fußgänger verschwanden, die Straße wurde in Sekundenschnelle leer. Sie hörte das Quietschen der Bremsen des Gestapowagens. Kugeln pfiffen durch die Luft.

Anna rannte die leere Straße entlang. Sie dachte jetzt an ihre Genossen und hoffte, daß es ihnen gelingen möge, sich zurückzuziehen. Sie durfte sie hier nicht zurücklassen. Sie war erschreckt von dem Gedanken, blieb stehen und konnte nicht wissen, daß Kloss in einem Auto hinter der Ecke wartete, ein paar Schritte weiter ... Aber Anna lief nicht weiter, sie konnte nicht mehr laufen.

Auf der leeren, unter Beschuß liegenden Straße erschien Rupperts Wagen. Er erblickte Anna und bremste scharf. Er riß die Tür auf und zog das Mädchen in den Wagen. Anna sträubte sich nicht, sie hatte keine Kraft mehr. Sie sah Rupperts Gesicht neben sich über das Lenkrad gebeugt. Die Geschwindigkeit drückte sie in den Sitz, bis das Auto unvermittelt heftig bremste. Sie kam wieder zu sich, sie waren in Powiśle. Ruppert öffnete die Tür.

«Hau ab!» schrie er.

Sie war allein. Sie lief den Solec entlang und blieb dann vor einem Hauseingang stehen. Die Menschen gingen gleichgültig an ihr vorüber.

Niemand nahm Notiz von ihr.

Sie konnte nicht wissen, daß Rupperts Auto gerade auf die Poniatowski-Brücke fuhr. Ungefähr in der Mitte der Brücke wendete der Wagen scharf. Er durchbrach das Geländer und stürzte hinab.

Eine Partie Domino

«Diese Aufgabe ist außerordentlich gefährlich und schwer.» So lautete die chiffrierte Nachricht der Zentrale, die Kloss eine Reise nach Breslau auftrug.

Es war Dezember 1942. Eine faschistische Armee war bei Stalingrad eingeschlossen, die Wehrmachtberichte waren ziemlich unklar formuliert, jedoch sickerte allmählich durch, daß die Divisionen des Generalfeldmarschalls Paulus unwiederbringlich verloren waren. Der Krieg näherte sich dem Wendepunkt.

Niemand sprach über die Front, an die Kloss geschickt worden war. Hier gingen die Kämpfe lautlos vor sich. Es war die Front, an der alles im Verborgenen, in der Dunkelheit geschah. Sich nicht überraschen oder vom Feind überlisten lassen, Fallen zu entgehen, aber selbst welche zu stellen, das alles war nicht einfach.

Mit diesen Gedanken ging Kloss durch die Straßen von Breslau. Er hatte nicht viel Zeit, drei Tage nur. Wenn er seinen Auftrag nicht würde erfüllen können, mußten das Menschen mit ihrem Leben bezahlen. Er bog in eine schmale Straße ein. Vor einem Anschlag blieb er stehen. Routinemäßig vergewisserte er sich, daß ihm niemand folgte. Im Stadtzentrum war es unübersichtlich. Dann kam er in stillere Gegenden. Ein vorübergehender Unteroffizier grüßte zackig.

Kloss sah sich noch einmal um und ging dann auf eine Kirche zu. Das Haupttor war geschlossen. Er öffnete eine kleine Seitentür und befand sich im Halbdunkel. Vor der Figur des Heiligen Antonius brannte ein Licht, in der Tiefe des Kirchenschiffes saßen ein paar Frauen.

Er ging auf Zehenspitzen, trotzdem kam das Echo seiner Schritte dumpf zurück. Plötzlich ertönte die Orgel. Kloss stieg eine hölzerne Wendeltreppe empor. Ein Mann mit schwarzer Brille saß über die Tasten gebeugt. Er mußte die Schritte gehört haben, denn er hielt plötzlich im Spiel inne. Er drehte sich um. Kloss wußte, daß dieser Mann blind war, aber für einen Augenblick schien es ihm, als hätte ihn sein Gegenüber angesehen.

«Bist du es, Rudi?» fragte der Organist und breitete die Arme aus.

Kloss schwieg.

«Es ist jemand gekommen, ich habe es gehört.»

«Ja. Ich», sagte Kloss endlich und trat näher.

«Wer sind Sie?»

«Ich bringe Grüße von Tante Susanne.»

Der Mann schwieg, als hätte er nicht verstanden. Ich kann mich doch nicht geirrt haben, dachte Kloss. Endlich ...

«Sie sind ein Bekannter von ihr?» fragte der Organist.

«Ein Verwandter», antwortete Kloss.

Das war alles, nun konnten sie ihr Gespräch beginnen. Der Organist trat näher an Kloss heran, seine Hände berührten leicht die Schulterstücke des Offiziers, als suchten sie etwas.

«Du bist in Uniform hier», murmelte er. Und dann, nach einem Moment, fügte er hinzu: «Entschuldigung, ich darf ja nichts fragen. Ich habe auf dich gewartet.»

«Man hat mich bevollmächtigt, an Ort und Stelle eine Entscheidung zu treffen», sagte Kloss trocken. «Bitte berichte!»

Der Organist entnahm einer Blechschachtel eine halbe Zigarette. Er befestigte sie langsam in einer hölzernen Spitze.

«Gib mir kein Feuer», wehrte er ab. Er nahm aus der Tasche ein großes Feuerzeug, das aus einer Geschoßhülse gefertigt worden war. «Du bist zum erstenmal in Breslau?»

«Ja, das erste Mal. Aber nun erzähle!» Kloss sah die von den dunklen Brillengläsern bedeckten Augen nicht.

«Drei Monate sind vergangen», begann der Organist. «Wir haben alles in Erfahrung gebracht, was möglich war.»

«Habt ihr jemanden bei der Gestapo?»

«Ja. Am fünfzehnten September sind sie nachts bei Artur, dem Chef der Gruppe, aufgetaucht. Das heißt bei Artur eins. Er hat in dem Augenblick Zyankali geschluckt, als sie in der Tür standen.»

«Das bedeutet, er hat nichts gesagt?»

«So ist es», bestätigte der Organist. «Aber am Sechzehnten früh hat man zwei unserer Leute in der Fabrik verhaftet. Sie wußten also nicht nur über Artur Bescheid. Daraus hat die Zentrale gefolgert, daß sich ein Spitzel in die Gruppe eingeschlichen hat. Man hat uns befohlen, die Arbeit einzustellen.»

«Aber die Gruppe arbeitet weiter?» fragte Kloss.

«Artur zwei hat eine Nachricht geschickt. Er hat beschlossen, alles zu tun, um den Verräter zu entlarven. Wir verstehen nur nicht, warum die Gestapo nicht alle verhaftet hat.»

«Du redest wie ein Anfänger», behauptete Kloss. «Die Gestapo hat Zeit. Keiner wird die Leute einsperren, die man bei der Arbeit beobachten will. Man müßte in Erfahrung bringen, welches Spiel sie treiben. Vielleicht weiß ihr Mann noch zu wenig? Vielleicht suchen sie Kontakt zur Zentrale?» Und nach einer Weile fügte er hinzu: «Wer ist Artur zwei?»

«Ein langjähriger Mitarbeiter. Ein Vertrauter von Artur eins. Hier ist seine Nachricht.»

Der Organist gab Kloss ein Stückchen Papier. Das Licht war schlecht. Kloss hielt das Papier dicht vor die Augen und konnte nur mit Mühe lesen. Überdies war die Meldung ziemlich umfangreich. Artur zwei berichtete, daß seine Bemühungen Erfolg gehabt hätten. Die Verhaftungen seien nicht zufällig erfolgt. Er habe zweifelsfrei festgestellt, wer der Verräter sei. Nur eine Person habe gleichzeitig Kontakt mit dem Chef und den Fabrikarbeitern gehabt. Ihre Decknummer sei A-drei. Artur meldete, daß er den Befehl zur Liquidierung des Verräters gegeben habe, daß er um Kontakt zur Zentrale nachsuche und um weitere Anweisungen bitte. Die Gruppe sei wieder sauber, sie könne weiterarbeiten.

«A-drei», sagte Kloss.

«Artur zwei irrt sich», brach es aus dem Organisten plötzlich hervor. Er hatte seine Beherrschung verloren. Er fuhr sich mit der Hand über die Stirn und rückte die Brille zurecht. «A-drei ist unschuldig», behauptete er.

«Es ist eine Frau», vermutete Kloss.

«Ein Mädchen. Ich habe sie selbst angeworben. Ich kenne sie. Ich habe ihren Vater gekannt.»

«Das beweist gar nichts», entgegnete Kloss trocken.

«Ich habe keine anderen Beweise.» Der Organist setzte sich, und seine Finger berührten die Tasten. «Ich habe keine Beweise», wiederholte er. «Aber ich fühle es, und das ist weitaus mehr.» Er verstummte, wartete etwas und fügte dann heftig hinzu: «Ich will, daß die Zentrale Artur verbietet, A-drei zu liquidieren.»

«Hör genau zu.» Kloss beunruhigten die Augen des Organisten noch immer. Er hätte sie gern gesehen. «Wenn in Arturs Gruppe ein Spitzel arbeitet, sind diese Leute verloren.»

«Verloren?» wiederholte der Organist.

«Ja. Man könnte sie retten, wenn man ihnen sofort nach der Liquidierung des Spitzels neue Papiere geben würde, neue

Kontakte und sie vielleicht sogar Gruppen im Generalgouvernement zuteilen würde. Aber keinem von ihnen werde ich eine neue Adresse anvertrauen, solange ich nicht sicher bin, daß der Verräter unschädlich gemacht worden ist. Hast du irgendeinen anderen Verdacht?»

«Nein», antwortete der Organist.

«Der Verräter kann jeder von ihnen sein. Und die Gestapo weiß alles, was er weiß. Es ist anzunehmen, daß die Gruppe unter ständiger Beobachtung steht.»

«Ich verstehe. Was willst du tun?» fragte der Organist.

«Übermittle Artur folgende Antwort. Er soll von der Liquidierung A-dreis vorerst Abstand nehmen.»

«Danke», murmelte der Blinde.

«Diese Anweisung erfolgt nicht deinetwegen. Ich ziehe einfach deine Zweifel in Betracht. Ich werde versuchen, mich erst einmal in dieser Situation zurechtzufinden. Wer außer Artur zwei weiß noch von dem toten Briefkasten in der Kirche?»

Der Organist schwieg.

«Wer weiß noch davon?» wiederholte Kloss.

«A-drei», flüsterte er. «Lisa.»

«Ach so ist das!» Kloss ging zur Tür. «Du hast gegen die Anweisungen der Zentrale gehandelt. Warum hast du mir das nicht gleich gesagt? Warum?»

«Lisa ist mit mir verwandt.» Der Organist berührte leicht die Tasten. «Ich habe doch gesagt, daß ich sie seit vielen Jahren kenne. Du weißt, wo du sie treffen kannst?»

«Ich weiß.» Kloss winkte ab. Er ging zur Tür, die im selben Moment geöffnet wurde. Kloss wich unwillkürlich zurück und faßte mit der Hand nach der Pistolentasche. Auf der Schwelle stand ein Junge von etwa zehn Jahren.

«Bist du es, Rudi?» fragte der Organist.

«Ja, Großvater.» Kloss ließ den Jungen nicht aus den Augen.

«Wer ist das?» fragte er.

«Das sind meine Augen», antwortete der blinde Organist.

Das Café in der Breiten Straße war eines der zahlreichen in Breslau, die auch während des Krieges ihren Charakter gewahrt hatten. Ältere Herren spielten Schach oder Domino und tranken lieber Bier als Tee oder Kaffee-Ersatz. Manchmal traf man Soldaten, Urlauber in Begleitung ihrer Mädchen, aber im allgemeinen sah man hier die grauen Uniformen selten.

An jenem Nachmittag war es im «Dorett» fast leer. In einer Nische saß ein Soldat mit einem BDM-Mädchen, an einem Tisch unter dem Fenster spielte der pensionierte Lehrer, Professor Lipke, mit einem Mann in Eisenbahneruniform Domino. Professor Lipke gehörte zu den langjährigen Gästen des Cafés. Er hatte seinen Stammplatz und eigene Dominosteine. Wer ihn kannte, wußte, daß er von seiner Pension lebte.

«Fünf», sagte er.

Der Mann in der Eisenbahneruniform, Horst Kuschka, blickte aufmerksam auf die schwarzen Steine. Er nannte sich erst seit dem Jahre 1939 so. Seinen Vornamen Stanisław hatte er damals in Horst ändern lassen. Er konnte sich lange nicht daran gewöhnen.

«Ich warte, Herr Professor», bemerkte er und schaute der Kellnerin nach. Er legte eine Sechs an.

«Irren Sie sich nicht?» flüsterte Lipke. «Bitte sprechen Sie weiter.»

«Ich habe angelegt. Ein Zug mit Panzern ist heute früh durchgefahren.»

«Der Bestimmungsort? Ich setze eine Fünf.»

«Charkow. Ich habe ebenfalls eine Fünf, Herr Professor. Sie haben eine Kolonne ausgeschickt, um die Strecke Ostrów-Kalisz instand zu setzen.»

«Sie haben verloren», sagte Lipke. «Sie spielen unvorsichtig. Das darf man nicht.»

«Verstehe.»

«Passen Sie jetzt auf! Ein Auftrag von besonderer Wichtigkeit.»

Lipke sprach mit fast monotoner Stimme. Keiner konnte

sich übrigens daran erinnern, daß er jemals die Ruhe verloren hätte. Kuschka bewunderte und fürchtete ihn gleichzeitig.

«Ich höre.»

«Ein Urteil ist zu vollstrecken.» Der Professor sah Kuschka scharf an. Einen Augenblick lang schwieg er. «Ein Urteil», wiederholte er. «In unserer Gruppe gibt es einen Spitzel der Gestapo.»

«Man hat mir bisher derartige Aufträge noch nicht anvertraut.»

«Jetzt vertraue ich dir einen solchen an.» Lipke ging plötzlich zum Du über. «Hör genau zu. Lessingplatz sechzehn, unweit der Lessingbrücke.»

«Dann hat er also Artur hochgehen lassen?»

«Ich mag keine Fragen. Außerdem ist es eine sie.»

«Geht in Ordnung», sagte Kuschka.

Lipke sortierte die Dominosteine in das Kästchen ein.

«Sie haben wieder eine Partie verloren», bemerkte er. «Bis zum nächstenmal.»

«Bis zum nächstenmal, Herr Professor.»

«Jetzt ist es sechzehn Uhr dreißig», murmelte der Professor. «An gewohnter Stelle um neunzehn Uhr. Hier werden wir uns nicht mehr treffen.»

«Ich verstehe.»

Kuschka ging als erster hinaus. In der Garderobe gab ihm Helena den Mantel. Er küßte ihr die Hand und dann, als niemand es sah, das Haar. Sie waren schon über drei Jahre verheiratet. Er hatte sie im Frühjahr 1939 kennengelernt.

«Du wirst jetzt Horst heißen, man muß sich anpassen», hatte sie gesagt.

Sie führte ihn auch in die Organisation ein. Früher hatte sie in der Polnischen Bibliothek in der Neugasse gearbeitet. Als die Faschisten die Mitglieder der «Polonia» verhafteten, gelang es ihr, zu entkommen. «Ich habe Glück», meinte sie, aber sie sprach nur ungern von diesen Dingen. Sie knöpfte ihm den Mantel zu.

«Wann kommst du zurück?»

«Spät. Ich habe noch etwas zu erledigen», antwortete er. Sie fragte nicht weiter. Schon reichte sie einem anderen Gast den Mantel und lächelte, als sie sich für das Trinkgeld bedankte. In diesem Augenblick betrat Rudi die Garderobe. Er wartete an der Tür, während sich das Mädchen eines Soldaten vor dem Spiegel die Haare kämmte.

«Ich habe Zigaretten», bot er an. «Nehmen Sie welche?»

«Gern», sagte Helena. «Gib mir ein Päckchen. Ich werde sie noch heute dem Onkel bezahlen. Bestell das. Hast du verstanden?»

«Natürlich.» Rudi ging und öffnete dabei weit die Tür, denn er hatte es gern, wenn die Klingel laut und lange ertönte. Helena öffnete vorsichtig die Packung und nahm ein sorgfältig zusammengerolltes Stück Zigarettenpapier heraus.

Wer war Lisa Schmidt? Hans Kloss hatte seine Gegner nie auf die leichte Schulter genommen. Er stand an einem Zeitungskiosk und las die Schlagzeilen. Auf einem Farbfoto war ein deutscher Soldat neben einem brennenden Panzer mit einem Stern zu sehen.

Wenn die Gestapo einen Agenten eingeschleust hatte, überlegte Kloss, ließ sie sich eine solche Gelegenheit natürlich nicht entgehen. Die Gruppe hatte sie damit in der Hand, warum liquidierte sie sie nicht? Die Antwort war einfach. Die Gestapo wollte einen Gegner unter ihrer Kontrolle haben, ihn desinformieren, herausbekommen, mit wem er Kontakte unterhielt und wie sein Verbindungssystem mit der Zentrale aussah. Was wußte sie bisher? Man mußte davon ausgehen, daß alle Mitarbeiter der Widerstandsgruppe enttarnt waren. Und der Organist? Die Kirche wurde nicht beobachtet. Kloss wußte, daß das genau überprüft worden war. Der Feind konnte aber dennoch genau informiert sein. Vielleicht hatte er die ständige Bewachung der Kirche als überflüssig betrachtet. Artur zwei brachte die Nachrichten in die Kirche. Wurde er beschattet? Aller Wahrscheinlichkeit nach ja. Angenommen also, die Gestapo wußte über den toten Briefkasten Bescheid. Worauf wartete sie dann noch? Auf die Entschlüsselung des Kontaktes mit der Zentrale? Aber warum hatte sie dann Artur eins so schnell ausgeschaltet? Die Antwort war einfach. Artur eins hatte den Verräter demaskiert, sagen wir, diese Lisa Schmidt, wenn sie es tatsächlich sein sollte. Die Argumente von Artur zwei schienen doch ziemlich begründet. Lisa aber kannte den Organisten, also war der Organist ebenfalls in Gefahr. Welche Entscheidung war hier zu treffen? Kloss wußte, am einfachsten wäre es, die Gruppe von jeglichen Kontakten zu isolieren, dem Feind zu überlassen. Die Gestapo würde noch abwarten, dann merken, daß diese Leute nutzlos waren, und alle festnehmen. Kloss lehnte sich gegen diese Entscheidung auf. Er hatte noch zwei Tage Zeit. Was würde er in dieser Zeit tun können? Er durfte nicht weich werden, denn jeder konnte der Verräter sein. Welche Möglichkeiten hatte er also noch? Er zündete sich eine Zigarette an, kaufte den «Völkischen Beobachter» und ging langsam die Straße entlang. Auf der gegenüberliegenden Straßenseite entdeckte er, wen er erwartet hatte. Lisa Schmidt war hübsch. Sie hatte es eilig, blickte weder nach links noch nach rechts, dennoch mußte sie die lüsternen Blicke der Männer spüren. Warum hatte sie etwas verraten, wenn sie es überhaupt gewesen war? War es Angst, die Furcht vor der Folter? Aber vielleicht arbeitete sie schon lange für die andere Seite?

Die Klingel über der Tür ertönte, als er das Café «Dorett» betrat. Kloss mißfiel, daß Artur zwei sich nicht durch ein Übermaß an Vorsicht auszeichnete. Wenn alle seine Leute zum «Dorett» kämen, hätte die Gestapo ein leichtes Spiel. Er war unmittelbar hinter Lisa eingetreten. Die Garderobenfrau lächelte, als er ihr den Mantel gab. Lisa Schmidt telefonierte gerade. Sie hängte den Hörer ein und blickte zu Kloss. Dann zog sie aus der Geldbörse einen Markschein.

«Können Sie wechseln?» wandte sie sich an die Garderobenfrau. «Ich muß noch einmal telefonieren.» Helena hatte kein Kleingeld.

Kloss schaltete sofort. Er gab Lisa Kleingeld. «Ihnen zu Diensten.»

«Oh. Solch ein höflicher Mann», stammelte sie. «Ich werde es Ihnen gleich zurückgeben.»

Er setzte sich an einen Tisch am Fenster. Gedankenlos öffnete er eine Schachtel mit Dominosteinen. Es war leer in der Kaffeestube. Zwei ältere Herren spielten Schach. Eine Frau in einem schwarzen Kleid trank Tee. Kloss legte die Sechs an, dann begann er, ein Haus aus den Steinen zu bauen. Ich kann gar nicht Domino spielen, durchzuckte es ihn. Er blickte auf. Lisa Schmidt war an seinen Tisch getreten.

«Ich komme nur, um meine Schulden zu begleichen.» Aber sie nahm sofort Platz, als er ihr einen Stuhl anbot.

«Ich möchte noch einen Augenblick lang Ihr Gläubiger sein», scherzte er.

«Ein Gläubiger hat gegenüber dem Schuldner gewisse Rechte.» Sie lächelte.

Kloss kam zu dem Schluß, daß es vielleicht doch nicht so schwer werden würde, mit ihr bekannt zu werden, wahrscheinlich eher zu leicht. Hatte ihn jemand in der Kirche des Heiligen Augustin sehen können? Hatte man ihr sein Äußeres beschreiben können? Das war wenig wahrscheinlich. Kloss hatte in Breslau eigene Sicherheitsvorkehrungen getroffen, denen er bedingungslos vertrauen konnte. Er schlug vor, einen Kognak zu trinken.

«Kognak!» rief Lisa. «Ich nehme an, Sie kommen direkt von der Front.»

Es fiel ihm schwer, sich ihrem Gehabe anzupassen. Schon lange hatte er nicht mehr mit einer Frau geflirtet.

«Ja, von der Front», sagte er. «Es ist angenehm, in einem Café ein Gläschen mit einem hübschen Mädchen zu trinken.» Er bestellte Kognak und Kaffee. Als die Kellnerin gegangen war, setzte er hinzu: «Wollen wir Domino spielen?»

Lisa blickte ihn aufmerksam an. Sie war vorsichtig und angespannt, es konnte keinen Zweifel geben. Die Koketterie war nur Maske. Kloss wurde plötzlich bewußt, daß ihm dieses Mädchen zu gefallen begann. Gefühle konnte er aber nicht gebrauchen.

«Sie spielen auch Domino?» fragte sie.

«Nur ein wenig mit mir selbst.»

«Sie sind lustig, wie heißen Sie?»

Er erhob sich. «Hans Kloss.»

«Ich heiße Lisa Schmidt. Für meine Freunde bin ich einfach Lisa.»

«Und für mich?»

Sie lächelte erneut. «Du hast schon selbst darauf geantwortet, Hans. Du greifst frontal an.»

Er hob das Glas. «Auf dein Wohl, Lisa.»

«Mit dir würde ich nicht Domino spielen.»

«Ich mit dir auch nicht! Ich würde den Kopf verlieren!» Kloss lachte über das ganze Gesicht. Er war wieder der junge Offizier, der ein Abenteuer suchte. «Außerdem hätte ich dazu auch gar keine Zeit. Ich bin nur ein paar Tage hier.»

«Dienstlich?»

«Meinst du, daß Offiziere gegenwärtig zum Vergnügen reisen? Ich komme gerade aus Berlin.»

«Dein Chef hat wohl Verständnis für junge Leutnants?»

«Ja.»

«Wolltest du dich hier mit jemandem treffen?»

«Mit dir», sagte er.

«Mach keine Scherze.» Lisa tat unwillig.

«Ich scherze gar nicht. Als ich nach Breslau gekommen bin, habe ich noch nicht gewußt, daß ich mich mit dir treffen will. Aber seit einer gewissen Zeit ...»

«Wir sitzen doch erst eine halbe Stunde hier.»

«Seit einer gewissen Zeit», wiederholte er, «weiß ich, daß ich mich mit dir treffen wollte. Ich habe dich auf der Straße gesehen, Lisa, und bin dir gefolgt.»

«Du bist mir gefolgt?» Jetzt bemerkte er Unruhe in ihrer Stimme.

«Ja», bestätigte er. «Sei nicht böse, Lisa.» Aber sie hatte nicht die Absicht, böse zu sein. Sie berührte mit den Fingerspitzen leicht seine Hand.

«Wenn du willst», sagte sie, «wenn du willst, gehört der heutige Abend dir.»

Er hob sein Glas. Plötzlich tat ihm das Mädchen leid, denn wenn sie unschuldig war, wenn Artur zwei sich geirrt hatte? Warte ich auf ein Wunder, überlegte er unwillig und erinnerte sich an Artur eins. Er hatte ihn gekannt, ihn vor einiger Zeit in Warschau bei einem Kontaktmann getroffen.

«Nie werde ich ihnen in die Hände fallen», hatte er damals gesagt. Er hatte Zyankali geschluckt, als die Gestapoleute vor ihm standen. Wer hatte ihn verraten? Dieses Mädchen, dessen Finger gerade über seine Hand glitten?

«Du bist zauberhaft, Lisa», sagte er, «ich würde gerne ...»

«Sag nichts mehr», unterbrach sie ihn. «Bezahl!»

Kloss durchdachte noch einmal ihr Gespräch. Wenn er Lisa der Gestapo übergeben würde, könnte da irgend etwas verdächtig aussehen? Plötzlich fiel ihm ein, daß es gut wäre, den Gestapomann kennenzulernen, der die Angelegenheit untersuchte. Es war immer gut, den Gegner zu kennen.

Der Gestapomann hieß Poller. Er war Hauptsturmführer und Stellvertreter des Chefs des Sicherheitsdienstes von Breslau. Im Zivilleben war er ein kleiner Bankprokurist gewesen. Er war der Meinung, daß ihn seine Chefs nicht schätzten. Deshalb war er der SS beigetreten und dann, als Auserwählter unter Auserwählten, dem SD zugeteilt worden. Hier rückte er seine Qualitäten und Möglichkeiten ins rechte Licht. Er war geduldig und gehorsam, er stellte Befehle nicht in Frage, aber er handelte auch nicht blindlings. In der Bank hatte man ihm beigebracht, daß ein allzu schneller Gewinn ein kleiner Gewinn war. Es zahlt sich manchmal aus, eine Plötze auszulassen, um einen Hecht zu angeln. Er wiederholte diese Maxime oft, und bei der Gestapo sagte man, daß Poller clever sei. Seine bisherigen Erfolge schienen Poller ziemlich bedeutungslos; er wartete auf die große Chance; er stellte sich vor, daß Himmler persönlich seinen Rapport lesen würde. Und vielleicht würde sich sogar der Führer für ihn interessieren? Poller sah schon in Gedanken seinen Chef vor sich, wenn für ihn einmal eine Einladung nach Berlin käme. Aber vielleicht würde man ihn auch zum Chef des SD von Breslau ernennen? Ja, zweifellos würde er es werden. Morgens stand er vor dem Spiegel und hob nachlässig die Hand in die Höhe. Sturmbannführer Ernst Poller. Sturmbannführer! Konnte man sich etwas Besseres vorstellen?

Und nun war endlich seine große Chance gekommen. Poller steckte von früh bis spät in seinem Arbeitszimmer und wartete. Er mußte gewinnen! Nur Geduld war nötig. Wie lange konnte Ernst Poller – der Geduldigste unter den Geduldigen – warten? An dem Tag, als Kloss sich im «Dorett» mit Lisa Schmidt unterhielt, war Poller entschlossen, den letzten Stich auszuspielen. Er hatte alle Trümpfe in der Hand, der Plan war seit langem vorbereitet, in allen Einzelheiten durchdacht; er konnte in die Tat umgesetzt werden. Es durfte nichts überstürzt werden und würde dennoch im Verlauf der nächsten vierundzwanzig Stunden geschehen. Er würde dann nicht nur seinen Gegner vernichten, der sich unverschämt hier, in Breslau, sein Nest gebaut hatte, sondern auch seine Kontakte, seine Informationsquellen aufspüren. Vielleicht würde dann erst das große Spiel beginnen? Er nahm den Telefonhörer ab und wählte eine Nummer. Es war nur ein knackendes Geräusch zu hören. Er wartete einen Moment, dann legte er wieder auf und drückte den Klingelknopf. Sein Adjutant erschien sofort.

«Kontrollieren, ob die Nummer 20913 gestört ist. Ich bekomme keinen Anschluß.»

«Jawohl.»

Über der Stadt breitete sich die winterliche Abenddämmerung aus. Es wehte ein scharfer Ostwind, die Menschen schlugen die Mantelkragen hoch und verschwanden eilig in den Hauseingängen.

In Lisa Schmidts Wohnung hingegen war es gemütlich und warm. Über einem breiten, mit buntem Stoff bezogenen Sofa hing ein Hitlerbild, zwei tiefe Sessel am Tisch und neben dem Telefon auf einer Kommode stand «Mein Kampf». Kloss betrachtete aufmerksam die Wohnungseinrichtung. Genauso mußte es sein: bürgerlich, nicht allzu geschmackvoll, wie es ihre Rolle vorschrieb, aber welche Rolle eigentlich? Nur etwas fiel aus dem Rahmen, der Weihnachtsbaum in der Ecke mit den bunten Glaskugeln und dem Engel auf der Spitze. Kloss lächelte plötzlich; wie hatte er das vergessen können? Er zog Lisa an sich. Sie sträubte sich nicht, obwohl sie ein wenig geziert tat.

«Du hast es eilig», sagte sie mit weicher Stimme. «Gefällt es dir hier?»

«Sehr», behauptete er ehrlich. «Du gefällst mir sehr.»

Er ging zum Tisch hinüber und nahm «Mein Kampf» in die Hand. Das Buch trug Spuren oftmaligen Lesens. Dann ging sein Blick zum Telefon.

«2 09 13», las er. «Ich werde diese Nummer nicht vergessen.»

Sie schwieg.

«Tut es dir leid, mich eingeladen zu haben?»

«Nein, nein!» Sie bemühte sich, fröhlich zu wirken. Er sah ihr an, wie sehr sie sich zwingen mußte. «Ich freue mich, daß du da bist. Und jetzt mache ich uns was zu essen und hole etwas zu trinken.»

«Vom Feiertagsvorrat?»

«Ich bin auf die Feiertage nicht vorbereitet.»

«Und wo verbringst du den Heiligabend?»

Sie blickte ihn verwundert an.

«Weshalb hast du dir darüber Gedanken gemacht?»

«Weil dort ein Weihnachtsbaum steht», sagte Kloss. «Ich überlege, wo ich einen solchen Baum schon einmal gesehen habe.»

«Ich verstehe nicht.» Lisa blickte ihn unruhig an. «Was willst du damit sagen?»

«Solch einen Baum, mit buntem Papier geschmückt, habe ich vor kurzem in Polen gesehen, Lisa.» Und nach einer Pause fügte er hinzu. «Ja, das ist ein polnischer Baum.»

Gleichzeitig überlegte er, ob er nur spielte oder tatsächlich sentimental war. Was wollte er damit erreichen? Das Mädchen sammelte seit zwei Jahren für die polnische Aufklärung Informationen. Wann hatte sie Verrat begangen? Wenn er glauben könnte, daß sie unschuldig war, wäre er auf der Stelle fortgegangen. Oder wäre er vielleicht trotzdem geblieben? Sie empfing deutsche Frontoffiziere und durchsuchte ihnen dann die Taschen oder provozierte sie zu unbedachten Äußerungen. Würde sie die, die zuviel sagten, der Gestapo ausliefern? Aber wenn Artur zwei sich tatsächlich geirrt hatte?

«Willst du», fragte Lisa, «daß ich das bunte Papier abnehme?»

«Nein. Weshalb sollte uns denn das stören?»

«Sprich nicht so, das macht mich nervös!»

«Warum? Bist du der Meinung, daß deutschen Offizieren polnische Weihnachtsbäume nicht gefallen dürfen?»

«Und polnische Mädchen?» fragte sie provozierend.

«Ich war in Polen, Lisa», sagte Kloss ernst. «Sie hassen uns. Manchmal haben sie auf uns geschossen.» Er zog sie wieder an sich. «Deshalb haben wir solche Sehnsucht nach deutschen Mädchen.»

Wie ihn dieses Spiel anekelte! Er küßte sie. Sie hielt die Augen geschlossen.

«Laß mich», sagte sie ein wenig zu schroff.

«Warum?» Kloss tat verwundert.

«Ich habe doch versprochen, uns etwas zu essen zu machen.»

«Ich habe keinen Hunger.»

«Hab doch ein wenig mehr Geduld. Wir haben Zeit, sehr viel Zeit.»

Er löschte das Oberlicht und schaltete das Radio an. Sie sendeten den neusten Wehrmachtbericht. Schwere Kämpfe um Stalingrad. Kloss lächelte. Schon vor einem Monat hatte sich die Zange um die Armee von Paulus geschlossen. Wann würden sie etwas darüber sagen? Er entspannte sich, zumindest versuchte er es. Aus der Küche hörte man das Geklapper der Teller. Ein Abend mit solch einem Mädchen könnte tatsächlich angenehm sein. Er schloß die Augen, dann sprang er auf und ging im Zimmer hin und her. Er schaute in jede Ecke, unter die Bilder, fuhr über die Tapete und unter die Vorhänge vor den Fenstern. Er war neugierig, ob die Gestapo eine Abhöranlage eingebaut hatte. Er fand nichts. Er stellte das Radio aus und ging zum Sofa zurück. Ihn packte plötzlicher Unwille. Ein Tag war schon vergangen, und er war nicht einen einzigen Schritt weitergekommen.

Lisa verstand tatsächlich zu kochen. Der Wein war nicht besonders, aber die Wurst in Tomatensoße hervorragend. Dann selbstgebackener Kuchen. Sicherlich hatte sie zusätzliche Lebensmittelkarten. Kloss trank viel, und sie goß ihm unaufhörlich nach. Sie selbst trank wenig. Geschickt steuerte sie das Gespräch. Kloss bewunderte ihre Fähigkeit, scheinbar belanglose Fragen zu stellen. Sie tat, als hörte sie gar nicht, was er sagte, weil sie, das deutsche Mädchen, diese Dinge nichts angingen, aber sie interessierte brennend jedes Detail und hartnäckig steuerte sie ihr Ziel an. Kloss erleichterte ihr bewußt dieses Spiel. Er erzählte ihr von einer Panzereinheit, die jetzt vom Mittelabschnitt zum Don verlegt worden war. Er nannte Namen von Kameraden, die nach Stalingrad abgezogen worden waren.

«Und du?» fragte Lisa. «Dich schicken sie nicht dorthin?»

Kloss lachte. «Ich weiß nicht. Wenn sie die Panzerdivisionen, die noch vor kurzem in Frankreich gestanden haben, nach Osten geschickt haben, dann kann das jedem von uns passieren. Aber ich komme zurück, Lisa. Du wirst mich bestimmt wiedersehen.»

«Ihr redet alle so», sagte sie.

Er zog sie an sich, aber in diesem Augenblick klingelte es.

«Das Telefon?» fragte Kloss.

«Nein, an der Tür.» In ihrer Stimme war Aufregung zu hören. «Ich erwarte eigentlich niemanden. Einen Moment ...»

Sie lief in den Korridor. Die Tür blieb einen Spalt offen. Kloss erhob sich leise. Durch den Türspalt verfolgte er, wie Lisa öffnete. Auf der Schwelle stand ein Mann in Eisenbahneruniform. Alles, was nun geschah, dauerte nur ein paar Sekunden. Kuschka, der Mann in Eisenbahneruniform, schob Lisa brutal in den Flur zurück.

«Lisa Schmidt», fragte er.

«Ja, das bin ich.» Die Stimme des Mädchens zitterte. «Worum geht es?»

«Auf Befehl von Artur», sagte Kuschka.

Kloss erblickte in seiner Hand eine Waffe und reagierte blitzschnell. Er stieß die Tür mit dem Fuß auf, stellte sich schützend vor Lisa und hatte die entsicherte Pistole im Anschlag.

«Ich schieße schneller», rief er, «wirf die Waffe weg.»

Der andere war zu überrascht, als daß er hätte Widerstand leisten können. Er ließ die Waffe fallen. Kloss hob sie vorsichtig auf, ohne sein Gegenüber aus den Augen zu lassen.

«Jetzt die Hände ins Genick», befahl er.

Er stieß den Mann ziemlich unsanft vor sich her und sah dabei zu Lisa, die immer noch kreideweiß war, und erst jetzt, als die Anspannung wich, begriff er, in welche schwierige Situation er hineingeraten war. Der Eindringling hatte gesagt, er sei auf Befehl von Artur hier. Also hatte der Chef den Befehl zur Liquidierung von Lisa Schmidt nicht zurückgenommen. Warum? War die Verbindung abgerissen? Hatte er keine Nachricht vom Organisten erhalten? Oder vielleicht hatte er sich entschieden, auf eigene Faust zu handeln? Wie auch immer, Kuschka war nur der Ausführende, ein Mitglied der Gruppe. Was mußte Kloss tun? Kuschka der Gestapo übergeben? Wenn er es nicht täte, würde Lisa es melden. Artur hatte den Befehl nicht zurückgenommen, er mußte sich also sicher sein, daß Lisa die Verräterin war. Wie würde sie sich jetzt verhalten? Vielleicht würde sie selbst sofort die Gestapo anrufen? Kloss hatte noch keine Entscheidung getroffen, aber es blieb ihm keine Zeit zum Nachdenken. Er mußte seine Rolle weiterspielen. Kuschka stand an der Wand, die Hände im Genick.

«Sprich», sagte Kloss.

Der andere sah ihn haßerfüllt an. «Ich werde nichts sagen.»

«Wir werden sehen. Woanders wirst du sprechen.» Er drehte sich zu Lisa um. «Kennst du diesen Mann?»

Lisa hatte mit Mühe ihre Fassung wiedererlangt.

«Ja ... Nein ... Mir ist, als hätte ich ihn schon einmal gesehen.»

Kloss durfte nicht aus der Rolle fallen. Er war der Verhörende, der sich nur wünschte, daß man ihm nichts erzählte.

«Erinnere dich», sagte er, «er hat behauptet, daß er auf Befehl von irgend jemandem käme. Auf Befehl von Artur.»

Lisa schwieg. Kloss beobachtete sie aufmerksam. Es interessierte ihn nicht, was Kuschka erzählen würde. Er wartete darauf, was Lisa sagen würde. Aber sie begann zu weinen.

«Ich werde alles sagen», flüsterte sie. «Jetzt fange ich an zu begreifen. Er ist der Bruder von Artur, und ich habe eine Gemeinheit begangen.»

Die Geschichte war einfach, schien sogar glaubwürdig. Kloss fühlte wieder Sympathie für dieses Mädchen, aber zugleich rügte er sich selbst. Sie versuchte, ein Mitglied von Arturs Gruppe zu retten, aber welche Motive hatte sie? Wenn sie wirklich für die Gestapo arbeitete, welchen Grund hatte sie dann, diesen Mann zu schonen? Vielleicht verdächtigte sie auch ihn, Kloss, und wollte Zeit gewinnen, um weiter in Arturs Gruppe arbeiten zu können. Lisa erzählte, daß Artur ihr

Verlobter gewesen sei, aber er dann beide Beine an der Front verloren habe und sie daraufhin ... Sie begann wieder zu schluchzen.

«Ich wollte ihn nicht heiraten, mir mein Leben verderben, und als ich ihm das gesagt habe, da hat er ...»

Kloss beobachtete Kuschka aufmerksam. Dieser Mann war klug genug, um Lisas Absicht zu begreifen.

«Da hat er sich die Pulsader aufgeschnitten», vollendete er das von Lisa begonnene Märchen. «Er ist in meinen Armen gestorben. Und ich habe versprochen, ihn zu rächen, Gerechtigkeit walten zu lassen.»

Kloss tat, als glaube er alles, das war das Beste, was er tun konnte. Die Szene entbehrte außerdem nicht einer gewissen Ironie. Drei Mitarbeiter der polnischen Aufklärung spielten Versteck miteinander. Nur er, Kloss, wußte, welchen Preis dieses Spiel hatte. In ihm stieg Wut hoch. Alle drei logen sie, aber man konnte dieses Spiel nicht beenden.

«Dokumente!» wandte er sich an Kuschka.

Der gab ihm seinen Wehrpaß.

«Horst Kuschka», las Kloss vor, «geboren in Beuthen, Schlesier also. Einen Waffenschein hast du natürlich nicht?»

«Für wen halten sie mich?» fragte Kuschka.

«Für einen Banditen, der in eine fremde Wohnung eindringt und eine wehrlose Frau erschießen will.»

«Ich bin bei der Eisenbahn und besitze die Waffe legal. Zum Schutz des Bahnhofs und zur eigenen Sicherheit.»

Kloss verglich die Waffennummer mit der auf dem Waffenschein. «Stimmt. Sie wollten also mit einer legalen Waffe morden.» Jetzt galt es weiterzumachen, und das war nicht leicht. Er wandte sich an Lisa. «Erlaubst du, daß ich das Telefon benutze?»

«Mach es nicht», flüsterte Lisa. «Ruf nicht die Gestapo an.»

Also doch!

«Was willst du?» fuhr er sie an. «Vielleicht verlangst du noch, daß ich ihn laufenlasse?»

«Ich bitte dich darum», flehte sie.

Das Mädchen spielte hervorragend. Sie hatte sich wieder völlig in der Hand, nur ihre Lippen zitterten leicht.

«Das kann ich nicht», sagte er. «Dieser Mann wollte auf dich schießen. Begreifst du nicht, daß er dich töten wollte?»

Sie blickte ihn an. «Ich fühle mich schuldig, Hans. Durch mich ist Artur ...»

Also doch ein lächerliches Drama. Sie hielt ihn wohl für einen sentimentalen Naivling. Er hatte genug von diesem Spiel.

«Du mußt die Gestapo benachrichtigen ...»

«Hans», flüsterte sie, «du kennst doch den Brauch, daß man am Heiligabend keine Bitte abschlägt.»

«Schön. Aber Heiligabend ist erst übermorgen. Sagen wir, ich würde es tun, welche Garantie habe ich, daß er während meiner Abwesenheit nicht wiederkommen wird?»

«Ich werde nicht mehr kommen», unterbrach ihn Kuschka. «Ich bereue, daß ich Fräulein Schmidt erschießen wollte. Sie ist nicht so, wie ich gedacht habe, wie Artur gesagt hat.»

Er glaubt seinem Chef nicht mehr, durchzuckte es Kloss. Dieser Mann war sicherlich aufrichtig. Und Lisa? Eins wußte er genau: Sie war eine hervorragende Schauspielerin.

«Gut», lenkte er ein. «Ich weiß nicht, ob es richtig ist, was ich tue, aber ich kann Lisa nichts abschlagen. Sie können gehen, Herr Kuschka. Die Waffe? Nein, Sie werden die Waffe nicht bekommen, zumindest jetzt nicht. Ich habe Ihre Adresse, gehen Sie morgen früh nicht aus dem Haus. Ich werde mir bis dahin überlegen, was ich mit Ihnen machen werde. Und versuchen Sie nicht, die Stadt zu verlassen.»

Hinter Kuschka schloß sich die Tür. Sie waren allein. Kloss goß sich ein Glas voll, dann setzte er sich auf das Sofa und schloß die Augen. Er war sehr müde. Die vorangegangene Nacht hatte er nicht geschlafen, den ganzen Tag über war er in Breslau umhergelaufen.

«Ich danke dir, Hans», flüsterte Lisa.

Sie schmiegte sich an ihn.

«Dieser Weihnachtsbrauch», flüsterte er entgegen seiner Absicht, «ist kein deutscher Brauch, Lisa.»

«Sprich nicht mehr darüber», flüsterte sie zurück.

Er wußte nicht, ob sie ihre Rolle weiterspielte, als sie ihre Hand ausstreckte, um das Licht auszuschalten. Und dann fiel ihm noch ein, daß Lisa nachts sicherlich seine Uniformtaschen genau durchsuchen würde.

Um sieben Uhr früh war es noch dunkel. Hauptsturmführer Poller, der sich nur vier Stunden Schlaf gegönnt hatte, befahl den Kriminalkommissar zu sich. Er mußte jetzt schnell handeln, er spürte, daß in sein Spiel ein nicht vorhergesehenes Element hineingelangt war und eine ungewöhnliche Konzentration an Aufmerksamkeit erforderte. Poller hatte Intuition. Poller glaubte an seine Intuition und war überzeugt, daß er keinen Fehler begehen würde.

«Berichten Sie», sagte er, als in der Tür ein beleibter Herr erschien, sicherlich einer von den alten Polizeibeamten, die zwar nicht allzu vertrauenswürdig waren, aber einen ausgeprägten Spürsinn hatten. Deshalb fügte er gleich hinzu: «Man wird Ihnen die sofortige Meldung an die Gestapo hoch anrechnen. Ich garantiere Ihnen eine Beförderung.»

«Ich habe sofort gespürt, daß da etwas nicht stimmte», bestätigte der Kriminalbeamte. «Wir haben seine Leiche vor einer Stunde gefunden. Er wurde von der Lessingbrücke geworfen und ist auf einen Wellenbrecher gefallen, ein häßlicher Anblick. Aber das war nicht die Todesursache. Man hat ihm aus nächster Nähe in den Hinterkopf geschossen.» Er nahm eine Zigarre, die ihm Poller angeboten hatte. «Wir fanden bei ihm zweihundert Mark, eine hübsche Summe ... Er hatte einen Wehrpaß auf den Namen Horst Kuschka bei sich.»

Poller nahm den Paß und blickte nachdenklich auf die Fotografie.

«Haben Sie seine Identität überprüft?»

«Ja, er ist es», bestätigte der Kommissar. «Es gibt keinen Zweifel, das ist Horst Kuschka.»

Der Hauptsturmführer rauchte schweigend seine Zigarre. Er mußte Ordnung in die Falten bringen. Er nannte das ein Sichumschauen in der neuen Situation. Er war beunruhigt, aber er ließ es sich nicht anmerken.

«Lassen Sie mir das bitte hier», sagte er und wies auf den Wehrpaß. «Und überhaupt bitte ich, mir alle Untersuchungsunterlagen zu übergeben.»

«Wird die Kriminalpolizei über die weiteren Ermittlungen informiert?» fragte der Beamte.

Diese ewigen Kompetenzstreitigkeiten. Er hatte genug von ihnen.

«Mit der Mordsache Horst Kuschka wird sich die Gestapo befassen. Sie können gehen», antwortete Poller trocken.

Er klingelte und befahl, ein Fahrzeug bereitzustellen.

Die Menschen drängten sich an den Straßenbahnhaltestellen, auf der Kaiserbrücke wichen sie nur mit Mühe einer Verkehrsstockung aus. Poller erinnerte sich plötzlich an das Flugblatt, das die Gestapo sichergestellt hatte. Er knirschte mit den Zähnen. Sie hielten vor einem alten Mietshaus. Im vierten Stock schlug Poller mit der Faust gegen die Tür, an der der Name Horst Kuschka stand. Eine blasse Frau, deren Augen vom fehlenden Schlaf stark umrändert waren, öffnete.

«Gestapo», knurrte er und drängte ins Zimmer.

Schon einen Moment später öffnete er eine Schranktür. Er warf Wäsche auf den Fußboden und zog Papiere aus einer Schublade.

Kloss beeilte sich. In der Straßenbahn herrschte Gedränge. Er saß im zweiten Wagen. Er setzte sich immer in den zweiten Wagen und las den «Völkischen Beobachter». An der Haltestelle hatte er aufmerksam kontrolliert, ob er nicht doch beschattet würde. Kloss blickte zur Uhr. Er überlegte, ob er nicht doch zuerst zum Organisten gehen sollte. Vielleicht wußte der etwas? Er wollte jedoch seinen Plan nicht umstoßen. Er hatte beschlossen, mit Horst Kuschka zu sprechen. War das riskant? Ja, natürlich. Aber es blieben ihm nur noch anderthalb Tage, und eigentlich wußte er genausoviel wie am Anfang. War Lisa Schmidt eine Agentin der Gestapo? Er wog nüchtern alles Für und Wider ab. Zwar hatte sie Kuschka gerettet, aber sie hätte ja selbst nicht weiter in der Gruppe arbeiten können, wenn er durch sie der Gestapo übergeben worden wäre. Hatte das jedoch irgendeine Bedeutung? Sie wußte doch, daß Artur das Todesurteil über sie gefällt hatte, also war für sie sowieso alles gleichgültig. Ob sie vielleicht noch einmal versuchen würde, mit Artur Kontakt aufzunehmen?

Sie hatte ihn zum Abschied geküßt und war ihm dabei völlig aufrichtig vorgekommen, aber so war es auch gewesen, als sie das Märchen von ihrem Verlobten erzählt hatte. Sie verstand es, sich zu verstellen, sie war gefährlich. Und Kuschka? Er machte einen disziplinierten Eindruck, nicht mehr. Weshalb nur hatte Artur entgegen der Anweisung gehandelt? Natürlich konnte man das in bestimmten Situationen rechtfertigen. Er hatte jedoch einen eindeutigen Befehl erhalten. Ob der Organist den Befehl nicht weitergeleitet hatte? Vielleicht sollte Kloss sich mit Artur treffen? Ein ziemlich großes Risiko. Denn Artur würde bestimmt überwacht werden. Es war außerdem nicht ausgeschlossen, daß die Gestapo ihn schon verhaftet hatte. Welchen Plan verfolgte die Gestapo? Sicherlich wollte sie abwarten. Sie hätte alle verhaftet, wenn ihre Kontaktperson liquidiert worden wäre. Solange der Provokateur weiterarbeiten würde, wären alle relativ sicher. Die Gestapo wartete darauf, die Zentrale aufspüren zu können. Und wenn er selbst zur Gestapo gehen würde, überlegte Kloss. Nein, das wäre unklug.

Die Straßenbahn ruckte heftig an und fuhr los. Kloss faltete die Zeitung zusammen und ging zur vorderen Plattform. Er kannte Breslau nicht, hatte aber den Stadtplan genau studiert, und das reichte ihm im allgemeinen. Noch zwei Kreuzungen bis zur Wohnung von Horst Kuschka.

Poller hatte gerade einen Sessel in die Zimmermitte geschoben. Er streckte die Füße weit von sich und betrachtete eingehend seine Schuhe. Er war in Zivil.

«Jetzt werden wir uns unterhalten», sagte er.

Helena, Kuschkas Frau, stand vor ihm in Morgenrock und Hauspantoffeln. Poller sah ihre Angst, er sah, wie sie vergeblich versuchte, ihr Zittern zu verbergen. Sie strich sich über die Haare. Über diese Geste mußte der Hauptsturmführer lächeln. «Nun, was wissen Sie?» fragte er.

«Nichts.»

«Hat er nicht gesagt, wohin er gehen würde?»

«Er hat nichts gesagt.»

«Bekannte? Freunde?»

«Er hatte keine Freunde», erklärte Helena.

«Trallala ... Polnisches Geschwätz. Für ehemalige Polen habe ich meine Spezialmethoden.»

Helena fing an zu schluchzen.

«Aber, aber, nur nicht hysterisch werden. Die deutschen Frauen tragen solche Dinge gelassen, aber Sie vermögen es nicht, sich wie eine deutsche Frau zu benehmen. Und dann ist da noch das Café!» fuhr er fort.

«Er ging manchmal dorthin», flüsterte sie. «Aber daran ist doch nichts Außergewöhnliches, ich arbeite dort in der Garderobe.»

«Jeder ordentliche Deutsche», sagte Poller, «hat das Recht, in ein Café zu gehen, Bier zu trinken und Domino zu spielen. Hat er Domino gespielt?»

«Manchmal. Das war sein einziges Vergnügen. Natürlich nur mit ganz kleinen Einsätzen. Horst hat nie getrunken, er hat gespart, hat sein Geld nicht verspielt.» Sie schluchzte wieder.

«Mich interessieren nicht die Einsätze!» schrie Poller. «Mit wem er gespielt hat!»

Im Grunde genommen interessierten ihn Helenas Antworten wenig. Er war nicht hierhergekommen, um aus der Frau Einzelheiten herauszupressen. Er hatte ihr eher aus Gewohnheit als aus Notwendigkeit mit Verhaftung gedroht. «Ich weiß genug», hatte er erklärt, «um Sie einzusperren. Und sei es zunächst auch nur wegen Verdunklungsgefahr. Zunächst ...» Dann hatte er geknurrt: «Hat er eine Geliebte gehabt?»

«Nein», sagte Helena.

«Das also wissen Sie wenigstens. Und mit einer gewissen Lisa Schmidt haben Sie ihn nicht gesehen?»

Helena konnte nicht mehr antworten. Die Türglocke läutete. Poller sprang auf.

«Aha. Ich habe Gelegenheit, die Bekannten von Herrn Kuschka kennenzulernen. Öffnen Sie, aber keine Scherze. Wenn Sie auch nur irgendwie versuchen, jemanden zu warnen, schieße ich. Und zuerst auf Sie.»

Er stellte sich hinter die Tür, während sie langsam öffnete. Sie sah Pollers Gesicht und wußte, daß er schießen würde, wenn sie den nicht sofort einließ, der vor der Tür wartete und den sie nicht mehr würde warnen können. Ihr gegenüber stand ein deutscher Offizier. Sie seufzte vor Erleichterung; denn er war ihr völlig unbekannt.

«Ich möchte gern Herrn Kuschka sprechen», sagte Kloss.

Helena wich zurück. Kloss betrat die Wohnung, sofort fiel die Tür ins Schloß, und vor Kloss stand Poller, die Pistole schußbereit in der Hand. Ihn überraschte die Offiziersuniform, das hatte er nun doch nicht erwartet. Später wunderte er sich auch über den ruhigen Ton des Leutnants. Keine Spur von Angst, eine Selbstsicherheit, die der Hauptsturmführer eigentlich schätzte.

«Wer sind Sie? Nehmen Sie die Waffe herunter, ich mag es nicht, wenn ein Zivilist auf mich zielt.»

Kloss sprach ruhig und leise. Ihm war klar, einen Fehler begangen zu haben. Er hätte nicht hierherkommen dürfen. Den Kerl, der mit der Pistole vor ihm stand, hatte er sofort erkannt; er erkannte die Gestapoleute immer. Poller bestätigte das auch sofort.

«Ich bin kein Zivilist», knurrte er. «Hauptsturmführer Poller von der Gestapo.»

Also ausgerechnet der! Kloss verspürte so etwas wie Befriedigung. Endlich wußte er, mit wem er es zu tun hatte. Er lachte über das ganze Gesicht.

«Leutnant Hans Kloss», stellte er sich vor. «Gut, daß ich Sie treffe, Hauptsturmführer!»

«Ja! Ganz meinerseits, Herr Leutnant. Aber warum erfreut Sie mein Anblick so? Kannten Sie Kuschka?»

Das war schon wieder scharf gefragt. Poller ging zu seinem Sessel zurück und setzte sich. Er streckte die Beine aus, aber der Offizier, der vor ihm stand, schien ganz und gar nicht aus der Fassung zu geraten.

«Ich hatte die Absicht», sagte er, «heute zusammen mit Kuschka der Gestapo einen Besuch abzustatten; denn seinetwegen bin ich hergekommen.» Ja, das war sicherlich die beste Formulierung.

«Kuschka wird der Gestapo keinen Besuch mehr abstatten», sagte Poller, «aber Ihnen wird das nicht entgehen.»

Kloss reagierte sofort und scharf. «Ihr Ton scheint mir etwas unpassend zu sein. Und ich weiß nicht, warum Kuschka ...»

Poller antwortete, während er mit dem Zigarettenetui spielte: «Diesen Mann hat man heute früh aus der Oder gefischt. Mit einer Schußwunde am Hinterkopf. Wissen Sie jetzt Bescheid? Berichten Sie, unter welchen Umständen Sie mit Kuschka bekannt geworden sind.»

Kloss zog eine Pistole aus der Tasche. Er spielte mit ihr und tat dabei so, als sehe er Pollers Erschrecken nicht. Der Gestapomann drückte sich in den Sessel. Er hatte seine Pistole schon wieder in die Tasche gesteckt. Kloss rückte sich ebenfalls einen Sessel zurecht und setzte sich Poller genau gegenüber. Er gab ihm die Waffe, den Waffenschein warf er auf den

Tisch. In bestimmten Situationen war es am besten, die Wahrheit zu sagen, außerdem mußte er die Wahrheit sagen, weil doch Poller ... Er erklärte also, daß er den letzten Abend bei einer jungen Frau verbracht habe. Er wiederholte Lisas Märchen aufs Wort. Dieser Kuschka, erklärte er dem Gestapomann, habe sie aus Rache erschießen wollen. Er hatte sogar einen Waffenschein.

«Bestimmt einen falschen», behauptete Poller.

Kloss zuckte mit den Schultern.

«Möglich», sagte er. Er erklärte, warum er Kuschka freigelassen hatte. Heute sei er deshalb hergekommen, um ihn zur Gestapo zu bringen und die Sache genau untersuchen zu lassen. Er erzählte und beobachtete gleichzeitig Poller. Glaubte ihm der Gestapomann? Kloss begriff, die Unterhaltung begann erst. Aber Pollers Gesicht blieb unbeweglich. Er hörte Kloss zu, ohne Fragen zu stellen.

Endlich sagte er: «Nun, das müssen wir eben ohne Kuschka nur zu zweit zur Gestapo fahren.» Dann wandte er sich an Helena. «Und Sie dürfen Breslau ohne Erlaubnis nicht verlassen. Und wenn Ihnen noch etwas einfällt...»

Pollers Arbeitszimmer war wie alle Zimmer dieser Institution eingerichtet. Ein Hitlerbild. Zwei Sessel und ein kleiner Tisch an der Tür. Kloss saß in einem der Sessel und blickte auf den Tisch. Poller verhielt sich so, wie vorauszusehen gewesen war. Zuerst drohte er mit der Feststellung, daß Kloss des Mordes an Kuschka verdächtigt werden könnte. Der Leutnant reagierte mit einem Lächeln und forderte dann, daß Poller sich mit General Eberhardt verständigte und seine, Kloss', Personalien überprüfen lasse. Poller bekam eine Telefonverbindung, und Eberhardt, der hundertprozentige Preuße, der alte Abwehroffizier, der die Gestapo haßte, sang natürlich eine Lobeshymne und verlangte, daß die Breslauer Gestapo seinen Mitarbeiter sofort in Ruhe lasse. Kloss, der unaufhörlich die Reaktion des Hauptsturmführers beobachtet hatte, kam zu der

Überzeugung, daß Poller nichts über ihn wisse. Vielleicht hatte Lisa nichts gemeldet, vielleicht war sie wirklich unschuldig? Poller zündete sich eine Zigarre an.

«Die ganze Geschichte», bemerkte er, «ist ziemlich merkwürdig. Sie waren der letzte, der Kuschka gesehen hat.»

Kloss beschloß, nunmehr zum Angriff überzugehen. «Warum interessiert Sie der Eisenbahner eigentlich so, warum beschäftigt sich damit nicht die Kriminalpolizei?»

Poller zog an seiner Zigarre. «Der Mann ist hochinteressant, Kloss», meinte er vielsagend.

«Ich bin Offizier der Abwehr, und Sie spielen mit mir Katz und Maus. Sie stellen nichtige Fragen und vergessen, daß ich mich selbst tagtäglich mit solchen Dingen befasse.»

Poller lachte. «Wie soll ich das verstehen? Ist das ein Angebot zur Zusammenarbeit?»

«Wie sollte ich Ihnen helfen können?» fragte Kloss und zuckte mit den Schultern. «Ich bin hier nur auf der Durchreise. Worum geht es eigentlich?»

Poller hatte jedoch nicht die Absicht zu antworten. Wenn er Kloss auch nicht mehr in Verdacht hatte, so würde er dennoch mit einem Offizier der Abwehr nicht seine Erfolge teilen.

«Ich denke nicht an Zusammenarbeit bei der Untersuchung», erklärte er. «Aber rechne dennoch mit Ihrer Hilfe.» Und nach einer Weile fügte er hinzu. «Wie hieß die Frau, bei der Sie die Nacht verbracht haben?»

Kloss hatte diese Frage seit langem erwartet, es hatte ihn sogar beunruhigt, daß sie noch nicht fiel. Poller hätte sich danach erkundigen müssen, und weil er das nicht getan hatte, wußte er es also. Es galt, sich sofort zu entscheiden. Kloss lächelte.

«Erinnern Sie sich immer an die Namen der Frauen, deren Gastfreundschaft Sie in Anspruch genommen haben, Poller? Ehrlich gesagt, der Name ist nicht das wichtigste an einer Frau.»

«Ist es nicht, ist es nicht.» Poller lächelte ebenfalls. Er hatte das jedoch zu glatt geschluckt. «Wie auch immer, Kloss, wir müssen es herausbekommen.»

«Ich werde versuchen, mich zu erinnern. Es war unweit der Lessingbrücke. Sie hieß Lisa.»

Er beobachtete Poller aufmerksam. Wußte er es oder nicht? Sollte er es sagen oder nicht? Er mußte sich nicht mehr entscheiden. Es klopfte. Kloss hörte eine bekannte Stimme und sah Lisa eintreten. Er sprang von seinem Sessel auf, sie aber machte ruhig Meldung.

«Hauptsturmführer, ich habe die geforderten Rapporte gebracht.» Dann erblickte sie Kloss, aber vielleicht tat sie auch nur so, als erblickte sie ihn erst jetzt. «O Hans, wie geht es dir? Ich habe nicht geahnt, daß ich dich hier treffen werde.»

Es klang völlig natürlich.

Poller lachte laut los. Er amüsierte sich königlich.

«Oh, die Herrschaften kennen sich. Verstehe, verstehe. Danke, Lisa. Du hast heute abend frei, wenn du dich mit dem Leutnant verabredet haben solltest.»

«Habe ich», sagte Lisa. «Erinnerst du dich noch, Hans?»

«Ich weiß.»

Er war ärgerlich. Er ließ sich überfahren wie ein Anfänger. Er zündete sich eine Zigarette an und schaute nicht auf, als Lisa das Zimmmer verließ. Er wandte sich sofort an Poller.

«Das war sie. Warum haben Sie sie nicht verhört? Aber vielleicht hat sie es schon gemeldet, Sie haben es schon gewußt und mich wie einen Idioten behandelt!»

«Nicht so böse, Kloss.» Poller lachte. «Wir in der Gestapo haben unsere Methoden.»

«Ich habe davon gehört.»

«Nicht das, was Sie denken. Kein Zähneausschlagen. Für diese Arbeit setze ich von Zeit zu Zeit einige Tölpel ein, aber ich schätze sie nicht allzusehr. Ich gehe anders vor, Kloss. Ich mag intelligente Gegner.»

«Was hat das damit zu tun?»

«Wenn Sie sich mit Lisa treffen, bitte ich Sie, sie genau zu beobachten. Worüber sie Fragen stellt, welche Dinge sie interessieren. Vielleicht die Stimmung in der Wehrmacht oder andere Informationen.»

«Arbeitet sie denn nicht bei Ihnen?»

«Na und? Manchmal machen Sie einen intelligenten Eindruck, Kloss, und manchmal wirken Sie naiv.»

Diese Begegnung ist remis ausgegangen, dachte Kloss. Dann gelangte er zu der Ansicht, daß die erste Runde doch Poller gewonnen hatte. Nicht der Schatten einer Information. Ihm war nur bekannt, daß Lisa bei der Gestapo arbeitete. Aber ob das hieß, daß sie auch für die Gestapo arbeitete?

Und dennoch kam die Entscheidung immer näher. Alle, die an diesem Spiel beteiligt waren, mußten handeln, und sie mußten es schnell tun. Kloss fuhr direkt von der Gestapo zum Organisten. Er tauchte zwar im Gedränge der Stadt unter, verwischte seine Spuren, aber absolut sicher, ob ihm niemand folge, war er sich nicht. Ob Poller angeordnet hatte, ihn zu beschatten? Es schien, als wäre das nicht der Fall. War sich denn der Hauptsturmführer seiner Informationen so sicher? Beim Organisten erwartete Kloss der Bericht von Artur, der wie gewöhnlich in den Kasten unter der Figur des Heiligen Antonius gelegt worden war. Der Chef der Gruppe meldete seine letzten Entscheidungen. Der Rapport war völlig überraschend. Artur behauptete, daß er in Übereinstimmung mit der Anweisung der Zentrale den Befehl zur Liquidierung von Lisa Schmidt zurückgezogen habe. Kuschka habe versucht, den Befehl auf eigene Faust zu unterlaufen. Deshalb habe Artur Horst Kuschka liquidieren müssen. Nun war er überzeugt, daß Lisa Schmidt unschuldig, der Provokateur aber Kuschka gewesen sei. Die Gruppe sei also wieder sauber und könne weiterarbeiten. Artur bat um Aufgaben und Kontakt zur Zentrale.

«Siehst du», sagte der Organist, «ich habe immer gesagt, daß Lisa in Ordnung ist.»

«Wußtest du, daß sie bei der Gestapo arbeitet?» fragte Kloss.

«Natürlich. Das war ein großer Erfolg für uns.»

Der Organist triumphierte augenscheinlich. Arturs Rapport bestätigte sein Gefühl. Er wartete nun auf die Entscheidung von Kloss. Aber Kloss schien diese glatte Lösung verdächtig. Er spürte, daß das Spiel mit Hauptsturmführer Poller ganz und gar nicht beendet war, daß sich die letzte Runde näherte, die die schwierigste sein würde. Er analysierte in allen Einzelheiten die Situation und sah dabei ständig das Gesicht des Organisten vor sich, dessen Augen nicht den Eindruck eines Blinden machten. Wenn Kuschka tatsächlich der Verräter gewesen war, wie Artur gemeldet hatte, hätte Poller gleich nach der Liquidierung von Kuschka an die Verhaftungen gehen müssen. Worauf wartete er noch? Der Verräter kannte Artur, er kannte Lisa, die Gestapo hatte sie alle in der Hand. Und Poller mußte doch wissen, daß die Leute flüchten würden, wenn er sich verspätete. Außerdem hätten Artur genau wie Lisa und alle, über die Poller etwas wissen konnte, sofort verschwinden müssen. Aber Artur spazierte seelenruhig durch Breslau, als sei nichts geschehen. Warum? Begriff er nicht, was ihm drohte? Er wartete auf den Kontakt mit der Zentrale. Wollte er die Verbindung dieser großen Gefahr aussetzen?

Kloss zerknüllte das Blatt mit Arturs Meldung und verbrannte es dann. Er erinnerte sich an Kuschkas Gesicht, als dieser in Lisas Wohnung eingedrungen war. Er hatte damals gedacht: Das ist ein aufrichtiger Mensch. Wenn es also nicht Kuschka war, wer dann? Ein Verdacht stieg langsam in ihm hoch, es war ein schrecklicher Verdacht. Er entschied sich, noch einmal alles zu überprüfen. Artur zwei, was war das eigentlich für ein Mensch? Er wußte zu wenig über ihn.

Das unbewegliche Gesicht des Organisten war ihm noch immer zugewandt. Hätte er nicht mit Sicherheit gewußt, daß dieser Mensch blind war, hätte er gedacht, sein Blick sei ständig auf ihn geheftet. Die Informationen der Zentrale besagten, daß der Organist absolut zuverlässig sei. Aber gab es absolut zuverlässige Menschen?

«Was soll ich Artur übermitteln?» fragte der Organist.

In seiner Stimme war Unruhe zu hören. Das Schweigen hatte ein wenig zu lange gedauert.

«Artur ist nichts zu übermitteln», sagte Kloss leise. «Der Kontakt mit ihm ist abzubrechen.»

Die Hand des Organisten wanderte zur Brille, dann fuhr sie über die Stirn. Schweißtropfen rannen über sein Gesicht.

«Was heißt das?» fragte er.

«Das, was ich gesagt habe.» Kloss' Stimme klang hart.

Nach einer Pause fragte der Organist: «Glaubtst du auch mir nicht?» Dann begann er, noch eindringlicher zu reden. «Begreifst du denn nicht, wozu du die Leute verdammst? Zur Einsamkeit! Nein, nicht nur zur Einsamkeit: Sie werden dem Feind in die Hände fallen. Lisa, die ich von Kindheit an kenne, Artur zwei.»

«Wir werden sie finden, sobald es möglich ist.» Kloss konnte sich nur mit Mühe beherrschen. Er verstand genausogut wie sein Gegenüber, daß jedes seiner Worte ein Urteil bedeutete. «Du verschwindest aus Breslau», fügte er hinzu. «Hast du eine Adresse?»

«Habe ich», sagte der Organist.

«Und Papiere?»

«Ebenfalls.»

«Also fahre sofort, wir werden mit dir zu gegebener Zeit wieder Kontakt aufnehmen. Es reicht, wenn du Doktor Brucke, Berlin W 8, Leipziger Straße 29 – präge es dir ein – deine letzte Blutanalyse übermittelst. Mit der Rückantwort erhältst du Instruktionen.»

«Ich will nicht fliehen. Horst Kuschka hat nichts über mich gewußt.»

«Das ist ein Befehl.» Kloss sprach das Wort scharf aus. Dann begann er, freundlicher zu reden und blickte dem Organisten dabei die ganze Zeit über ins Gesicht. «Versteh mich, ich kann nicht anders handeln. Der Krieg ist grausam und unser Krieg ganz besonders.» Er berührte die Hand des Organisten. «Leb wohl», sagte er. «Ich weiß nicht, ob wir uns irgendwann einmal treffen werden, aber wenn, dann in einem freien Polen.»

«In einem freien Polen», wiederholte der Organist und griff mit der Hand wieder zur Brille.

Kloss verließ die Kirche. Es begann zu schneien, ein kalter Wind wehte. Vor dem Schaufenster eines Antiquitätengeschäfts sah Kloss einen Mann in der Uniform der Organisation Todt stehen. Er ging auf ihn zu. Der Mann zog eine Schachtel Streichhölzer hervor und wollte Kloss Feuer geben, aber er tat es so ungeschickt, daß die Streichhölzer ständig verloschen.

«Hör genau zu», sagte Kloss währenddessen, «Pensionat Elisabeth. Du informierst ihn, daß es dort sei, aber ohne die Zimmernummer anzugeben. Die Information muß ich um neun Uhr abends telefonisch haben, erinnere dich an die Nummer.»

Dann sprang der andere auf eine Straßenbahn. Kloss sah ihn auf der hinteren Plattform stehen. Er hatte mit ihm in Warschau zusammengearbeitet, und nun hatte man beschlossen, ihn mit der Leitung der neuen Gruppe in Breslau zu beauftragen. In diesem Krieg durfte kein Frontabschnitt unbesetzt bleiben. Und obwohl in Breslau bereits die neuen Leute zu arbeiten begonnen hatten, wußte Kloss, daß das Spiel mit Poller um Arturs Gruppe noch lange nicht beendet war. Die letzte Runde dauerte an.

Poller wußte, der Triumph war nah. Noch nie zuvor hatte er eine Aktion mit solcher Geduld und so gründlich durchgeführt. Sein Chef hätte die Leute schon längst festgenommen und nichts erreicht als Ärger mit der neuen Organisation. Er, Poller, wußte, daß primitive Methoden dieses Spiel nur verderben konnten. Er griff nach dem Kopf des Gegners, er würde seine Schaltzentrale vernichten. Er brannte sich eine Zigarre an, zog den Rauch genießerisch ein und nahm den Telefonhörer zur Hand. Gewöhnlich benutzte er das Telefon nicht, nur dann, wenn er sicher sein durfte, daß ein Abhören ausgeschlossen war. Er vernahm eine bekannte Stimme.

«Gut, ist gemacht», sagte er.

Er legte für einen Moment den Hörer hin und griff nach dem Feuerzeug, weil die Zigarre ausgegangen war.

«Bleib ruhig», fuhr Poller mit fast freundlicher und leiser Stimme fort, «wir werden noch keinen von ihnen festnehmen, ich habe Zeit, zumindest bis morgen. Der Kontakt mit ihrer Zentrale wäre ein großer Erfolg, wir müssen den Verbindungsmann haben. Ja, ja, in dieser Kirche werde ich mich ebenfalls umsehen. Was noch? Du sprichst von dem Abwehroffizier? Er hat uns geschadet, er ist ungeschickt und offensichtlich nicht allzu intelligent. Gut, gut, einverstanden. Du kannst ihn erledigen. Heil!»

Der Tag war schwer gewesen. Professor Lipke ging in das Café. Er nahm an, dort Lisa zu treffen. In der Garderobe war natürlich Helena, die Frau dieses Kuschka. Lipke hatte gehofft, sie würde nicht kommen, ihm bliebe das wenigstens erspart. Aber sie saß wie gewöhnlich auf ihrem Platz mit einer Handarbeit in den Händen. Er erinnerte sich, einmal gefragt zu haben, was sie da mache, worauf sie ihm geantwortet hatte, daß es ein Pullover für Horst zu Weihnachten werde. Der Pullover war schon fast fertig. Helena paßte gerade die Ärmel an, und es schien, als ob sie nichts weiter interessiere.

Sie weiß doch, daß Horst nicht mehr lebt, dachte Lipke. Irgendein «Es tut mir leid» oder «Mein aufrichtiges Beileid» kam ihm nicht über die Lippen. Er sagte: «Es ist Krieg, und wir kämpfen», gab seinen Mantel ab und ging in das Café. Er konnte sich nur mit Mühe beherrschen.

Sein Vorgänger, Artur eins, hatte immer gesagt: «Unternimm nichts, solange du nicht dein Gleichgewicht wiedererlangt hast.»

Aber er, Artur zwei, konnte nicht warten. Er befand sich in

einer Situation, in der jede Minute, jede Sekunde wichtig war. Lisa saß natürlich an seinem Stammtisch und spielte mit den Dominosteinen, aus denen sie einen hohen Turm gebaut hatte. Er setzte sich, ohne ihr die Hand zu geben.

«Du hast befohlen, mich umzubringen», sagte Lisa leise. Sie war ruhiger als er. «Warum?»

«Ich habe dich nicht herbestellt.» Artur griff nach einer Zigarre und beobachtete sie aufmerksam. «Ich habe gesagt, daß man sich mit mir ohne Anweisung nicht treffen darf. Auf keinen Fall sollst du ins ‹Dorett› kommen, wenn ich hier bin.»

«Ich will wissen, wessen du mich verdächtigst.»

Die Kellnerin brachte Bier. Lipke trank einen kräftigen Schluck und zündete sich dann die Zigarre an. Er war ihr jetzt eine Erklärung schuldig, vor allem aber mußte er sie beruhigen. Nein, meinte er, er verdächtige Lisa in keiner Hinsicht mehr. Sie müsse verstehen, sie hätten sich in einer Ausnahmesituation befunden und alles hätte darauf hingedeutet, daß Lisa, die Artur eins und die zwei Fabrikarbeiter gekannt habe, für zwei Seiten arbeite. Sie empörte sich. Der Professor befahl ihr mit einer Handbewegung zu schweigen. Nein, das sei nicht seine Wertung gewesen, das besagten Informationen, die er erhalten habe. Die Informationen hätten sich als falsch erwiesen. Außerdem könne sich jeder irren, aber er, Artur, sei zu vorsichtig, um unüberlegt zu handeln. Horst Kuschka habe auf eigene Faust handeln wollen.

«Ich habe ihm gesagt», erklärte Lipke, «daß ich den Befehl zurücknehme, daß sich nach genauerer Untersuchung die Informationen als falsch erwiesen hätten, aber er ist trotzdem zu dir gegangen. Ich hatte ihn eigentlich von Anfang an in Verdacht, aber ich wollte sichergehen, ich mußte ihn überwachen. Und ich habe recht gehabt. Er hat für sie gearbeitet, er hat Artur eins hochgehen lassen.»

Der Professor war an diesem Tag zu aufgeregt, um seine Umgebung aufmerksam zu beobachten. Lisa hörte gespannt zu und ließ kein Auge von ihm. Keiner hatte Helena bemerkt, die an ihrem Tisch vorbeiging. Der Professor sah erst ihren Rücken. Er verstummte sofort, aber es war schon zu spät. Helena hatte die letzten Sätze gehört, «aber er ist trotzdem zu dir gegangen» und «er hat für sie gearbeitet ...» Sie setzte sich an den Tisch in ihrer Garderobe und verbarg ihr Gesicht in den Händen.

«Die Sache ist für mich abgeschlossen», sagte Lipke. «Und jetzt melde!»

Lisa erzählte Artur von Kloss, der ihr das Leben gerettet hatte. Sie gab, wie gewöhnlich in solchen Fällen, den Verlauf des Gesprächs genau wieder. Es war nicht viel, aber doch ein paar Informationen, ein paar Namen. Artur hörte gespannt zu.

«Wann hast du dich mit ihm verabredet?» fragte er.

«Heute abend wird er zu mir kommen», sagte Lisa. «Nach neun ...»

In diesem Moment kam Helena zu ihrem Tisch.

«Telefon für Sie», sagte sie zu Lisa.

In der Garderobe war es leer. Lisa ging zum Telefon und wollte nach dem Hörer greifen, der aber lag auf der Gabel.

«Ich wollte mich mit dir unterhalten.» Helena stand neben ihr. Eigentlich kannten sie sich nicht. Lisa ahnte nicht, daß Helena ebenfalls in ihrer Gruppe arbeitete; denn das verbot das Prinzip der Konspiration. Sie wußte auch nicht, daß Horst, der sie hatte erschießen wollen, Helenas Mann gewesen war.

«Worum geht es?» fragte Lisa.

Helena sprach polnisch, sie redete sie mit Du an.

Lisa konnte ihre Bestürzung nicht verbergen.

«Du hast Kontakt zur Zentrale», flüstere Helena erregt. «Gib mir den Kontakt ...»

«Ich verstehe nicht, wovon Sie reden», sagte Lisa trocken auf deutsch.

«Du mußt mir glauben, sonst werden wir alle umkommen. Ich bin an eurem Tisch vorbeigekommen, ich habe gehört, wie er gesagt hat, daß Horst, mein Mann, der Verräter gewesen sei, daß er das Urteil ohne Befehl vollstrecken wollte. Das ist nicht wahr!»

Lisa ging zur Tür. Helena versperrte ihr den Weg.

«Ich schwöre bei allem, was mir heilig ist», sagte sie, «daß der Befehl nicht widerrufen worden ist. Ich schwöre, daß Horst unschuldig ist. Ich werde dir noch etwas sagen.»

Lisa schob sie resolut zur Seite. «Sie sind verrückt geworden», sagte sie unwillig. «Ich verstehe Sie nicht.» Sie ging zu ihrem Platz zurück. Zum erstenmal seit vielen Monaten befiel sie Angst. Sie erinnerte sich an Pollers Gesicht, zündete sich eine Zigarette an und zog den Rauch tief ein, während sie Arturs Blick auf sich gerichtet fühlte.

«Was ist passiert?» fragte er.

Sie erzählte es ihm. Sie mußte es ihm erzählen. Wenn sie aufhören würde, ihm zu vertrauen, hätte sie sich in der Hölle befunden, hätte sie ein schrecklicher Traum befallen, von dem es kein Aufwachen mehr geben würde. Er hörte mit unbewegtem Gesicht zu. Es gab nichts, was Unruhe oder Überraschung verraten hätte.

«Was hast du ihr gesagt?» fragte er.

«Nichts.»

«Du hast Kontakt zur Zentrale?»

Diese Frage hatte sie nicht erwartet. Er wußte es doch. Er mußte es wissen.

«Ich habe keinen Kontakt.»

Artur breitete die Dominosteine vor sich aus.

«Das habe ich befürchtet», sagte er endlich. «Horst hat nicht allein gearbeitet. Sie versucht jetzt, seine Arbeit zu Ende zu führen.» Er sah Lisa an, und in seinem Blick lag etwas, was sie vordem nie gesehen hatte.

«Dann mußt du es tun», entschied er. «Du vollstreckst das Urteil. Und in der Nacht fliehen wir aus Breslau. Keiner von uns kann hierbleiben. Ich komme zu dir. Und jetzt hör genau zu, ihre Adresse ist ...»

Sie sollte also das Urteil vollstrecken. Sie hatte die Hand in der Manteltasche, ihre Finger strichen über das kalte Metall, was sie etwas beruhigte. Aus welcher Entfernung mußte man schießen? Und wenn Helena unschuldig war? Horst hatte auf sie schießen wollen, nun würde sie auf Helena schießen. «Auf Befehl von Artur ...» Was wußte sie über diesen Menschen? Aber Artur eins mußte ihm doch vertraut haben, wenn er ihn zu seinem engsten Mitarbeiter gemacht hatte. Ein Soldat muß seinem Vorgesetzten vertrauen. Sie war ein Soldat, und es gab keinen anderen Weg. Sie dachte an ihre Mutter. Die Mutter hatte sie Polnisch gelehrt; zusammen hatten sie polnische Bücher gelesen.

Am Bahnhof stieg sie in die Straßenbahn. Helena mußte schon zu Hause sein. Lisa hatte das «Dorett» lange beobachtet und gesehen, wie die Garderobenfrau das Café verließ. Sie fand ohne Mühe das alte Mietshaus und stieg langsam die Treppe bis zum vierten Stock hinauf. Sie traf niemanden. Als sie klingelte, kehrten alle ihre Zweifel zurück. Und wenn die Frau unschuldig war?

Helena stand vor ihr. Ihre Augen waren gerötet, offensichtlich hatte sie geweint. Sie war überrascht und trat, als sie Lisa sah, ein paar Schritte zurück. Sie begriff, bevor Lisa in die Tasche greifen konnte, bevor sie entsichert hatte.

Lisa fühlte ihr Herz bis zum Hals schlagen. Sie hob die Pistole, aber sie konnte nicht abdrücken. Sie ließ die Waffe sinken.

«Schieß!» sagte Helena. «Schieß!» wiederholte sie. «Warum schießt du nicht? Ich könnte dir zuvorkommen.» Sie hob die Hand zum Mund und zeigte ihr dann eine kleine Kapsel. «Ich habe sie schon den ganzen Tag im Mund. Aber ich werde dir die Arbeit nicht abnehmen.»

Lisa dachte flüchtig, daß die Frau ihr die Waffe entreißen könnte. Sie faßte die Pistole fester. Aber sie konnte nicht sofort schießen. Sie wollte, daß die Frau sich vor ihr bekannte, daß sie ihren Verrat zugab. Die Menschen sagen gewöhnlich vor dem Tod die Wahrheit.

«Warum hast du uns verraten?»

«Du hast also doch Zweifel?» Helena rührte sich nicht.

«Also hör zu. Es ist nicht wahr, was Artur dir gesagt hat. Horst ist nicht auf eigene Faust zu dir gekommen. Er hat einen Befehl erhalten, so wie du heute.»

«Aber der Befehl wurde zurückgenommen.»

«Das stimmt nicht. Ich weiß, daß Artur eine Nachricht bekommen hat. Die Information bringt manchmal ein kleiner Junge aus der Kirche, und ich weiß, daß Artur sich mit Horst treffen wollte. Er hat den Befehl nicht widerrufen. Horst war aufrichtig. Und deshalb hat Artur ihn umgebracht.»

Lisa schwieg. Wenn das wahr sein sollte, wenn Artur ... Dann war alles aus, und morgen oder noch heute nacht würde sie in Pollers Arbeitszimmer auf das Verhör warten müssen. Übrigens ging es nicht nur um sie! Es ging darum, daß alles seinen Sinn verloren hätte, daß sie alle ...

«Schieß!» sagte Helena. Es war ein wenig theatralisch, denn Lisa würde nicht mehr schießen. Sie sicherte die Pistole und steckte sie in die Tasche.

In diesem Augenblick hörten beide Motorgeräusche und das Quietschen von Bremsen. Sie kannten diese Geräusche. Helena schob das Rollo zur Seite. Sie sah SS-Männer und Zivilisten, die im Hausflur verschwanden.

«Flieh über den Boden», sagte sie. «Dort gibt es einen Durchgang zum Nachbarhaus.»

«Und du?»

«Ich werde nicht mehr flüchten. Verständige die Zentrale.» Sie sank zu Boden.

Lisa beugte sich über sie. Sie war todmüde, sie fühlte nichts mehr, weder Trauer noch Schmerz. Sie schloß Helena die Augen und ging. Die Tür ließ sie weit offenstehen. Sollten sie kommen. Durch ein kleines Fenster auf dem Boden sah sie die SS-Männer, die längs der Straße standen. Vielleicht hatte Artur auf diese Weise kontrollieren wollen, ob sie, Lisa, den Befehl ausgeführt hatte? Er wird dafür bezahlen, dachte Lisa. Sie wußte bereits, wohin sie zu gehen hatte. Es gab nur einen Menschen, der Kontakt hatte, der etwas veranlassen konnte. Sie blickte zur Uhr. Es war schon spät, sie hatte wenig Zeit, mußte in Kürze zu Hause sein, denn Leutnant Kloss würde kommen. Weshalb hatte sie Artur von ihm erzählt? Aber schließlich war das nur ein deutscher Offizier, beruhigte sie sich.

Der Organist war reisefertig. Rudi stand neben ihm. Sie waren schon in Mänteln, aber dem Blinden fiel der Abschied von der Kirche schwer, in der er den größten Teil seines Lebens verbracht hatte. Er berührte die Tasten mit den Fingern, dann setzte er sich und spielte zum letztenmal. Er überlegte, ob er nicht doch bleiben sollte, ob sich der andere vielleicht geirrt hatte. Er hatte übrigens nie Angst um sich selbst, er dachte an Rudi, der jetzt ungeduldig von einem Bein aufs andere trat.

«Es ist Zeit, Großvater», drängte er.

«Gehen wir», sagte der Organist und beendete das Spiel.

In diesem Augenblick hörten sie Schritte. Jemand rannte die Treppe herauf. Rudi öffnete die Tür und sah Lisa. Lange schon hatte er sie nicht mehr gesehen.

«Lisa!» rief er freudig. Aber Lisa berührte nur mit den Lippen seine Stirn.

«Laß uns allein, Rudi.»

«Fährst du mit, Lisa?»

«Laß uns allein», wiederholte sie ungeduldig.

Er ging unwillig hinaus. In der Kirche war es völlig leer, nur ein Mann im Ledermantel saß in der Nähe der Figur des Heiligen Antonius. Rudi sah ihn sich genau an, wie es ihn der Großvater gelehrt hatte.

«Ich habe dir erklärt, Lisa», sagte währenddessen der Organist, «daß du nicht hierherkommen darfst.»

«Ich weiß, ich weiß! Wir sind alle sehr vorsichtig, wir konspirieren wunderbar, und der Feind weiß alles, hörst du? Wir arbeiten für den Feind!» sagte sie plötzlich verzweifelt.

«Was ist passiert, Lisa?»

Sie erzählte es ihm ganz genau. Zumindest bemühte sie sich. Über sich, über Helena und über Horst. Endlich über Helenas Tod. Sie hatte keine Zweifel mehr: Artur zwei, der Chef der Gruppe, der Vertraute von Artur eins, war der Verräter. Helena hatte Selbstmord begangen, sie war also unschuldig, denn sie hatte Angst vor der Gestapo gehabt. Artur hatte befohlen, Helena umzubringen.

Der Organist nahm die Brille ab, Lisa blickte zu Boden. Sie wollte seine blinden Augen nicht sehen.

«Er also», sagte der Organist. «Helena hat ihm den Befehl übermittelt, und wenn er sich noch einmal mit Horst hat treffen wollen … Er also», wiederholte er. «Er hat recht gehabt.» Jetzt verstand er, warum der Verbindungsmann zur Zentrale nicht an die Schuld von Horst hatte glauben wollen. Hätte Horst sie verraten, wären sowohl Artur als auch Lisa schon verhaftet worden.

«Wer hat recht gehabt?« fragte Lisa.

«Ein Mensch, dem ich nicht mehr begegnen werde. Jemand von der Zentrale.»

«Verständige sofort die Zentrale, es muß etwas geschehen», forderte Lisa aufgeregt.

«Ich habe keinen Kontakt mehr», sagte der Organist leise. «Er hat den Kontakt beendet. Und wann sie mit mir wieder Kontakt aufnehmen werden …» Er zuckte die Achseln.

Lisa begriff nicht. «Wie, du hast keinen Kontakt mehr?»

Der Organist schwieg. Er saß wieder auf seinem Stuhl und strich mit den Fingern über die Tasten. Er verfluchte jetzt seine Blindheit. Wenn er hätte sehen können, würde er Artur gefunden haben.

«Du fährst mit mir», sagte er schließlich. «Das ist die einzige Rettung für dich.» Er stand auf. «Papiere werden wir schon irgendwie für dich beschaffen.»

«Nein», entschied Lisa. «Ich werde nicht fahren.»

Es schien, als verstände sie nicht.

«Früher oder später», sagte er, «werden sie uns finden, dann melden wir Arturs Verrat, und er wird der Strafe nicht entgehen.»

«Ich kann nicht fliehen», sagte Lisa. «Wir wissen nicht, wen Artur noch an Poller ausliefern wird. Vielleicht hat er noch nicht alle verraten können. Außerdem», fügte sie hinzu, «kommt heute ein Mensch zu mir, den er ebenfalls umbringen will. Aber dieser Mensch hat mir das Leben gerettet.» Sie schwieg. Sie war überzeugt, so handeln zu müssen. Sie schob die Hand in die Tasche und berührte das Metall. Sie überlegte, im Magazin waren drei Schuß. Artur hatte ihr befohlen, zweimal auf Helena zu schießen, und die dritte Kugel ... Zumindest war ihr eine Chance geblieben.

«Kümmere dich um Rudi, Großvater», sagte sie und ging so leise hinaus, daß er kaum das Schließen der Tür hörte.

Hauptsturmführer Poller wartete. Jetzt brauchte er nur noch zu warten. In den nächsten Stunden hatte er nichts weiter zu tun. Dann – eine schlaflose Nacht. Er war neugierig, ob der Mann tatsächlich so hartnäckig sein würde. Aber vielleicht war es eine Frau? In dem Moment, als ihm Lipke gemeldet hatte, daß der Verbindungsmann seiner Zentrale einen Treff im Pensionat «Elisabeth» angesetzt hatte, war es ihm klargeworden, der Erfolg war endgültig sicher. Sie ließen sich fassen! Seine Methode hatte sich als erfolgreich erwiesen. Und der Standartenführer hatte schon seine Unzufriedenheit ausgedrückt, schon befohlen, diese Leute zu verhaften. Jetzt würde man natürlich alle verhaften. Oder sollte man vielleicht noch länger warten? Wenn sich der Verbindungsmann zur polnischen Zentrale nicht allzu widerspenstig zeigte, könnte man das Spiel weitertreiben. Er lachte schallend. Er hätte dann ein eigenes polnisches Netz zu seiner Verfügung und den Kontakt mit ihrer Führung. Ein glänzender Spaß!

«Ist kontrolliert worden, ob das Pensionat ‹Elisabeth› umstellt ist?»

«Keine Maus wird entwischen.»

Währenddessen aß Kloss in einem kleinen Restaurant Abendbrot. Er studierte lange die Karte, unterhielt sich mit dem Kellner und zählte sorgfältig die Abschnitte auf der Lebensmittelkarte. Er verhielt sich wie ein Offizier auf Urlaub, der großen Wert auf ein gutes Essen legt, der gern in Restaurants sitzt und deutsche Mädchen ansieht, der langsam sein Bier trinkt und eine Zigarre raucht. Zwar gab es hier keine hübschen Mädchen, aber Kloss achtete auf das Ritual, auf die Einzelheiten. Er spielte seine Rolle mit dem Bewußtsein, daß es eine Rolle war, bei der man keinen Fehler begehen durfte. Der Preis, den er für einen Fehler bezahlt hätte, wäre allzu hoch gewesen. Pünktlich, ein Viertel vor neun, bezahlte er die Rechnung, gab dem Kellner ein Trinkgeld. Er trat auf die Straße und bemerkte sofort, daß er – entgegen seiner Annahme – nicht beschattet wurde. Er überlegte, ob er seinen Gegner doch überschätzt hatte, aber er beschloß, weiter aufmerksam zu sein. Er ging in einen Blumenladen und kaufte drei Treibhausrosen. In dem Geschäft wandte er sein Gesicht zum Schaufenster, so daß er von der Straße aus gesehen werden konnte. Aber niemand beobachtete ihn, niemand hielt sich vor dem Blumenladen auf. Er hat mich nicht in Verdacht, dachte Kloss, ich zähle nicht für ihn. In der Nähe des Hauses, in dem Lisa wohnte, erblickte er ebenfalls niemanden. Er klingelte, sie öffnete sofort. Sie war im Mantel, nachlässig gekämmt und hatte dunkle Ringe unter den Augen.

«Es tut mir leid», sagte sie schon im Korridor, «aber ich werde den Abend nicht mir dir verbringen können. Ich bin sehr in Eile.»

Er gab ihr die Rosen.

«Ich danke dir», sagte sie unsicher. «Du bist sehr lieb.» Sie wußte nicht, was sie mit den Blumen machen sollte. Sie legte sie auf den Tisch unter dem Kleiderständer, dann nahm sie sie wieder und öffnete die Zimmertür. «Ich stelle sie nur in die Vase.»

Kloss aber legte den Mantel ab, setzte sich aufs Sofa und

zündete sich eine Zigarette an. Er öffnete sogar die Uniformjacke.

«Ich habe dir doch gesagt, daß ich keine Zeit habe.»

In ihrer Stimme hörte er Verzweiflung. Die Blumen stellte sie auf den Tisch und ging zu ihm. «Verzeih mir, mein Lieber, du mußt wieder gehen.»

«Warum?» fragte Kloss verständnislos.

«Ich gehe weg, ja, ich gehe gleich weg», stotterte sie, «ich muß etwas erledigen.»

«Kann ich dir irgendwie helfen?»

«Nein, nichts dergleichen.» Und als sie sah, daß er vom Sofa aufstehen wollte, sagte sie schärfer: «Ich bin dienstlich beschäftigt, verstehst du? Poller hat mir eine Arbeit übertragen.»

«Ich werde ihn sofort anrufen.» Kloss ging zum Telefon. «Schließlich ist man von der Front kommenden Offizieren etwas schuldig.»

«Nein, ruf nicht an!» schrie sie.

«Ich wußte, daß du so reagieren wirst.» Kloss war jetzt völlig ernst. «Was ist los mit dir?»

«Ich kann es dir nicht sagen! Vertrau mir, Hans!»

Kloss ahnte, worum es ging, aber er konnte die Karten noch nicht aufdecken. Er konnte ihr nicht alles sagen; denn er wartete auf die Bestätigung seines Verdachtes, der alles entscheiden sollte. Aber ob er die Bestätigung erhalten würde? Vielleicht war der Gegner doch zu klug, vielleicht ließ er sich doch nicht in dieser primitiven Falle fangen? Was dann? Er würde fortgehen und das Mädchen seinem Schicksal überlassen müssen. Es war zwar Feigheit, aber er durfte nicht anders handeln. Es ging nicht nur um ihn, und er hatte kein Recht, irgend etwas zu riskieren.

«Ich muß dich bitten, noch einen Augenblick zu warten, Lisa», sagte er ruhig.

«Warum?»

«Ich habe jemanden gebeten, mich unter deiner Nummer anzurufen. Es ist eine sehr wichtige Angelegenheit.»

«Unter meiner Nummer! Wie konntest du?»

Er blickte zur Uhr. Der Zeiger stand genau auf neun. Der Mann in der Uniform der Organisation Todt war immer pünktlich. Es läutete, und bevor Lisa ihm zuvorkommen konnte, hatte er den Hörer abgenommen.

«Ja, ich bin es», sagte er. «Guten Abend.»

Er hörte ein paar Sätze, die jemandem, der ihr Gespräch abhörte, nichs sagen würden. Belangloses Gerede zweier junger Menschen, die sich zufällig in Breslau getroffen hatten – aber für Kloss hatte dieser Anruf gewaltige Bedeutung. Die Aufgabe war ausgeführt worden. Poller hatte sich in die Falle lokken lassen und befohlen, das Pensionat «Elisabeth» zu umstellen. Die Gestapo trieb in diesem Moment die Menschen aus den Zimmern, damit der Hauptsturmführer sie die ganze Nacht über verhören konnte. Sollte er den Verbindungsmann zur Zentrale nur suchen!

Kloss legte den Hörer auf und blickte Lisa zum erstenmal mit verstohlener Zärtlichkeit an. Das arme Mädchen, wieviel mußte es durchmachen. Und Artur zwei? Kloss blieben noch ein paar Stunden, er mußte mit ihm abrechnen. Gelang es ihm nicht, dann würde es der Mann von der Organisation Todt tun. Jetzt war Eile geboten! Lisa mußte Breslau sofort verlassen. Er malte sich ihr Verhalten aus, wenn er ihr die Losung sagen würde.

«Lisa», begann er.

Und wenn er es doch riskieren würde? Er mußte es riskieren. Es war unwahrscheinlich, daß Lisa ebenfalls …

Sie kam zu ihm.

«Geh doch endlich. Ich weiß nicht, wie ich dich noch bitten soll.»

Im gleichen Augenblick wurde die Tür geöffnet. Ein Mann trat ein. Er mußte einen Schlüssel zur Wohnung besitzen. Er stand in der Tür, ruhig, unbeweglich, einen Hut auf dem Kopf.

«Worum wolltest du den Leutnant bitten, Lisa?»

«Um nichts», sagte sie. «Um nichts mehr.»

So also sah Professor Lipke aus. Er hatte Poller über das Pensionat «Elisabeth» informiert und war hierhergekommen. Wozu? War er allein oder war das Haus umstellt? Das interessierte Kloss besonders. Wenn das Haus umstellt war, welche Chancen blieben dann Lisa, das Haus zu verlassen? Poller wußte, daß Kloss bei Lisa war.

«Jetzt verstehe ich alles, Lisa», sagte er, «entschuldige. Du hast den Herrn erwartet.»

«Lisa hat uns nicht miteinander bekannt gemacht.» Arturs Gesicht blieb unverändert unbeweglich. «Ich bin Erik Lipke. Herr Kloss, wenn ich nicht irre?»

«Sie sind glänzend informiert.»

«Meine Schülerin; denn ich muß Ihnen sagen, daß Lisa meine Schülerin ist und ich ein pensionierter Musiklehrer bin. Sie hat mir von Ihrem beherzten Auftreten am gestrigen Abend erzählt.»

«Eine Übertreibung.»

Kloss setzte sich an den Tisch. Artur nahm den Platz ihm gegenüber ein, ohne den Hut abzunehmen.

«Ich habe Sie irgendwo schon einmal gesehen, Herr Professor. Ach, ich weiß schon ... Im ‹Dorett›. Sie spielten dort Domino.»

«Kann sein. Das tue ich oft. In den Zeitungen gibt es nicht viel zu lesen, man muß irgendwie die Zeit totschlagen.» Er brach ab und zog zwei Zigarren aus seiner Tasche. Eine gab er Kloss. «Ich muß Ihnen übrigens sagen, daß man die interessantesten Kriegsberichte nicht in der Presse findet, sondern in den Erzählungen der Leute, die von der Front kommen. Das sind natürlich Fragmente, Fetzen, aber mit ein wenig Geschick ... Stellen Sie sich doch vor, daß Ihnen irgend jemand von einem Freund erzählt, der gerade nach Stalingrad geschickt wurde.»

«Natürlich. Und was weiter?»

«Wenn wir noch ein paar Namen hinzufügen, die ungewollt

im Gespräch gefallen sind, könnte man eine kleine Notiz machen.»

«Ich verstehe.» Kloss lächelte und steckte die Hand in die Tasche. «Eine kleine Erpressung, nicht wahr?»

«Lassen Sie die Hand in der Tasche!» Professor Lipke hatte die Pistole schon schußbereit. Er berührte mit dem Griff den Tisch. «Ich schieße ohne Warnung», sagte er. Dann wandte er sich an Lisa. «Geh zur Tür, Lisa!»

Lisa stellte sich gehorsam an die Tür. In der Hand hielt sie eine Pistole. Kloss hatte nicht angenommen, daß sie auch bewaffnet war. Diesmal jedoch zählte Herr Lipke nicht für ihn. Er hatte ihn in der Hand. Er selbst hatte eine Situation herbeigeführt, aus der es nur einen Ausweg gab. Alles war von Lisa abhängig. Kloss griff zu seiner Zigarre und nahm Streichhölzer aus der Tasche.

«Eine Zigarre», sagte er, «erleichtert manchmal das Gespräch. Lisa sollte etwas darüber wissen.»

Verstand sie? Bestand die Chance, daß sie verstehen würde?

«Ich habe gern mit intelligenten Gegnern zu tun», sagte Artur zwei.

«Das habe ich irgendwo schon einmal gehört», entgegnete Kloss. Er zog den Rauch ein. Lipke rauchte die gleiche Zigarre wie Poller.

«Nehmen wir einmal an», fuhr der Professor fort, «daß das, was Sie in einem Augenblick von Schwäche Lisa gesagt haben, der Gestapo zu Ohren kommen würde. Sie hätten Schwierigkeiten, nicht wahr?»

«Mag sein.» Kloss verlor die Ruhe nicht. Dieser Lipke war überzeugt davon, den Fisch im Netz zu haben.

«Als Abwehroffizier sind Sie sich wohl im klaren darüber, daß es keine Umkehr mehr gibt. Sie wissen zu viel. Und wir wissen zu viel über Sie.»

Kloss blickte zu Lisa. «Eine Übertreibung», sagte er. Jetzt begann das Spiel. «Eine Übertreibung», wiederholte er. «Ihr hättet mich in der Hand, wenn die Informationen der Wahrheit entsprechen würden. Ich kann Ihnen versichern, daß dem nicht so ist, weil sie hier ausgedacht worden sind, auf diesem Sofa. Die anderen Informationen auch.» Jetzt wandte er sich an Lisa. «Ich wollte mich davon überzeugen, Lisa, ob du für Poller ordentlich arbeitest.»

«Ich habe doch Poller nichts davon erzählt!» schrie Lisa.

«Nein. Du hast nichts erzählt. Er hat es getan!» Er blickte zu Artur zwei. «Ich weiß, daß Sie für Poller arbeiten. Und ich mag keine Menschen, die ein Doppelspiel treiben.» Er dachte gleichzeitig: Jetzt müßte Lisa, wenn sie unschuldig war, schon begriffen haben. Er sprang von seinem Stuhl auf und drückte Arturs Hand auf die Tischplatte.

«Schieß!» schrie Artur. «Worauf wartest du? Schieß!»

Lisa schoß zweimal. So, wie es Artur ihr befohlen hatte, als sie das Urteil an Helena vollstrecken sollte, ohne nachzudenken, sich nur daran erinnernd, daß man gezielt schießen mußte.

Arturs Körper sackte zu Boden. Kloss stand auf, steckte Arturs Revolver in die Tasche. Er zündete sich eine Zigarre erneut an. Er war sehr müde, aber es war noch viel zu tun. Poller wartete auf die Meldung von Lipke. Es galt, das Spiel mit Poller zu beenden, festzustellen, ob das Haus umstellt war, ob es Lisa gelingen würde, von hier fortzukommen.

«Ich danke dir, Lisa», sagte er. Aber sie stand noch immer an der Tür, die Waffe schußbereit in der Hand.

«Bleib stehen», sagte sie leise. «Nimmst du an, daß du von hier fortgehen wirst?»

Kloss blickte sie an, ohne zu verstehen. Hatte sie noch immer nicht begriffen? Das arme Mädchen. Es mußte für sie ein schrecklicher Schock gewesen sein.

«Natürlich werde ich von hier fortgehen», sagte er. «Ich habe die Hoffnung, daß es mir gelingen wird. Aber zuerst mußt du gehen.»

Er griff in die Tasche. «Hör genau zu. Du fährst zum Bahnhof, hier ist eine Fahrkarte erster Klasse, hier sind Papiere. Du kommst aus Kraków zurück, wo du deinen Mann im Krankenhaus besucht hast. Hier hast du einen Schein von der Gepäckaufbewahrung. Ein Koffer und eine Ledertasche. Auf dem Boden der Tasche findest du weitere Instruktionen, Geld, einen Paß. Alles lag schon lange bereit, aber bis zum letzten Augenblick habe ich nicht gewußt, ob es genutzt werden kann.» Er blickte sie an. «Nun, steh nicht so herum, gib mir den Revolver. Es wird mit ihm einigen Ärger geben; denn ich hätte mit dem eigenen schießen müssen, aber es wird sich irgendwie drehen lassen.»

Sie verstand noch immer nicht. Die Wahrheit drang ganz langsam zu ihr durch, schließlich fing sie an zu schluchzen, und das war endlich die Erlösung.

Kloss gab ihr ein Taschentuch. «Trockne dir die Augen. Du hast dich hervorragend gehalten. Jetzt brauchen wir Ruhe und kaltes Blut. Poller ist nicht Lipke.»

Kloss hob den Hörer und wählte langsam eine Nummer. Wie würde der andere reagieren? Er mußte glauben, daß es keinen anderen Ausweg gegeben hatte und konnte noch nicht einmal zugeben, daß Artur sein Agent gewesen war. Er sprach nervös, so wie es ein Mensch tun mußte, der einen Moment zuvor einen Agenten des Feindes ausgeschaltet hatte. Er meldete Poller, daß er in Lisa Schmidts Wohnung das Mädchen nicht angetroffen habe, dafür habe ihn ein ihm nicht näher bekannter Lipke erwartet. Lipke habe ihm, Kloss, die Zusammenarbeit mit einem fremden Geheimdienst angeboten. Natürlich habe er scharf reagiert und während des Kampfes den Mann erschossen.

Am anderen Ende der Leitung herrschte Schweigen.

«Warum haben Sie ihn nicht lebend ergriffen?»

«Ich wollte ihn ja festnehmen, aber er hatte eine Waffe», rechtfertigte sich Kloss. Er mußte lange auf Antwort warten.

«Bleiben Sie in der Wohnung», hörte er endlich. «Meine Leute werden kommen und sich um den Toten kümmern. Und Ihnen gebührt ein Lob.»

Kloss legte den Hörer auf. «Lisa», ordnete er an, «du gehst eine Etage höher und wartest, bis Pollers Leute hier erscheinen. Dann verläßt du das Haus.»

«Und du?» fragte sie beunruhigt.

«Ich werde währenddessen etwas ausspannen. Dich werden sie erst in ein paar Stunden suchen, wenn du in der Wohnung nicht auftauchst. Du wirst dann schon in Berlin sein.» Er küßte sie. «Geh, Lisa, geh und sei vorsichtig. Mir droht keine Gefahr.»

Streng geheim

Ingenieur Erwin Reil stammte aus Hamburg. Man stellte ihm eine glänzende wissenschaftliche Karriere in Aussicht, Professor Lübbich hatte dem jungen Absolventen der Technischen Hochschule eine Assistentenstelle in seinem Laboratorium angeboten, aber Reil hatte die Arbeit in der Produktion vorgezogen. Er liebte die großen Fabriken, die Bewegung, die Organisation. Er führte ständig das Wort von der «hehren Zeit» im Munde, und es klang wie eine Kampfparole. Im Jahre 1938 hatte er angefangen, sich für Düsentriebwerke zu interessieren. Er war auf Unverständnis gestoßen, denn er war schließlich nur ein junger, unbekannter Ingenieur gewesen. Er hatte es jedoch geschafft, bis zu dem vorzudringen, von dem alles abhing. Er wartete geduldig auf seinen Tag. Er wußte, er würde kommen, und als man ihm endlich die Leitung der Versuchswerke im okkupierten Polen, dem sogenannten Generalgouvernement, übertragen hatte, glaubte er, daß seine große Chance gekommen sei.

Er konnte arbeiten, tagelang verließ er das Werk nicht, das in der Vorstadt einer großen polnischen Stadt lag. Er sah die

Stadt nicht und nicht die Leute, die in ihr lebten, es ging ihm nur darum, sein Ziel zu erreichen. Er dachte nicht an den Krieg, nur an die Triebwerke und an sich.

Aber es waren Schwierigkeiten aufgetaucht. Die ersten Versuche waren schlecht ausgefallen, und da hatte sich Ingenieur Reil an den polnischen Wissenschaftler Doktor Pułkowski erinnert. Er hatte schon vor dem Krieg von ihm gehört. Er ließ diesen Namen in einem Gespräch mit einem hohen Gestapobeamten fallen, gleich nachdem er die Leitung des Werkes übernommen hatte. Der hatte sich etwas in seinem Notizbuch vermerkt und drei Monate später angerufen. Pułkowski befand sich schon einige Zeit in den Fängen der Gestapo.

Ingenieur Reil äußerte sich darüber sehr ungehalten. «Ich hätte erwartet, daß Sie ihn mir sofort zur Verfügung stellen!» brüllte er in den Hörer.

«Wir mußten ihn erst vorbereiten», hörte er in einem Ton, der ihn verstummen ließ. Der Gestapomann teilte ihm lediglich mit, wann er Pułkowski erhalten würde. Er sagte «erhalten», als ob von einer Ware oder einer Postsendung die Rede wäre.

Reil blickte zur Uhr. Sie mußten in Kürze eintreffen. Er legte die technischen Zeichnungen beiseite und lehnte sich behaglich in dem weichen Sessel zurück. Sein Arbeitszimmer war bequem eingerichtet, aber ohne Übertreibungen. Eine schlichte Lampe auf dem Schreibtisch, einfache Stühle und diesen Sessel, über dessen Lehne Reil zärtlich entlangfuhr. Er mochte einfache, aber hübsche Möbel, die er in den wenigen arbeitsfreien Augenblicken selbst entwarf. Fräulein Krepke kam herein und stellte, während sie fast auf Zehenspitzen ging, eine Tasse Kaffee auf den Schreibtisch. Reil bedankte sich nicht, er blickte seine Sekretärin nicht einmal an. Er mochte sie nicht. Sie bewegte sich langsam, war manchmal geradezu begriffsstutzig und sehr unselbständig. Außerdem war sie häßlich. Reil schloß die Augen und dachte an Danka. Ein herrliches Mädchen! Als er aus Hamburg kam, hatte man ihm erzählt, daß sich die Polinnen abweisend auch zu Deutschen in Zivil verhielten und die, die man dennoch haben konnte ... Danka hatte er vor ein paar Monaten kennengelernt. Er war nach einem weiteren mißglückten Experiment aus dem Werk gekommen und hatte sie vor dem Tor gesehen. Sie war hübsch und geschmackvoll gekleidet, besser als andere Mädchen in dieser Stadt. Er hatte seinen Wagen halten lassen. Sie hatte gut deutsch gesprochen und erklärt, das Arbeitsamt habe sie hierhergeschickt. Also war sie gekommen, denn was hätte sie anderes tun sollen. Dabei hatte sie den Mund verzogen. Reil erbot sich, sie nach Hause zu bringen. Er hatte angenommen, sie würde ablehnen, aber sie war sofort einverstanden gewesen. Sie hatte ihn zu sich in ihre hübsche Wohnung eingeladen. Reil mochte solche Wohnungen, nicht mit Kleinigkeiten überladen, sparsam möbliert, von gutem Geschmack zeugend. Am nächsten Tag war er wiedergekommen. Er hatte Blumen und eine Flasche Kognak mitgebracht.

«Du bist anders als die polnischen Mädchen», hatte Reil gesagt. «Ich verstehe ja, warum ihr uns Deutschen gegenüber so abweisend seid. Aber das ist Politik, und ich lasse die Finger davon. Du doch auch, nicht wahr?»

Sie hatte genickt. Dann hatten sie getanzt. Er hattte sie an sich gedrückt und gedacht, es wäre gut, solch eine Sekretärin zu haben. Die Sache mit der Abstammung würde er schon irgendwie regeln. Vielleicht hatte sie eine deutsche Großmutter. Nun dachte er nur noch daran, wie er die alte Krepke loswerden konnte. Gerade kam sie wieder in sein Zimmer.

«Die von der Gestapo sind gekommen», sagte sie durch die offene Tür.

«Ich habe Ihnen schon oft gesagt, Fräulein Krepke, Sie sollen die Tür hinter sich schließen, wenn Sie mein Zimmer betreten. Das zum ersten. Und zum zweiten: Wenn Sie mir jemanden melden, möchte ich seinen Namen wissen. Bitte!»

Ein Gestapomann vom Range eines Sturmführers führte Pułkowski herein. Der polnische Wissenschaftler erschien Reil sehr alt; er hatte ein von Falten bedecktes Gesicht, auf der Wange eine frische Narbe, seine Kleidung umschlotterte ihn. Er schien Angst zu haben. Reil glaubte, daß Pułkowski ihn für einen Gestapomann halten mußte. Er nahm sich vor, den polnischen Wissenschaftler respektvoll zu behandeln. Natürlich nur, wenn es sich bezahlt machen würde.

«Ich bitte Sie, im Sekretariat zu warten, Sturmführer», sagte er ganz nebenbei. «Im Moment brauche ich Sie nicht.» Er bot Pułkowski einen Stuhl an.

Pułkowski nahm unbeholfen Platz. Er wußte nicht recht, was er mit seinen Händen anfangen sollte.

«Kaffee, ein Gläschen Kognak?» fragte Reil.

Pułkowski schwieg.

«Also einen Kognak und eine Zigarre.» Reil lachte laut und gutmütig. «Solche Zigarren haben Sie sicher lange nicht geraucht.» Der Ingenieur tat geschäftig, goß ein und redete ohne Unterbrechung: Die von der Gestapo seien Esel, taube Bürokraten. Er, Reil, hingegen gehöre zu den Menschen, die sich mit Wissenschaft und Technik beschäftigen und Politik nicht ertragen können. Sicher würden sie sich verständigen.

Pułkowski kippte den Kognak 'runter, dann zog er an der Zigarre. Er beobachtete Reil aufmerksam, seine Verkrampfung hatte sich etwas gelöst. «Worum geht es Ihnen?» fragte Pułkowski.

«Wie alt sind Sie, Doktor?»

«Achtundvierzig», antwortete Pułkowski.

Reil hatte ihn für mindestens sechzig gehalten. «Ich bin Ingenieur», erklärte er, «und interessiere mich für die gleichen Probleme, die Sie versucht haben zu lösen. Ich habe von Ihren Arbeiten schon vor dem Krieg gehört.» Er brach ab, aber Pułkowski schwieg. Also fuhr er fort: «Man hat mich zum Direktor dieser Werke ernannt, Sie verstehen.» Er zog eine Schublade auf und entnahm ihr eine Mappe. «Hier sind ein paar technische Zeichnungen. Sie stehen im Zusammenhang mit Ihren Forschungen. Wenn Sie sich das bitte ansehen würden.»

Pułkowski warf einen Blick auf die Zeichnungen, dann schob er sie mit abwehrender Geste von sich. «Ich werde Ihnen nicht helfen.»

«Was?» Reil lachte laut auf. «Ich weiß alles! Ihr Patent betrifft ein Düsentriebwerk!»

«Nein», sagte Pułkowski.

«Schweigen Sie!» rief Reil. Nun hatte er doch seine Beherrschung verloren. «Ich schaffe Ihnen hervorragende Arbeitsbedingungen. Ich werde Sie wie einen Mitarbeiter behandeln, auf Ihre Gesundheit achten.»

«Auf meine Gesundheit», entgegnete Pułkowski, «achten Ihre Kameraden von der Gestapo.»

«Das müssen Sie vergessen.» Reil fand nur schwer seinen ruhigen Ton wieder. «Meinesgleichen sind aus anderem Holz geschnitzt.» Pułkowski schwieg, aber Reil fügte sofort hinzu: «Ihre Frau, Herr Pułkowski, ist weiterhin im Gestapogefängnis.»

Das Gesicht des Polen wurde grau. Er griff zitternd zum Glas. Der Inhalt ergoß sich auf den Fußboden.

«Das macht nichts», beschwichtigte Reil. «Bitte, überlegen Sie es sich. Ich werde Ihnen Zeit lassen. Solange bleiben Sie hier, auf dem Werkgelände.»

In diesem Augenblick erschütterte eine mächtige Explosion die Luft. Sie hörten Glas bersten; eine Druckwelle flutete ins Zimmer, das Licht erlosch. Durch das Fenster war eine Stichflamme zu sehen.

«Die Rampen!» schrie Reil. «Meine Rampen!»

Oberleutnant Hans Kloss stand in Ausgangsuniform vor der Villa des Gauleiters. Durch das weit geöffnete Tor fuhren die Wagen, die Wachposten hatten Haltung angenommen.

Kloss blickte zur Uhr. Er war nicht sicher, ob er nicht zu früh gekommen war. Er wußte nicht, wem er die Einladung verdankte, war er doch ein ziemlich unbekannter Mitarbeiter der örtlichen Abwehrstelle und nie direkt mit dem Gauleiter zusammengetroffen. Also vielleicht doch dessen Frau? Dieser affektierten Dame, die sich benahm wie ein Backfisch, hatte ihn Brunner während eines Konzerts im Soldatenwohnheim vorgestellt. Sie hatten danach zusammen Kaffee getrunken, und die Frau des Gauleiters hatte kokettierend gelächelt. Kloss begleitete sie nach Hause.

Zum Abschied hatte sie gesagt: «Ich hoffe, Sie wiederzusehen, Oberleutnant.»

Und jetzt diese Einladung. Natürlich mußte er sie wahrnehmen, er hoffte, dort etwas über die Reaktion der Deutschen auf den Anschlag in Reils Werk zu erfahren. Sein Chef schwieg, und Brunner, der die Angelegenheit von der Gestapo untersuchte, wiederholte ständig nur: «Wir werden sie fassen.» Kloss war beunruhigt. Die Explosion hatte zwar die Magazine und eine Rampe vernichtet, aber das Werk arbeitete weiter, und auch über die Experimente, die man dort durchführte, besaßen sie zuwenig Informationen. Er hatte zu Edward gesagt: «Die Jungen haben gute Arbeit geleistet, aber das war erst der Anfang. Die Deutschen werden jetzt noch vorsichtiger sein.»

Edward war ein hervorragender Mitarbeiter, aber er handelte zuweilen unüberlegt. Er konnte nicht begreifen, daß eine Information manchmal wichtiger war als eine Tat. Sein Lehrerberuf ließ sich nicht verleugnen.

«Kazik hat eine Eins verdient», hatte er nach dem Anschlag erklärt.

Aber die Informationen von Kazik, den Kloss übrigens nie gesehen hatte, denn das schlossen die Prinzipien der Konspiration aus, waren im Grunde wertlos. Sie besaßen noch nicht einmal einen genauen Plan des Werkgeländes, sie wußten auch nicht, wo die Gestapo Pułkowski festhielt. Jeder Funkspruch der Zentrale wiederholte diesen Namen. Man mußte ihn aus den Händen der Faschisten befreien oder ... An dieses «oder» wollte Kloss nicht denken. Würde Pułkowski etwas sagen? Edward war der Meinung, er sei ein charakterfester Mann und würde nichts verraten, aber Kloss kannte die Methoden der Gestapo besser. Er gab sich keinen Hoffnungen hin, er durfte keine haben. Sie mußten alles über Pułkowski in Erfahrung bringen, aber wenn es Danka nicht gelingen sollte?

Er dachte noch einmal an Danka, als er die Stufen zur Villa emporstieg. Dieses Mädchen besaß eiserne Nerven; sie hatte nie von sich gesprochen, obwohl sie sich schon ein paar Monate kannten. Kloss wußte nicht einmal, wie sie wirklich hieß.

Hans Kloss schaute in den Spiegel, der in der Halle hing. Er hatte es gelernt, sein Mienenspiel zu beherrschen, aber er verspürte immer noch das Verlangen, es zu überprüfen. Wie Schauspieler vor dem Gang auf die Bühne. Er mußte ein Lächeln finden, das der Frau des Gauleiters angemessen war, wenn sie ihn an der Tür begrüßen würde. Er wußte, die kleinste falsche Geste, ein unbedachtes Wort konnten ihn verraten. Wie schwer war es, immer wieder seinen Haß zu unterdrükken. Er beugte sich über die Hand der Hausherrin, dann drückte er die weiche Hand des Gauleiters. Im Salon drängten sich Uniformen und Damen in Abendtoilette. Kloss stellte sich neben die Tür, sofort erschien ein Kellner mit einem Tablett. Er nahm ein Glas und hielt nach Bekannten Ausschau. Brunner unterhielt sich mit Kloss' Chef, Major Horsch, in der Tür stand Ingenieur Puschke in Uniform. Puschke interessierte Kloss, er war Reils Stellvertreter, ein untersetzter Mann mit unsteten Augen, der gerade die Frau des Gauleiters begrüßte.

«Aber wo bleibt denn Ingenieur Reil?» fragte sie.

«Der Direktor muß gleich kommen», hörte Kloss Puschke antworten.

Zum Gauleiter trat ein großer, stattlicher Mann in mittlerem Alter, sehr elegant gekleidet, vielleicht sogar etwas auffällig. Kloss hatte ihn noch nie gesehen, ein Blick auf die Frau des Gauleiters genügte, um zu wissen, daß dieser Gast die Hauptattraktion des Abends sein sollte. Sie begrüßte ihn freundlich, aber gleichzeitig schien sie ein wenig zurückhaltend. «Wie ich mich freue, Herr Rioletto.»

Rioletto, überlegte Kloss, was für ein Name!

«Wie hätte ich nicht kommen sollen! Schon lange habe ich keinen angenehmeren Befehl erhalten.»

«Das war kein Befehl, sondern eine Bitte», widersprach sie sofort.

Neben dem Gauleiter stand noch immer Puschke. Er sah ebenfalls auf den neuen Gast, und Kloss schien es, als drückten seine Augen Bestürzung und Angst aus. Es wäre gut zu wissen, wovor Puschke Angst hatte. Kloss beschloß, die Zentrale um Informationen über diesen Mann zu bitten. Vielleicht wußten sie etwas, obwohl es wenig wahrscheinlich war. Bedeutend wichtiger war außerdem Reil, auch über ihn waren sie zuwenig informiert. Ein Ingenieur aus Deutschland, ohne Vergangenheit. Wieviel Zeit war doch erforderlich, um die kleinste Information zu bekommen. Er dachte noch immer an Reil, als dieser endlich erschien. Kloss hatte Glück. Die Frau des Gauleiters kam in Begleitung des Werkdirektors auf ihn zu.

«Die Herren kennen sich? Ingenieur Reil, Oberleutnant Kloss.» Sie wandte sich an Kloss. «Vergessen Sie nicht, daß wir nach dem Abendessen tanzen.» Sie ließ sie allein.

Reil blickte sich um. «Kaum schöne Frauen hier», sagte er. «Der Gauleiter sorgt sich nicht sonderlich um die einsamen Männer.»

Plötzlich wurde es still. Der Gauleiter stand in der Mitte des Salons, neben ihm Rioletto. «Meine Herrschaften», begann der Gauleiter, «wir haben unter uns den bekannten Spezialisten auf dem Gebiet des Okkultismus, Herrn Professor Rioletto, zu Gast, dessen Auftritt in Berlin der Führer persönlich beigewohnt hat.» Er redete dann ziemlich lange über die Bedeutung jenes geheimen Wissens, das die Zukunft vielleicht enthüllen würde. «Herr Rioletto», sagte er abschließend, «wird ein paar kleine Experimente vorführen.»

«Scharlatanerie», meinte Reil zu Kloss gewandt, aber so laut, daß Rioletto es hören mußte.

«Das ist wirkliches Wissen», flüsterte Puschke, der unmittelbar neben ihnen aufgetaucht war.

«Aber Puschke!» Reils Stimme klang ein wenig verächtlich. «Ein typischer Ostpreuße. Abergläubisch wie ein altes Weib.»

Rioletto begann mit seinen Versuchen. Es waren Kunststücke, die Kloss schon gesehen hatte, aber er mußte anerkennen, der Zauberkünstler führte sie besonders geschickt vor, mit Charme und ohne Anstrengung.

Der Meister zündete eine Zigarre an, öffnete ein Fenster, um die brennende Zigarre hinauszuwerfen. Alle hatten seine Handbewegung verfolgt. Rioletto, ohne Zigarre, ging zu Puschke, der sich unauffällig zurückziehen wollte, steckte die Hand in die Innentasche von dessen Uniformjacke und holte die brennende Zigarre hervor. Ein Raunen der Bewunderung war ringsum zu hören, dann ertönte Beifall.

«Wie haben Sie das gemacht?» rief die Frau des Gauleiters. «Sie haben doch die Zigarre aus dem Fenster geworfen?»

Reil lachte schallend, nur Puschke schien wirklich ergriffen. Er trank sein Glas in einem Zug leer, setzte sich dann in einen Sessel und ließ keinen Blick mehr von dem Zauberkünstler. Kloss mochte schwören, daß sich die beiden kannten.

Rioletto führte weitere Kunststücke vor. Die Kartenspiele kamen an die Reihe, das Aufspüren versteckter Gegenstände und das Erraten der Gedanken. Kloss sah zu den Offizieren und Gestapoleuten, die den Zauberkünstler umringten, ihm Fragen zuriefen und sich um eine Antwort bemühten. Rioletto thronte über ihnen, er faszinierte sie. Nur Kloss und Reil standen abseits. Kloss spürte den aufmerksamen Blick des Zauberkünstlers auf sich gerichtet. Ihm wurde bewußt, daß er unvorsichtig war, daß es besser wäre, wenn er sich ebenfalls in der Menge befände, die Rioletto umringte.

«Das sind natürlich einfache und leichte Unterhaltungen», sagte der Zauberer. «Der Okkultismus befaßt sich mit bedeutend wichtigeren Dingen.»

Sturmbannführer Brunners Stimme drang durch die

Menge. «Herr Rioletto», rief er, «vor ein paar Tagen haben Banditen in einem wichtigen Militärobjekt eine Bombe gelegt. Wenn Sie vielleicht ...»

«Ja, richtig», stimmte der Gauleiter zu.

«Ich müßte irgendeinen Gegenstand haben», behauptete Rioletto, «oder mich mit einer Person treffen, die am Ort des Geschehens zugegen war.»

«Ich kann Ihnen so etwas geben», entgegnete Brunner. «Den Ausweis eines ermordeten SS-Mannes.» Er reichte dem Zauberkünstler einen Umschlag.

Jetzt trat auch Kloss ein wenig näher; es hatte aufgehört, Spaß zu sein. Er glaubte zwar nicht an die Möglichkeiten Herrn Riolettos, aber er verspürte Unruhe.

Rioletto nahm ein kleines Buch zur Hand. Er schloß die Augen und begann sein Zeremoniell, vielleicht etwas zu ostentativ und auch etwas zu langatmig, aber gerade das faszinierte die Anwesenden. Schließlich gab er Brunner den Ausweis zurück. «Etwas stört mich», murmelte er leise.

Stimmengewirr kam auf, dann trat wieder Stille ein.

«Ich verstehe nicht», äußerte der Gauleiter.

«Ich werde es genauer formulieren», sagte Rioletto. «Jemand stört mich. Hier, in diesem Raum», fuhr er fort, «ist ein Mensch, der bei dem Anschlag zugegen war oder der ihn organisiert hat.»

Kloss kam es vor, als dauerte die Stille unendlich. Viele Minuten. Sie rief auf den Gesichtern ein Lächeln hervor, er bemerkte bei Reil ebenfalls ein Schmunzeln. Dann blickte er zu Puschke. Der dicke Deutsche hatte Angst und konnte sie nur schlecht verbergen. Aber weshalb er? Kloss wußte doch am besten, daß er mit dem Sabotageakt im Werk nichts zu tun haben konnte.

«Wer ist es?» rief Brunner endlich.

«Ich weiß es nicht», antwortete Rioletto, «noch weiß ich es nicht.»

Dann begann man zu trinken. Solche Empfänge endeten

gewöhnlich mit einer wüsten Zecherei, manchmal ging man auch auf die Straße und begann eine Jagd, eine wilde, schreckliche Jagd. Sie schossen auf Menschen, die sich an die Häuserwände drückten, in Fenster, in denen sie einen Lichtschein erblickten. Kloss trank mit Brunner, tanzte mit der Frau des Gauleiters und fing Gesprächsfetzen auf, denn er war hier, um soviel wie möglich zu hören und sich daran zu erinnern. Brunner unterhielt sich mit dem Gauleiter. Er versprach, aus Rioletto all sein verborgenes oder nicht verborgenes Wissen herauszupressen, aber der Gauleiter war ein Realist.

«Herrn Rioletto», erklärte er, «kann man höchstens um Hilfe bitten. Und das sehr höflich.»

Kloss registrierte diese Bemerkung. Er prägte sich auch das Gesicht des jungen Glaubl ein, des Gestapomannes, der zur Verfügung Reils abkommandiert war, oder besser, zum Schutze Reils.

«Ich habe eine Idee», sagte Glaubl zum Gauleiter.

Kloss hörte zwar nichts mehr, aber er wußte, daß man mit diesem Menschen rechnen mußte. Er war gefährlicher als Brunner. Kloss unterhielt sich wieder mit Reil. Es schien, als interessierten den Werkdirektor nur Frauen. Er sprach lang und breit über sie, er erzählte von der Studentenzeit, dann bekannte er, keinen Kognak zu vertragen, und begab sich auf Wodkasuche. Kloss sah ihn sich durch die Gästeschar winden, schon unsicher auf den Beinen. Einige Paare tanzten. Stimmengewirr und Worte des Gauleiters, die alle anderen übertönten. Die Frau des Gauleiters, die schon ein wenig beschwipst war, faßte Kloss am Arm.

«Gehen wir zu unserem Meister», flüsterte sie ihm ins Ohr. Er spürte ihren heißen Atem am Hals.

«Nett, Sie kennenzulernen», sagte Rioletto. Er war völlig nüchtern. «Sie glauben nicht an die geheimen Wissenschaften.»

«Der Meister weiß alles», erklärte die Frau des Gauleiters.

«Möglich», entgegnete Kloss leichthin, aber er war dennoch

beunruhigt. Die Frau des Gauleiters preßte seinen Arm, und Rioletto nagelte ihn mit seinem Blick fest. Kloss hatte an diesem Abend viel getrunken, das brachte seine Selbstsicherheit ins Wanken, er mußte vorsichtig sein, jede seiner Gesten überprüfen.

«Sie glauben nicht daran», wiederholte Rioletto.

«Sagen Sie ihm etwas, überzeugen Sie ihn», drängte die Gastgeberin.

«Ich will mich nicht überzeugen lassen.» Kloss wehrte trokken ab.

«Mein Gott, so ernst!» Sie lachte. «Sagen Sie ihm trotzdem etwas. Ich will es hören!»

Rioletto holte aus seiner Jackettasche eine kleine, gläserne Kugel, die in ein Tuch gewickelt war. Er legte sie auf den Tisch. «Sie heißen Hans. Hans Kloss», begann er. «Sie sind noch ziemlich nüchtern. Sie haben sich vortrefflich in der Gewalt.»

«Ach ja!» seufzte die Frau des Gauleiters. «Ach Gott!» rief sie unvermittelt, «Ingenieur Reil geht schon!» Sie lief zur Tür und ließ die beiden allein.

«Sie wollen nicht, daß ich etwas sage», behauptete Rioletto selbstsicher.

«Wenn Sie etwas zu sagen haben ...»

Sie maßen sich mit Blicken. Rioletto senkte die Augen. Er weiß nichts, ganz sicher weiß er nichts, dachte Kloss, und endlich hatte er seine kühle Ruhe wiedergefunden. Er erhob sich. «Mein Leben, Herr Rioletto, ist so einfach», sagte er, «daß Sie darin nichts Interessantes finden werden.»

«Kann sein», meinte der Zauberkünstler zweifelnd, «kann sein.»

In diesem Moment erblickte er Puschke, der gerade an ihnen vorbeiging. «Kommen Sie zu uns, bitte!» rief er. «Vielleicht kann ich Ihnen etwas Interessantes erzählen.»

«Nein, nein!» rief Puschke. «Auf keinen Fall!» Er entfernte sich schnell.

Es war ziemlich spät, als Kloss die Villa des Gauleiters verließ. Er ging, als sich Rioletto von der Gastgeberin verabschiedete. Sie hatte den Oberleutnant nicht bemerkt, sie war auch zu betrunken, und Kloss hoffte, sie würde vergessen. Er hatte mit ihr natürlich noch einige Male tanzen müssen, war es doch eine wertvolle Bekanntschaft, aber er hatte nicht mehr genügend Beherrschung aufgebracht.

Die Nacht war kühl, wie gewöhnlich Anfang Mai. Kloss steckte die Hände in die Taschen, ging ein paar Schritte und blieb hinter einer Ecke stehen, von der aus er den Eingang der Villa gut beobachten konnte. War Rioletto mit einem Wagen gekommen? Wenn ja, so ließ sich natürlich nichts machen. Er wartete. Endlich sah er die große Gestalt des Zauberkünstlers. Rioletto ging schnellen Schrittes und blickte sich nicht ein einziges Mal um. Kloss folgte ihm in angemessener Entfernung. Auf der leeren Straße erschien eine Streife. Sie hielten Rioletto mit einem lauten «Halt!» an. Als sie ihm den Ausweis zurückgaben, schlugen sie die Absätze zusammen. Kloss salutierte lässig, als die Streife ihn passierte. Er ging noch immer sehr vorsichtig, aber augenscheinlich zog der Zauberkünstler nicht einmal in Betracht, daß er beobachtet werden könnte. Er bog von der Hauptallee in eine Seitenstraße ein. Ein paar Minuten später befanden sie sich in einem Villenviertel, in dem Deutsche wohnten. Kloss war überrascht, er hatte angenommen, Rioletto sei in einem Hotel abgestiegen.

Der Zauberkünstler blieb vor einem der Häuser stehen und klingelte. Er mußte ziemlich lange warten, bevor die Tür geöffnet wurde, und Kloss erblickte im hellen Lichtschein Puschke. Ein Irrtum war ausgeschlossen! Puschke stand in der Tür. Es verging eine Weile, bevor Rioletto und er im Haus verschwanden.

Was verband diese Menschen? Puschke hatte erschrocken getan oder den Erschrockenen gespielt, als er Rioletto erblickte, aber trotzdem war an ihrem Verhalten nichts zu erkennen gewesen, was auf eine alte Bekanntschaft hätte schließen lassen, und auf eine solche, bei der man sich nächtliche Besuche abstattet, schon gar nicht. War diese Beobachtung von Bedeutung? Warum hatte Rioletto gesagt, ein Mensch sei anwesend, der am Anschlag auf die Fabrik teilgenommen habe? Wen hatte er damit gemeint? Was wußte er, und was konnte er Brunner sagen? Kloss stellte sich diese Fragen, als er ins Stadtzentrum zurückging. Edward wohnte in der Wałowa fünfzehn, im zweiten Stock eines alten Mietshauses. Er hatte schon geschlafen, als Kloss an die Tür klopfte.

«Bist du verrückt geworden?» sagte er. «Was ist passiert?»

Kloss setzte sich aufs Bett und zündete sich eine Zigarette an. Er entspannte sich. Er blickte zu Edward, der im Zimmer auf und ab lief. Der ehemalige Lehrer setzte Wasser auf und brühte Tee. Er goß das trübe Getränk in ein Glas. «Was ist passiert?» wiederholte er, als er sich endlich setzte.

«Ich habe einige Fragen an dich», sagte Kloss.

«Sind die Nerven mit dir durchgegangen?» fragte Edward. «Wo bist du gewesen?»

«Auf dem Empfang beim Gauleiter. Es gibt neue Aufgaben.»

«Worum geht es?»

«Irgendein Rioletto, eine dunkle Existenz, wahrscheinlich ein Gestapoagent. Versuch, etwas über ihn zu erfahren. Und über Puschke, den Stellvertreter von Reil.»

«Ich werde es versuchen.»

«Am besten, Danka kümmert sich um Puschke.»

«Wieder Danka», sagte Edward. «Das Mädchen tut mir leid.»

«Hat sie sich beklagt?»

«Sie würde nie etwas sagen. Seit gestern ist sie Reils Sekretärin. Das heißt, sie vertritt die Sekretärin, die auf Urlaub ist.»

«Sehr gut», lobte Kloss.

Edward sagte lange Zeit kein Wort.

«Sehr gut», wiederholte er endlich. «Hast du an den Preis gedacht, den sie vielleicht zu zahlen hat?»

Kloss durchmaß mit schnellen Schritten das Zimmer. «Ich denke niemals an den Preis», erklärte er. Er wußte, daß es eine Lüge war, denn seit vielen Tagen schon dachte er an Danka, und immer, wenn er an sie dachte, verfluchte er seine Arbeit. «Sie muß uns einen genauen Plan der Reilschen Werke besorgen.»

«Nicht so eilig, nichts überstürzen», bremste Edward. «Sie darf jetzt nichts tun, was Verdacht erregen könnte. Es reicht völlig, wenn es ihr gelingt, Kontakt mit Pułkowski aufzunehmen.»

«Und wer besorgt den Plan?»

«Ich habe Kazik die Aufgabe übertragen», antwortete Edward. «Ein hervorragender Junge. Er wird sich sicher zu helfen wissen.»

«Alle deine Jungen sind hervorragend», murmelte Kloss. «Du bist immer noch ein Lehrer, der gerne gute Noten verteilt.»

Kazik arbeitete in der Eisenbahnwerkstatt gegenüber dem Werk. Durch das Fenster seines Zimmers, das eher ein kleines Loch war, sah er Eisenbahngleise, Lokomotiven und dahinter eine hohe Mauer, die die Gleisanlagen vom Werk trennte. Er ging immer sehr früh zur Arbeit, aber sein Chef Luebke, wie stets im Braunhemd, war immer vor ihm da. Er erwartete Kazik an der Tür seines Arbeitszimmers, blickte zur Uhr und teilte ihm die Arbeit zu. Es gab zwar nicht viel zu tun, meistens das Übertragen von irgendwelchen Listen, aber man legte großen Wert auf Genauigkeit. Die geringste Kleinigkeit reichte, und Kazik mußte alles noch einmal abschreiben.

Eine Stunde später ging Luebke zum Bahnhof, um mit dem Stationsvorsteher zu schwatzen oder Bier zu trinken. Auf diesen Augenblick baute Kaziks Plan. In Luebkes Arbeitszimmer stand ein Panzerschrank, und in ihm lagen die gestempelten Passierscheine zum Betreten des Werkes. Sie wurden an die Eisenbahner ausgegeben, die auf der Werkseite arbeiteten.

«Ich komme in einer Stunde zurück», sagte der Chef wie gewöhnlich.

Kazik stand am Fenster und ging, als der Deutsche hinter den Lagerhallen verschwunden war, in dessen Arbeitszimmer. Die Schlüssel zum Panzerschrank lagen im Schreibtisch. Lange, länger, als er angenommen hatte, war er am Panzerschrank beschäftigt. Endlich ließ sich die Tür öffnen. Da war der Kasten mit der Aufschrift «Passierscheine». Er nahm einen, der auf den Namen Hans Molke ausgestellt war, steckte ihn ein und verließ die Baracke.

Sein Herz klopfte heftig, als er sich dem Werktor näherte. Weit und breit war kein Mensch zu sehen, der Wachposten in SS-Uniform lehnte an der Baracke und blickte Kazik an. Der reichte den Passierschein 'rüber und bemühte sich, möglichst akzentfrei zu sprechen. Der Wachhabende überflog die Karte und tastete dann Kazik mit schnellen, geübten Griffen ab.

«Jetzt durchsuchen wir alle», bemerkte er. «Auch die Volksdeutschen und die Reichsdeutschen.»

«Die Polen würden genügen», antwortete Kazik.

«In Ordnung, passieren», sagte der Wachhabende, und Kazik fühlte einen Stein zu Boden fallen. In diesem Augenblick verließ ein elegant gekleideter Mann das Werk. Der Wachposten salutierte. Rioletto – denn er war es – musterte Kazik aufmerksam.

«Irgendein hohes Tier aus Berlin», bemerkte der Posten.

Kazik ging weiter. Die breite Straße führte an den Produktionshallen vorbei, bis zum Verwaltungsgebäude. Überall herrschte Bewegung, die Waggons waren von Menschen umringt, es brummten Motoren, Arbeiter gingen an Kazik vorüber, keiner beachtete ihn. Er bog in Richtung der Umzäunungsmauer ab. Er wußte, es mußte noch einen Ausgang geben, dessen Tore nur dann geöffnet wurden, wenn größere Tranporte eintrafen. Er sollte die Entfernungen genau feststellen und die Lage des Verwaltungsgebäudes beschreiben. Hinter Bäumen kaum auszumachen, stand eine Villa. Sicher wohnte dort Ingenieur Reil, aber Edward nahm an, daß man vielleicht Doktor Pułkowski dort gefangenhalte. Kazik fand einen guten Beobachtungspunkt. Er lehnte sich an die fensterlose Wand einer Baracke und begann, mit schnellen geübten Strichen eine Skizze anzufertigen. Den Weg vom Tor zur Villa, die Entfernungen, die Lage der Werkhallen und des Verwaltungsgebäudes. An der Mauer lief ein Wächter entlang, aber das Innere des Werkgeländes schien ihn überhaupt nicht zu interessieren. Kazik bemerkte nicht, daß ihn eine Weile später jemand im Braunhemd beobachtete. Der Deutsche schlich langsam näher und blieb hinter Kazik stehen. Er zog die Pistole und drückte Kazik den Lauf in den Rücken.

Kazik drehte sich blitzschnell um. Sollte er sich auf den Faschisten werfen? Aber der wich ein paar Schritte zurück und stellte sich breitbeinig hin, den Finger am Abzug. Der Wächter ging ruhig an der Mauer entlang. Kazik streckte die Hände in die Höhe.

«Hab' ich dich!» sagte der Faschist. «Keine Bewegung! Die Dokumente und die Skizze. Schnell!»

Die Situation schien hoffnungslos. Kazik gab dem Faschisten die Skizze und den Passierschein.

«Hans Molke», las der. «Gib den Ausweis her!»

Kazik zögerte. Hatte der Wächter sie gesehen? Sie waren noch immer in seinem Blickfeld. Schweißperlen rannen über seine Stirn, er hatte keine Chance. Er händigte seine Kennkarte aus.

«Kazimierz.» Der Deutsche lachte. «Du hast den Passierschein gestohlen, was! Du arbeitest auf dem Verladebahnhof?»

«Ja», antwortete Kazik. Aber im selben Augenblick beschloß er, nichts mehr zu sagen. Er schloß die Augen und dachte, daß alles, was kommen würde, keine Bedeutung mehr hatte. Für ihn war es zu Ende.

Der Deutsche legte den Passierschein und die Kennkarte zusammen. Er schwieg, und sein immer länger dauerndes Schweigen schien Kazik merkwürdig. Er hätte ihn doch unverzüglich auf die Wache bringen und der Gestapo übergeben müssen, aber er zögerte, als könne oder wolle er sich nicht entschließen. Sie sahen jetzt den Rücken des Wächters, einen Augenblick später würde er sich umdrehen und in ihre Richtung zurückkommen. Dann mußte er sie sehen.

«Geh», sagte der Deutsche. Kazik begriff nicht.

«Geh», wiederholte der andere und gab die Dokumente zurück. Er ging schnell davon, ohne sich umzusehen, als sei er sich nicht sicher, ob er seine Entscheidung nicht doch noch rückgängig machen würde.

Kazik konnte es noch immer nicht glauben. Er war allein, er war frei, es schien ihm, als träumte er, als könnte so etwas nie geschehen sein. Noch immer unsicher, halb betäubt, ging er den Weg zurück und passierte ohne Schwierigkeiten das Tor. Niemand folgte ihm, keiner beobachtete ihn.

Die Hände zitterten ihm, als er den Passierschein in den Panzerschrank zurücklegte. Er öffnete weit das Fenster und blickte auf die Güterwaggons, die gerade zur Werkseite hinübergeschoben wurden. Wie sollte er sich verhalten? Fliehen? Doch am nächsten Tag sollte er bei Edward sein. Er setzte sich an seinen Tisch. Reiß dich zusammen, befahl er sich, vielleicht droht doch keine Gefahr, vielleicht hast du einfach Glück gehabt, bist an einen anständigen Menschen geraten.

Er bedauerte es, keine Waffe bei sich zu haben. Er hätte sich sicherer gefühlt, aber Edward hatte es verboten, bewaffnet zur Arbeit zu gehen. Plötzlich ging die Tür auf. Kazik schnellte vom Stuhl hoch, er nahm an, es sei sein Chef, aber da stand der Deutsche, der ihn auf dem Werkgelände festgehalten hatte.

«Sie sind es», murmelte er.

«Ja», sagte der Deutsche und fügte hinzu: «Bittest du mich nicht, Platz zu nehmen?»

«Nehmen Sie Platz.»

«Kann man sich hier ungestört unterhalten?» fragte der Deutsche.

«Kann man», antwortete Kazik.

Der Deutsche holte ein Stück Papier hervor, es war Kaziks Skizze. «Das habe ich dir nicht zurückgegeben.»

Kazik nahm das Blatt und drehte es gedankenlos hin und her. «Warum machen Sie das?» fragte er.

Der andere antwortete nicht sofort. Als ob er noch immer zögerte, als ob er sich nicht sicher war, wie er sich verhalten solle. «Es gibt unterschiedliche Deutsche», setzte er vorsichtig an. «Es gibt auch solche, zu denen man Vertrauen haben kann.»

Augenscheinlich bemerkte er den Zweifel auf Kaziks Gesicht, denn er begann zu lächeln.

«Ich heiße Glaubl. Du kannst dir diesen Namen merken. Meinst du, daß es unter uns keinen gibt, der mit euch zusammenarbeiten würde?»

Kazik dachte, wenn es schon so gekommen war, dann sollte man diesen Deutschen benutzen. Wenn er ihn gewinnen würde, könnte er seinen ersten großen Triumph erringen.

Bei Reil arbeitete man von früh bis spät. Danka hatte wenig Freizeit. Es gelang ihr selten, das Werkgelände zu verlassen. Reil wollte, daß sie sich den ganzen Tag über in seiner Nähe aufhielt, im Sekretariat saß, wenn er in seinem Arbeitszimmer war, mit ihm zu Mittag und Abendbrot aß. Er war geradezu pedantisch, sie mußte über jede Stunde Rechenschaft ablegen, die sie in der Stadt verbracht hatte, und die kleinste Verspätung rief bei ihm Unwillen hervor.

Danka hatte genug davon, sie träumte von der Rückkehr zu ihrer Abteilung, wenn sie ihren Auftrag erfüllt hatte, denn das hatte man ihr versprochen, aber das erschien ihr mit jedem Tag schwerer zu werden. Sie erledigte Schreibarbeiten, unterhielt sich mit Besuchern, die auf Reil warteten, aber es war ihr noch nicht gelungen, Pułkowski zu sehen. Sie wußte nicht einmal, ob er bei der Gestapo war oder auf dem Werkgelände.

Am selben Tag, als Kazik Glaubls Bekanntschaft machte,

kam Danka spät ins Werk zurück. Reil war auf irgendeiner Konferenz, und so war sie zu Edward gegangen, was immer etwas umständlich war und viel Zeit in Anspruch nahm. Bevor Danka zu ihm in die Wałowa kam, spazierte sie in der Stadt umher, stieg von Rikscha zu Rikscha um, denn sie mußte Gewißheit haben, nicht beobachtet und verfolgt zu werden. Edward trug ihr auf, etwas über Reils Stellvertreter in Erfahrung zu bringen, und am nächsten Tag wiederzukommen. Sie sollte sich um ein Uhr mit Hans treffen.

Als sie nun die Straße entlangeilte, überlegte sie, was sie Reil sagen könnte, damit er sie beurlaubte. Am besten wäre der Friseur. Reil mochte es, wenn sie hübsch aussah, er hatte sogar an einen Freund geschrieben, der in Paris war und von dort französische Kosmetika und Kleiderstoff schicken sollte. Sie schaute zur Uhr, es war gleich Arbeitsschluß, und bis zum Werk war es noch weit. Sie blickte sich um, weit und breit keine Rikscha zu sehen. In diesem Moment bremste ein offenes Auto am Bürgersteig. Ein elegant gekleideter Mann, dessen Gesicht ihr igendwie bekannt vorkam, lächelte sie an.

«Wollen Sie zum Werk?» fragte er. Er sprach deutsch, aber mit fremdem Akzent.

«Woher wissen Sie?»

«Mein Name ist Rioletto. Ich war heute bei Herrn Puschke und habe Sie im Sekretariat gesehen.»

Die Zeit drängte, und sie nahm neben ihm Platz.

«Ich muß gestehen», sagte er, als er geschickt ein Fuhrwerk überholte, «daß dieses Treffen nicht völliger Zufall ist.»

Danka blickte ihn beunruhigt an.

«Sind Sie mir gefolgt?» Sie begriff sofort, daß das eine überflüssige Frage war.

Rioletto lächelte. «Ach, mein Gott, ich habe Sie eine Minute gesehen, vielleicht ein paar Sekunden, aber Sie haben auf mich einen ungeheuren Eindruck gemacht.» er bekräftigte: «Einen kolossalen.»

«Entschuldigen Sie, Herr Rioletto.»

«Nein, nein, seien Sie nicht böse», schwatzte er weiter, «vielleicht scheint Ihnen meine Rede etwas übertrieben, aber das ist so meine Art, ich bin Italiener. Wissen Sie, ich lese in den Gedanken der Menschen, das ist mein Beruf.»

«Ein seltener Beruf», murmelte Danka und fühlte, wie ihre Lippen trocken wurden.

«Fräułein Danka ...»

«Woher kennen Sie meinen Vornamen?»

«Ich kann Gedanken lesen. Nein, nein, entschuldigen Sie, ich habe im Büro gefragt. Ich weiß auch, daß Sie die neue Sekretärin von Herrn Reil und keine Deutsche sind. Haben Sie heute abend frei?»

«Beantworten Sie sich diese Frage selbst.»

Sie waren vor dem Werk angelangt. Rioletto bremste scharf und lächelte traurig. «Ich habe kein Glück in diesem Land», sagte er. «Kann ich zumindest etwas Hoffnung haben?»

Danka lächelte. Der Italiener war nicht ohne einen gewissen Charme. Als sie das Sekretariat betrat, wartete Reil schon auf sie.

«Du hast dich verspätet», sagte er. Und in noch schärferem Ton fragte er: «Wo bist du gewesen?»

«Ich habe mit Krystyna Mittag gegessen», antwortete sie, ohne zu zögern. «Krystyna ist meine beste Freundin. Schließlich kann ich sie wohl von Zeit zu Zeit sehen.»

«Das sagt man immer», knurrte er.

Sie setzte sich an ihren Schreibtisch und zog eine Puderdose hervor. Reil sah ihr schweigend zu.

«Gleich werden sie einen Mann hierherbringen», sagte er. «Er ist ein polnischer Wissenschaftler. Er soll in meinem Arbeitszimmer warten. Bring ihm einen Kaffee, ich komme gleich zurück.»

Danka konnte nur mit Mühe ihre Freude verbergen. Hoffentlich würde Reil nicht allzu schnell wiederkommen, damit sie Pułkowski wenigstens ein paar Worte sagen konnte, denn nur er konnte es sein.

Ein SS-Mann führte Pułkowski herein und blieb im Sekretariat stehen, während Danka Pułkowski ins Arbeitszimmer wies. Sie hatte nur wenige Sekunden, das wußte sie. Sie ließ die Tür zum Sekretariat halb offenstehen, damit der SS-Mann nicht mißtrauisch wurde.

«Ingenieur Reil kommt gleich zurück», sagte sie auf Deutsch. «Trinken Sie Kaffee?»

«Ja, gerne», antwortete Pułkowski.

Sie goß ein und beugte sich zu ihm hinunter. «Herr Doktor», flüsterte sie auf polnisch, «wir befreien Sie, noch ein paar Tage, halten Sie aus. Wo hält man Sie gefangen?»

Er blickte sie ziemlich erstaunt an. «Wer sind Sie?» fragte er.

«Das ist unwichtig.»

«Im Keller, im Nachbargebäude», flüsterte er. «Aber es ist nichts zu machen. Ich muß mich fügen, denn meine Frau, verstehen Sie.» Seine Stimme zitterte. «Meine Frau.»

Sie hörte Schritte im Sekretariat.

«Der Kaffe ist stark, Herr Doktor», sagte sie. «Mögen Sie ihn lieber süß?»

In der Tür stand Ingenieur Reil.

Edward hatte ihm aufgetragen, um zwölf Uhr zu kommen. Kazik stand vor dem Hauseingang und blickte nach oben. Auf dem Fensterbrett im zweiten Stock erspähte er einen Blumentopf. Die Gardinen waren zurückgezogen. Das bedeutete: alles in Ordnung. Kazik blickte sich noch einmal um, aber er bemerkte nichts Verdächtiges. Um diese Zeit herrschte auf der Wałowa kein großer Verkehr, irgendeine Rikscha kam näher, ein paar Frauen standen vor einem Geschäft, Kinder spielten auf dem Fahrdamm, alles wie gewöhnlich. Kazik hatte gute Laune. Nach den Ereignissen am Vortag glaubte er an seine Chance. Er hatte wirklich Glück gehabt, denn um ein Haar wäre er bei der Gestapo gelandet. Nun aber war er frei und konnte Edward berichten.

Wenn er sich nur etwas genauer umgesehen hätte, wären

ihm zwei Männer aufgefallen, die im Nachbareingang standen, und ein dritter am Zeitungskiosk, an der Ecke Polna. Für Kazik sah jedoch alles wie gewöhnlich aus, so daß er energisch durchs Tor ging und im Treppenhaus verschwand.

Edward begrüßte ihn schon auf der Schwelle. «Du bist acht Minuten zu spät gekommen. Wir haben wenig Zeit.»

Kaziks fröhliche Stimmung verschwand sofort. Sie gingen ins Zimmer.

«Setz dich», sagte Edward, «Hast du die Skizze?»

«Ja, aber ich habe noch etwas Besseres», fügte er sofort hinzu.

«Warte.» Edward studierte aufmerksam die Skizze. «In welchem Abstand geht der Wächter am Tor vorbei?»

«Er geht an der Mauer entlang», entgegnete Kazik unsicher.

«In welchem Abstand?» wiederholte Edward die Frage.

Kazik mußte zugeben, daß er es nicht wußte. Edward behauptete natürlich, der Auftrag sei nicht richtig ausgeführt worden. Sie hatten noch vier Tage, um die Aktion vorzubereiten. Im Grunde genommen aber wußten sie noch immer nichts. Kazik lächelte zuversichtlich.

«Ich wollte dir gerade einen Erfolg melden», bemerkte er. «Es ist mir gelungen, einen Deutschen von Reil anzuwerben.»

«Was? Im Verlauf von zwei Tagen?» rief Edward ungläubig. «Berichte genau!»

Kloss saß in der Kaffeestube in der Polna. Bis zum Treffen mit Edward hatte er noch eine halbe Stunde Zeit. Er war etwas früher losgegangen, durch die Stadt spaziert, um dann einen Kaffee zu trinken. Die Fenster der Kaffeestube führten zur Wałowa hinaus, und er konnte die Straße gut beobachten. Er war irgendwie unruhig. Es hatte sich zwar nichts ereignet, was von einer Gefahr zeugte, aber Kloss fühlte sich nicht wohl. Am vorangegangenen Tag hatte er sich mit Brunner getroffen, diesmal nicht dienstlich, sondern abends im Kasino. Brunner war aufgekratzt gewesen und hatte mehr getrunken als gewöhnlich. Er hatte gemeint, sie seien auf der richtigen Spur. Aber er hatte keine Einzelheiten verraten wollen.

«Ihr beschäftigt euch zwar auch mit dieser Angelegenheit», hatte er gesagt. «Aber für uns wird das ein kurzer Prozeß.»

«Habt ihr die Leute schon?»

«Auf dein Wohl, Hans.» Brunner hatte gelacht. «Wir werden sie kriegen. Glaubl ist ein hervorragender Kerl.»

«Was hat Glaubl damit zu tun?» fragte Kloss.

«Das möchtest du wissen, was?» Brunner hatte wieder sein Glas vollgegossen. «Das ist mein persönlicher Erfolg, mein Lieber, und ich habe keine Lust, ihn mit jemandem zu teilen.»

«Hervorragend», hatte Kloss erklärt. «Und wenn ich etwas weiß?»

«Dann wirst du es mir sicher sagen.» Brunner hatte schallend gelacht. «Es ist wie ein Tauschgeschäft.»

Welche Informationen konnte Brunner besitzen? Vielleicht bluffte er einfach. Edwards Gruppe war doch sauber. Die Leute waren mehrmals überprüft worden, man hatte keinen verhaftet, nichts war bislang geschehen, was sein Mißtrauen hätte wecken können. Aber trotzdem. Vielleicht war Danka unvorsichtig gewesen? Die Zentrale hatte wieder Informationen über Pułkowski gefordert. Man hatte ihnen vier Tage Zeit gegeben. Wie sollte man den Auftrag ausführen?

Die Kellnerin brachte den Kaffee. Kloss kostete. Der Kaffee war kalt und hatte nur den Namen mit richtigem gemeinsam. Er schob die Tasse beiseite. In diesem Augenblick entdeckte er Rioletto.

Sollte mir etwas entgangen sein, dachte Kloss, sollte mich der Italiener verfolgen?

Rioletto kam an seinen Tisch. «Guten Tag, Herr Oberleutnant«, sagte er. «Wenn Sie niemanden erwarten ...»

«Ich warte auf keinen», antwortete Kloss trocken. «Bitte, setzen Sie sich.»

Rioletto warf eine Packung Zigaretten auf den Tisch und nickte der Kellnerin zu. Kurz darauf stellte sie ihm eine Tasse

Schokolade auf den Tisch. «Ich trinke immer Schokolade», erklärte er.

Kloss schwieg.

«Eigentlich, Herr Oberleutnant, bin ich dem Zufall dankbar, daß er uns hat hier zusammentreffen lassen.»

«Ich mag zufällige Treffen sehr», sagte Kloss und betonte das Wort «zufällige».

Rioletto lächelte. «Sie sind zu mißtrauisch. Sie arbeiten bei der Abwehr, nicht war?»

«Warum fragen Sie danach?»

«Ich frage nicht, ich stelle fest. Aber Sie glauben ja nicht an meine übernatürlichen Fähigkeiten.»

«Nein.» Kloss hatte genug von diesem Gespräch.

«Brunner hat darüber eine andere Meinung.»

«Mein Freund Otto und ich haben oft verschiedene Ansichten», bemerkte Kloss. «Das ist nun mal so, ich halte mich lieber an konkrete Fakten.»

«Ihr ermittelt in der gleichen Sache.» Rioletto sprach etwas zögernd.

«Was meinen Sie damit?»

«Die Sabotage in Reils Werk. Ich habe Brunner schon erklärt, daß ich bereit bin zu helfen.»

Kloss blickte ihn gespannt und aufmerksam an. Was wollte dieser Italiener wirklich? Arbeitete er für Brunner? Hatte Brunner ihm aufgetragen, ihn zu beschatten? «Das gleiche wollten Sie mir wiederholen?» fragte er.

«Vielleicht.» Der Italiener lächelte.

«Wozu, Herr Rioletto? Wenn Sie sowieso für uns arbeiten.»

«Das würde ich nicht so sagen.» Rioletto trank ruhig von seiner Schokolade. «Ich mag übrigens eine andere Art der Unterhaltung, Herr Oberleutnant, und wenn ich manchmal helfe, dann heißt das ganz und gar nicht ...» Er brach ab und wechselte das Thema. «Wie geht es denn der hübschen Gattin des Gauleiters?»

Kloss schaute zur Uhr.

In der Wohnung in der Wałowa blickte Edward ebenfalls zur Uhr.

«Du mußt gehen», sagte er. «Du hast einen Fehler gemacht, einen folgenschweren Fehler. Du bis enttarnt und hättest nicht hierherkommen dürfen.»

«Was hätte ich denn tun sollen?»

«Untertauchen und abwarten. Du weißt genau, daß ohne meine Erlaubnis nichts unternommen werden darf.»

«Dieser Deutsche ist anständig.»

«Das ist noch zu überprüfen. Geh jetzt und warte auf weitere Befehle.»

In diesem Augenblick klingelte es. Edward stand zögernd auf und überflog mit schnellem Blick das Zimmer. Die Skizze versteckte er.

«Und die Waffe?» fragte Kazik.

Edward steckte die Hand in die Tasche und ging zur Tür. «Wer ist dort?» rief er.

«Der Klempner», hörte er. «Im ersten Stock läuft das Wasser durch.» In die Wohnung drangen drei Männer in Zivil, Pistolen in den Händen. Einer, es war Glaubl, warf Edward zu Boden, die anderen ergriffen Kazik, als dieser zum Fenster laufen wollte. Der Kampf dauerte nicht lange. Der Gestapomann schlug Kazik mit dem Pistolenkolben über den Kopf. Dieser krümmte sich am Fußboden. Die Wohnung betrat, ebenfalls in Zivil, Brunner.

«Wach machen!» befahl er und deutete auf Kazik.

Kurz darauf saßen Kazik und Edward auf Stühlen, die Hände vor sich auf dem Tisch. Ein Gestapomann ließ sie nicht aus den Augen, während Brunner und Glaubl die Wohnung durchsuchten. Sie warfen Wäche aus dem Schrank, öffneten Schubladen, betasteten die Wände. Auf dem Nachttisch stand ein Wecker. Edward wußte, daß er zwei Minuten vorging. Der Zeiger rückte auf eins, und Hans war immer pünktlich. Noch vier Minuten. Ihn packte die Angst, aber dann kehrte seine kühle Ruhe zurück. Wie sollte man Hans warnen? Auf dem Fensterbrett stand der Blumentopf, die Gardine war leicht zurückgezogen. Noch drei Minuten.

«Wir werden gemeinsam hierbleiben», sagte Brunner. «Ich habe die Hoffnung, daß ihr uns selbst die Namen und Adressen eurer Kumpane nennt, aber wir wollen lieber hier mit ihnen zusammentreffen, denn das ist ein hervorragender Ort.» Er blickte Edward aufmerksam an. «Du bist unruhig, nicht wahr? Erwartest du Besuch? Das ist sehr gut.»

«Ich erwarte niemanden und verstehe nichts», protestierte Edward. «Meine Herren, hier liegt ein Irrtum vor.»

Glaubl lachte schallend und ging zum Fenster. «Ein Irrtum», schrie er. «Frag diesen!» Er zeigte auf Kazik. «Gestern hat er mir hübsche Sachen erzählt.»

Er legte die Hand auf den Blumentopf und schaute durchs Fenster.

«Komm vom Fenster weg», befahl Brunner, «und rühr nichts an! Alles kann wichtig sein.»

Edward starrte verzweifelt auf das Zifferblatt des Weckers. Er hörte ihn leise ticken. Zwei Gestapoleute durchsuchten gerade die Küche. Brunner riß das Bettzeug auseinander, und Glaubl kopfte die Zimmerdecken ab. Edward faßt blitzschnell eine Entscheidung, vom Fenster trennten ihn nur wenige Schritte. Vielleicht schaffte er es zu springen, bevor die Häscher schießen konnten, hoffentlich schaffte er es! Er stieß sich kraftvoll ab, warf sich mit dem ganzen Körper nach vorn, dann griffen seine Hände nach der Stuhllehne.

Kloss ging gerade zum Haus Nummer fünfzehn. Den Italiener hatte er in der Kaffeestube einfach sitzenlassen. Er zögerte noch ein wenig, ob er zu dem Treff gehen sollte, aber er beschloß, es zu riskieren. Er dachte an den Termin, den ihm die Zentrale gegeben hatte, und wog die unterschiedlichsten Varianten für die Aktion im Werk ab. Schon wollte er durchs Tor gehen, als er plötzlich einen Schrei und Glas klirren hörte. Aus einem Fenster war ein Blumentopf gefallen und auf dem Hof zerschellt.

Kloss beschleunigte seinen Schritt, ohne aufzublicken. Er nahm den leeren Gehsteig wahr, nichts anderes, nur den leeren Gehsteig. Mit einer leichten, kaum wahrnehmbaren Bewegung rückte er das Koppel zurecht. Er ahnte bereits, was geschehen war. Er dachte nicht an sich, sondern an die anderen, an Edward, dem es gelungen war, den Blumentopf auf die Straße zu werfen, und der dafür bezahlen mußte, teuer bezahlen. Die Wałowa war lang. Mietskasernen mit abgeplatztem Putz, enge Gehsteige. Kloss ging immer schneller, denn er dachte jetzt an Danka. Aus welcher Richtung würde sie kommen? Wenn sie von der Polna kam, war sie verloren. Wenn sie vom Park kam, mußte er sie treffen.

Die Stille wurde von Motorengeräusch zerrissen. Auf der Wałowa hielten Lastwagen mit Soldaten.

Sie riegeln die Straße ab, durchzuckte es Kloss. Brunner mußte erkannt haben, daß der, auf den man bei Edward gewartet hatte, noch nicht weit gekommen sein konnte.

Kurz vor ihm hielt ebenfalls ein Lastwagen, Soldaten sprangen herab und sperrten die Straße ab. Wer es nicht geschafft hatte, sich in den Häusern zu verbergen oder auf die Höfe zu fliehen, war übel dran. Die Soldaten trieben die Menschen auf die Ladeflächen, zerrissen deren Kennkarten. Die Frauen schrien, Schreie, die Kloss nur zu genau kannte. Er ging ruhig an den Soldaten vorbei, die salutierten. Er hob nachlässig den Arm. Vor dem Schaufenster eines Spielwarenladens blieb er stehen. Er beschloß, dort zu warten. Vielleicht würde Danka kommen. Da erblickte er sie von weitem, selbstsicher, gut gekleidet, kam sie aus der Richtung des Parks. Sie bemerkte ihn erst, als er schon neben ihr ging.

«Edward ist aufgeflogen», flüsterte er ihr zu. «In zehn Minuten im Park.»

Sie drehte sich um und verschwand zwischen den Passanten. Kloss zündete sich eine Zigarette an und ging langsam in die gleiche Richtung.

Im Park am Teich spielten Kinder. Kloss spazierte an den

Blumen vor der Orangerie vorbei und bog in die mit Bäumen bestandene Hauptallee ein. Da sah er Danka. Sie saß auf einer Bank und hielt die Puderdose in der Hand. Er blickte sich noch einmal aufmerksam um und ging dann zu ihr.

«Erlauben Sie, Fräulein?»

«Natürlich», antwortete Danka.

Er bot ihr eine Zigarette an. Sie hatten sich bisher noch nie am Tag an einem öffentlichen Ort getroffen. Jetzt aber hatten sie keine andere Wahl. Danka lächelte flüchtig und rückte ein wenig von ihm ab. Sie spielte die Rolle des Mädchens, das kein Abenteuer sucht, ausgezeichnet.

«Wie konnte das geschehen?» fragte sie leise, ohne ihr Lächeln zu unterbrechen.

«Ich weiß es nicht. Es ist nicht ausgeschlossen, daß auch wir verraten worden sind.»

«Edward wird schweigen», sagte Danka und erstattete Bericht. Es war ihr gelungen festzustellen, daß Reil und Pułkowski in drei Tagen auf das Versuchsgelände fahren würden.

«Hat sich Pułkowski einverstanden erklärt?» fragte Kloss.

«Er ist ein gebrochener Mann», sagte Danka. «Es geht ihm um seine Frau.»

«Hast du Kazik gesehen?»

«Nein.»

«Wir müssen noch heute versuchen herauszubekommen, was mit ihm passiert ist. Die anderen müssen auch informiert werden, aber am wichtigsten ist erst einmal Kazik.»

«Ich werde heute abend zu ihm gehen», schlug Danka vor. Kloss dachte eine Weile nach.

«Ich weiß nicht, ob du es tun solltest, aber es gibt keine andere Möglichkeit. Ich werde dich abschirmen.» Dann nannte er ihr den Treffpunkt. Sie hatten einen Ausweichpunkt, der sehr sicher schien, eine alte Werkstatt in der Vorstadt, die seit Ausbruch des Krieges geschlossen war.

«Ich muß herausbekommen», sagte Kloss, «wie sie Edward aufgestöbert haben.» Er hatte noch keine Ahnung, wie das zu bewerkstelligen war. Brunner würde sicher nichts ausplaudern, und überdies wußte Kloss in diesem Augenblick nicht, ob er selbst schon zu einem Verfolgten geworden war. Danka zuckte mit den Schultern.

«Laß es lieber bleiben», sagte sie. «Ich nehme an, Hans, das wird meine letzte Aktion sein.»

«Klar. Ich schicke dich dann zur Abteilung zurück.»

«Danke.»

Kloss wollte sich bereits erheben, als sein Gesicht erstarrte. Die Parkallee entlang kam Zauberkünstler Rioletto. Hatte er sie die ganze Zeit beobachtet? War er tatsächlich derart geschickt?

«Ich kenne ihn», sagte das Mädchen. «Er heißt Rioletto. Er hat versucht, mich zu beschwatzen.»

«Das ist gut», meinte Kloss. Ihm war sofort ein Einfall gekommen. Er war sehr riskant, aber schließlich war alles gefährlich. «Hör zu, Danka», flüsterte er, «ich gehe jetzt, du bleibst mit ihm hier und und lädst ihn morgen abend zu dir ein. Ich erkläre dir, was du zu tun hast.»

Rioletto hatte sie gerade erreicht. «Mein Gott!» rief er aus und spielte seine Überraschung hervorragend. «Da treffen wir uns schon wieder! Ich habe gar nicht gewußt, daß Oberleutnant Kloss alle interessanten Frauen dieser Stadt kennt.»

«Ich habe einfach Glück», sagte Kloss und lächelte.

«Und ich beklage mich gerade über meinen Mangel an Glück», antwortete Rioletto.

Kloss blickte zur Uhr und stand auf. «Leider ist es Zeit.»

«Von heute an», sagte Rioletto, «höre ich auf, mich über mein mangelndes Glück zu beklagen. Darf ich bleiben?»

Danka lächelte.

In diesem Spiel gab es immer mehr Unbekannte. Nun auch die Verhaftung von Edward und Kazik, denn sie wußten jetzt, daß auch Kazik in die Falle gegangen war. Das Gelingen der Aktion war fraglich geworden. Kloss wußte, daß Edward nichts sagen würde, er mußte daran glauben, und doch hatte irgend jemand der Gestapo die Wohnung in der Wałowa verraten, jemand, der zuviel wußte, vielleicht auch über ihn. Sollte er zur Abteilung zurückkehren? Nein, er mußte bis zum Schluß bleiben und versuchen, den Auftrag zu erfüllen.

Vielleicht war alles nur ein Zufall gewesen, doch er glaubte nicht an derartige Zufälle, denn Brunner tat nie etwas blindlings. Er mußte gute Informationen gehabt haben. Wer konnte es gewesen sein? Rioletto? Puschke? Und wenn es Danka gewesen war? Unsinn! Wenn Danka ihn verraten hätte, würde er nicht mehr frei herumlaufen. Er erinnerte sich an Glaubls Gesicht, den er eine Stunde zuvor getroffen hatte, und war überzeugt, daß dieses Treffen kein Zufall gewesen war.

Das Telefon klingelte. Kloss hob den Hörer. Das konnten nur sein Chef oder Brunner sein, diese beiden wußten, daß Kloss gern abends in seinem Dienstzimmer arbeitete. Er hörte Brunners Stimme, die heiser klang, sicher noch von dem Trinkgelage am Vorabend.

«Heil Hitler, Hans! Verbringst du den Abend allein?»

«Ich arbeite.»

Brunner redete etwas von Dummheiten, erinnerte an eine Kellnerin aus dem Kasino, die ihn gestern reichlich mit Alkohol versorgt hatte und keine üblen Beine besaß, und dann stellte er plötzlich die Frage: «Hans, interessiert dich Reils neue Sekretärin?»

Kloss hatte nur ein paar Sekunden Zeit mit der Antwort. «Ja», sagte er «in der Tat. Aber warum fragst du, Otto.»

«Ein hübsches Mädchen», meinte Brunner. «Willst du sie Reil abjagen?»

«Daran habe ich nicht gedacht.»

«Woran dann, mein Lieber?»

Kloss bemerkte: «Ich habe gedacht, daß es Zeit ist, die Informanten zu wechseln.»

«Vielleicht», räumte Brunner ein. Seine Stimme klang zögernd.

Was wußte Brunner, was wollte er herausbekommen? Natürlich hatte ihm Glaubl von dem Zusammentreffen in der Vorstadt berichtet. Es war ein Fehler gewesen, ein unverzeihlicher Fehler. Danka hätte nicht zu Kaziks Wohnung gehen dürfen.

Brunner sagte: «Gute Nacht, wir sehen uns morgen», und legte auf.

Kloss überdachte noch einmal die vorangegangenen Ereignisse. Er war gegen Abend in die Vorstadt gegangen, wie er es mit Danka verabredet hatte. Die Arbeiter strömten vom Verladebahnhof und aus dem Werk nach Hause.

Im Lebensmittelladen hatte sich eine lange Schlange gebildet, vor den Hauseingängen unterhielten sich Frauen, die auf ihre Männer warteten.

Kazik wohnte an der Ecke Ogrodowa und Śliska. Kloss hatte das Haus eine Weile lang beobachtet, gleichgültig und anonym in der Menschenmenge untergetaucht. Dann hatte er endlich Danka entdeckt. Sie war hineingegangen, Kloss hatte die Uniform zurechtgerückt und gewartet. Schon da war ihm bewußt geworden, daß es ein Fehler war, zu Kazik zu gehen. Danka war lange nicht herausgekommen, und er war unruhig geworden, denn auch in diesem Haus konnte eine Falle sein. Plötzlich hatte er Glaubl neben sich bemerkt. Der Gestapomann hatte das gleiche Haus beobachtet. Es ist schiefgelaufen, hatte Kloss gedacht und dadurch seine kühle Ruhe wiedererlangt.

«Heil Hitler, Glaubl!» hatte er gesagt. «Was machen Sie an diesem verfluchten Ort?»

«Einen Spaziergang», hatte Glaubl entgegnet. «Und Sie?»

Kloss hatte gelächelt. «Ich habe wenig Zeit zum Spazierengehen. Meistens arbeite ich. Und manchmal gehe ich auf Jagd.»

«Auf Jagd», hatte Glaubl wiederholt und Kloss aufmerksam angesehen. «Es ist seltsam, daß wir uns gerade an diesem Ort treffen.»

«Ja», hatte Kloss im gleichen Tonfall erwidert, «es ist seltsam.»

Sie hatten beide die Tür beobachtet, die in Okońs Haus führte. Also ist Kazik auch aufgeflogen, hatte Kloss gedacht. Sie beobachteten seine Wohnung, also würde Danka wieder herauskommen. Sie würden sie beschatten. Ob Glaubl allein war?

Er hatte sich umgeschaut. Gerade hatte Danka das Haus verlassen, ruhig und gleichgültig war sie aus der Haustür gekommen.

«Eine hübsche Polin», hatte Glaubl gesagt. «Interessieren Sie sich für sie?»

Kloss hatte geschwiegen und bereits gewußt, daß Glaubl ihm diese Frage stellen würde.

Kloss beugte sich wieder über seine Papiere. Er mußte bis zum nächsten Tag einen Bericht für Horsch vorbereiten. Seine Pflichten in der Abwehr vernachlässigte er nie. Diesmal aber konnte er nicht arbeiten. Wie sollte er die Aktion weiterführen? Sie würden natürlich denken, daß Danka etwas mit Kazik zu tun hatte, aber Brunner war zu klug, um sie verhaften zu lassen. Vielleicht sollte er sie zur Abteilung zurückschicken, er hätte das tun müssen, aber er konnte auf ihre Informationen nicht verzichten, wenn die Aktion noch gelingen sollte. Ihm blieb nur dieses Risiko. Er mußte schneller sein als Brunner. Er hatte Danka gesagt, sie solle auf alles vorbereitet sein. Sie hatten sich ungefähr eine Stunde später in der alten Werkstatt getroffen. Danka war kreuz und quer durch die Straßen gelaufen, und es war ihr gelungen, Glaubl abzuschütteln. Sie hatte eine wertvolle Information mitgebracht: die Kopie eines Briefes von Reil nach Berlin. Der Ingenieur meldete darin, daß die Versuche am zehnten Mai beginnen würden. An diesem Tag sollten er und Pułkowski zum Versuchsgelände fahren. Das war die letzte Gelegenheit! Aber wieviel war zuvor noch zu erledigen. Danka hatte von Kloss den Befehl erhalten, Reil zu erzählen, sie würde ihren alten Freund Kazik Okoń besuchen. Reil würde das Brunner wiederholen!

Sie mußten Zeit gewinnen, die Zeit entschied alles. Vielleicht würde Brunner glauben, einer falschen Spur nachgelaufen zu sein.

Danka war sehr abgespannt gewesen, sie hatte nach Rioletto gefragt. Sie hatte ihn zu sich eingeladen. Was wollte Kloss eigentlich von dem Zauberkünstler?

Kloss öffnete das Fenster. Der Abend war warm, am Himmel kreuzten sich Scheinwerferkegel. Er hörte entfernt den Gesang betrunkener Soldaten. Er ging zum Schreibtisch zurück und beugte sich wieder über seine Arbeit. Ein Unteroffizier unterbrach ihn. Er meldete, daß ein gewisser Herr Puschke ihn sprechen wolle.

Kloss war überrascht. Zuerst Brunners Anruf, dann der Besuch von Puschke. Was konnte dieser dicke Deutsche von ihm wollen, der Freund des Zauberkünstlers Rioletto? Er befahl, ihn hereinzuführen. Er schaltete die Deckenlampe ein und erblickte in ihrem grellen Licht das Gesicht seines Gastes. Es war grau und blaß, die Augen Puschkes waren umrändert, die Hände zitterten ihm. Er ließ sich in einen Sessel fallen.

«Ein Gläschen Kognak, Herr Puschke?»

Er nickte. Er trank und lobte den Kognak, der sicher französischer sei. Er erzählte, im Jahre einundvierzig in Frankreich gewesen zu sein, aber seine Verbindungen seien schon lange abgerissen.

«Was hat Sie hierhergeführt?» unterbrach Kloss seinen Redeschwall.

Puschke zündete sich eine Zigarre an, blickte lange dem Rauch nach, nahm dann aus seiner Tasche ein Päckchen und legte es auf den Tisch. Er habe zwar keinen Kognak, aber er habe diese Zigarren, wenn der Herr Oberleutnant nehmen möchte. Der Herr Oberleutnant aber hatte genug von den Redensarten.

«Worum geht es, Herr Puschke?»

«Die Sache ist ziemlich schwierig», begann der Deutsche, «und ungewöhnlich heikel.» Er erklärte, daß er zu Kloss gekommen sei, weil er glaube, daß gerade er und natürlich die Abwehr seine Situation verstehen würden, die Situation eines anständigen Deutschen, der gegen seinen Willen verwickelt wurde, ja, eben verwickelt wurde in eine scheußliche Affäre.

«Bitte, genauer!» befahl Kloss. Puschke erhob sich.

«Herr Oberleutnant», sagte er pathetisch, «ich komme hierher als ein anständiger Deutscher.»

«Kommen Sie endlich zur Sache!»

«Ich möchte melden», brachte Puschke endlich hervor, «daß der Zauberkünstler Rioletto ein englischer Spion ist, der seit langem für die Gegner des Deutschen Reiches arbeitet.» Er seufzte vor Erleichterung und setzte sich wieder.

Es war still. Kloss' Gesicht verriet keine Bewegung. Puschke hätte nie ahnen können, wie sehr der Oberleutnant überrascht war. Kloss beobachtete seinen Gast und überlegte gleichzeitig angestrengt. Eine Provokation? Zuerst hatte Brunner angerufen, dann war Puschke gekommen. Unwahrscheinlich! Wozu hätten sie das tun sollen? Wollten sie Kloss noch einmal überprüfen? Nach zwei Jahren?

Puschke rutschte ungeduldig auf seinem Stuhl hin und her. Erwartete er Fragen? Vielleicht glaubte er, daß er sich bei ihm bedankte und ihn nach Hause gehen ließ?

«Warum sind Sie damit nicht zu Herrn Brunner gegangen?» fragte Kloss. «Aber vielleicht waren Sie schon bei ihm?»

«Ich habe gedacht, in dieser Sache sei alles eins, Gestapo und Abwehr.»

«Und dennoch haben Sie die Abwehr gewählt. Sie kennen doch Brunner? Und in eurem Werk ist auch Glaubl tätig.»

«Ich werde alles sagen.» Puschke seufzte.

«Darum eben geht es.»

«Mit Brunner hab' ich mich gestern unterhalten. Ich habe mich nicht getraut zu sprechen. Ich habe gedacht, bei Ihnen wird es mir leichter fallen.»

Er lügt, dachte Kloss. Aber wenn er die Wahrheit sprach? Das würde man überprüfen können. «Puschke!» rief er.

Der stellvertretende Direktor sprang sofort auf und nahm Haltung an. Es sah fast komisch aus, aber Kloss fand diese typisch deutsche Reaktion schon lange nicht mehr lustig. Er kannte sie und nutzte sie aus. «Mit mir wird es nicht leichter werden», sagte er. «Klar?»

«Jawohl!» entgegnete Puschke.

«Bist du ein Agent von Rioletto?» fragte Kloss.

Puschke wurde im Handumdrehen schlapp, er wankte, aber Kloss erlaubte ihm nicht, sich zu setzen. Plötzlich begann Puschke zu schluchzen. Es war ein Anblick, den man nicht ertragen konnte: ein schluchzender dicker Deutscher. Seine Geschichte war übrigens banal. Im Jahre neununddreißig hatte ein Berliner Geschäftsmann begonnen, ihm Geld zu leihen. Zuerst kleine Summen, dann immer größere, und als Puschke einen Wechsel über mehrere tausend Mark unterschrieben hatte, war Rioletto aufgetaucht.

«Ich habe nichts gegen das Reich unternommen», versicherte Puschke schnüffelnd. «Ich habe einen Freund bei der SS gehabt, er hat sich um diesen Geschäftsmann gekümmert, aber der Wechsel existierte weiterhin. Rioletto hatte ihn an sich genommen und von mir gefordert ...»

«Was?» fragte Kloss trocken.

«Ich habe ihm nur die Namen der Ingenieure gegeben, die von Lübbich in Hamburg. Dann ist der Krieg ausgebrochen, er hat mich aus den Augen verloren, denn ich bin nach Frankreich gekommen ... Und jetzt wieder ... Er wird mich umbringen, Herr Oberleutnant.» Puschke wurde plötzlich ganz leise. «Ich habe Angst.» Er fürchtete wirklich um seine Haut. Kloss erlaubte ihm endlich, sich zu setzen, und holte ein Glas Wasser. Dann befahl er, alles noch einmal zu wiederholen. Kloss hörte schon nicht mehr zu, er mußte eine Entscheidung treffen, denn die Situation verkomplizierte sich immer mehr, und jeder Zug schuf eine neue Gefahr. Wenn Puschke die Wahrheit sagte, dann durfte er ihn nicht Brunner übergeben, um das Leben des Italieners nicht zu gefährden. Wenn Puschke jedoch gelogen hatte? Er mußte zunächst überprüfen, wer Rioletto in Wirklichkeit war. Wenn er ein Agent eines verbündeten Geheimdienstes war, den man in Zusammenhang mit Reils Versuchen hierhergeschickt hatte, dann könnten sie die Aktion auch gemeinsam durchführen. Was das Einverständnis der Zentrale betraf, so blieb keine Zeit mehr, es einzuholen. Man mußte auf eigene Faust handeln.

Aber wie sollte man Gewißheit erlangen?

Puschke unterschrieb alles, war ihm befohlen wurde. Kloss steckte die Papiere in die Tasche und befahl dem Deutschen, nach Hause zu gehen. Er sollte schweigen. Wenn ihm sein Leben lieb war, würde er schweigen. Puschke war überrascht, aber er ahnte, die Abwehr hatte ihre eigenen Methoden.

«Erwarten Sie nicht», sagte Kloss abschließend, «daß Rioletto noch in dieser Nacht verhaftet wird. Wir haben Zeit. Und was Sie betrifft, da machen wir alles von Ihrem Verhalten abhängig. Entweder Sie schweigen oder ... Sie verstehen.»

«Verstehe», antwortete Puschke.

Kloss brachte ihn zur Tür. Der dicke Deutsche blieb stehen und hob die Hand zum Hitlergruß. Der Oberleutnant lächelte: Dieser Mann glaubte noch immer, er würde den Krieg überleben. Kloss wußte, daß er nicht die geringste Chance hatte. Er verspürte kein Mitleid.

Der Tag begann schlecht für Reil. Gleich am Morgen hatte Danka erklärt, sie wolle den Abend frei haben. Sie hatte schön ausgesehen in dem grünen Kleid, das Reil besonders mochte. Er hätte schreien mögen, mit wem sie sich wohl verabredet habe, aber er hatte sie nur angesehen und geschwiegen. Er schlug die Tür zu. In seinem Arbeitszimmer blieb der Geruch von ihrem Parfüm. Er befahl, Puschke zu rufen, und ließ sich über den Stand der Vorbereitungen auf dem Versuchgelände informieren. Natürlich war alles noch im Entstehen. Puschke hatte behauptet, es sei fast fertig, und Reil ließ nun seinen Ärger an ihm aus.

«Für ihre Nachlässigkeit schicke ich Sie an die Ostfront!» schrie er. «Am zehnten Mai früh muß das Versuchsgelände vorbereitet sein. Haben Sie mit Pułkowski gesprochen?»

«Ja. Er ist wohl einverstanden.»

«Was heißt hier, ‹wohl›?» Reil erboste sich. Diese Entladung brachte ihm keine Erleichterung. Puschke verteidigte sich auch nicht. Er verkroch sich in seinem Sessel, seine Augen waren umrändert.

«Was ist mit Ihnen los, Puschke?»

«Nichts, Herr Direktor.»

«Sie sehen aus wie ein altes Weib.»

Puschke stotterte etwas von Erschöpfung, dann, daß ihm das Land nicht bekäme, der Mensch hier wie in einem Käfig lebe, daß er sich fürchte, in die Stadt zu gehen.

«Hören Sie auf, solchen Unsinn zu reden», unterbrach ihn Reil, «und machen Sie sich an Ihre Arbeit. Sie könne gehen.» In der Tür hielt er ihn noch einmal zurück und fragte, was der Zauberkünstler Rioletto auf dem Werkgelände suche. Er hatte ihn im Sekretariat gesehen. Puschke erbleichte und erklärte, daß Rioletto nur für einen Moment hereingeschaut habe, um sich für die Sache mit der Zigarre zu entschuldigen. Dann fügte er leiser hinzu, daß der Italiener Danka mit großem, wirklich großem Interesse betrachtet habe. Das brachte Reil endgültig aus dem Gleichgewicht.

«Hauen Sie ab», schrie er. «Und erzählen Sie mir keinen Klatsch! Und wenn dieser Windhund noch einmal erscheint, lass' ich ihn von Glaubl einsperren.»

Er blieb allein in seinem Arbeitszimmer, sagte Danka, daß er niemanden empfangen und auch keine Telefongespräche führen wolle. Aber er konnte nicht arbeiten. Die Unruhe hatte völlig von ihm Besitz ergriffen. Wenn seine Versuche nicht gelängen, würde er das Vertrauen des Führers verlieren, und man könnte ihn sogar an die Front schicken.

Er redete sich ein, die Front nicht zu fürchten, aber ihm stand ständig ein Bild vor Augen, das er im Kino gesehen hatte: eine weiße, ebene Landschaft, Soldaten auf Skiern, und im Hintergrund brennende Häuser. Wieviel Kilometer waren es von Berlin bis zur Wolga? Nein, sie standen ja nicht mehr an der Wolga, er hatte wieder von Frontverkürzung gelesen, obwohl ihn eigentlich die Frontberichte nicht interessierten. Reils Vater besaß eine Landkarte, auf der er bunte Fähnchen bewegte. Reil hatte das nie berührt. Er trug Danka auf, ihm die neueste Nummer des «Völkischen Beobachters» zu bringen. Auf der ersten Seite ein Bild Hitlers. Er blickte ernst, aber auch mit der großen Gnädigkeit, die für die offiziellen Porträts des großen Führers üblich war. Reil vertiefte sich in einen Artikel, wurde aber unterbrochen. In der Tür stand Brunner. Brunner trat ein, ohne angemeldet worden zu sein. Wie es schien, hatte er Dankas Anwesenheit im Sekretariat nicht wahrgenommen. Reil erhob sich hinter seinem Schreibtisch und wußte sofort, das Gespräch würde nicht angenehm werden. Ein Tag, der so begonnen hatte, konnte nichts Gutes bringen. Er nahm Kognak aus dem Schrank, aber Brunner kam ohne Umschweife zur Sache. Zuerst ging es um Pułkowski. Der Sturmbannführer wollte wissen, wie lange Reil den Polen brauchen würde. Reil wußte es nicht, denn alles war vom Ausgang der Experimente abhängig. Außerdem ging es um eine Arbeit, die nie aufhören würde.

«Das Wissen dieses Polen ist begrenzt», bemerkte Brunner trocken. «Sie müssen aus ihm herausholen, was nötig ist, und Schluß. Ich gebe ihnen, sagen wir, drei Monate.»

Der Gestapomann ist unverschämt, dachte Reil. Er wollte sich auf seine besonderen Vollmachten berufen, aber er gab klein bei. Er fragte, was sie mit Pułkowski zu tun beabsichtigen. Brunner lächelte kalt. Liquidieren müsse man ihn, er wisse zuviel.

«Und seine Frau?» fragte Reil noch. Er spürte seine Kehle trocken werden und füllte sich ein Glas.

«Mir können Sie auch eingießen», bemerkte Brunner. «Seine Frau lebt schon seit ein paar Wochen nicht mehr.»

Reil starrte Brunner an, ohne seine Abscheu zu unterdrükken. Das hätte er lieber nicht wissen wollen. Ihm wurde plötzlich bewußt, daß es eine Menge Dinge gab, von denen er lieber nichts gewußt hätte. Eigentlich ging ihn das auch nichts an. Er hatte seine Arbeit, die er vortrefflich ausführte. Auf der Welt gab es eine Arbeitsteilung, und man sollte seine Nase besser nicht in fremde Angelegenheiten stecken. Das war die Ordnung der Dinge. Schon glaubte er, das Gespräch sei beendet, aber Brunner hatte noch etwas in der Hinterhand.

«Wo haben Sie Ihre Sekretärin kennengelernt?» fragte er.

«Bitte, lassen Sie die in Ruhe!» rief Reil aufgebracht. Er hatte seine Beherrschung verloren. Pułkowski wollte er nicht schützen, aber Danka betrachtete er schon als sein Eigentum.

«Keine Aufregung, Herr Direktor.» Brunner lächelte noch immer. «Bitte antworten Sie auf meine Frage.»

«Sie ist vom Arbeitsamt geschickt worden», antwortete Reil. Er, der sogar im Arbeitszimmer Hitlers seine Selbstsicherheit nicht verloren hatte, warf diesen Gestapomann nicht hinaus. Er verspürte Angst vor ihm, und als ihm das bewußt wurde, ergriff ihn Hilflosigkeit. Er versuchte, sich zu verteidigen.

«Ihr habt doch nicht einmal die Täter des Anschlags ausfindig gemacht!» rief er ohne Zusammenhang.

«Wir haben sie schon», triumphierte Brunner. «Und Ihre Sekretärin hat mit ihnen Kontakt gehabt, mit Kazimierz Okoń.»

Reil erinnerte sich an den Namen, Danka hatte ihn am Vorabend beim Abendbrot erwähnt. Sie hatte gesagt, sie hätte einen langjährigen Freund besuchen wollen, ihn aber nicht zu Hause angetroffen. Brunner hörte diese Aussage und verbarg seine Überraschung nicht.

«Tatsächlich?» fragte er. Jetzt konnte Reil zum Angriff übergehen.

«Ihr habt ein unschuldiges Mädchen verdächtigt!» schrie er.

«Wenn sie wirklich die Komplizin dieses Mannes gewesen wäre, hätte sie mir seinen Namen verschwiegen!» Er wollte fortfahren, aber Brunners kalte Augen ließen ihn verstummen.

«Sie sind zu nervös», sagte der Sturmbannführer. «Wir mögen keine nervösen Leute, denn man kann ihnen nicht trauen.» Er dehnte die Silben. «Der Reichsminister hat das nicht nur einmal wiederholt.» Er stand auf und ging zur Tür. «Sie verbindet mit dieser Polin eine enge Beziehung, nicht wahr? Bitte, rufen Sie mich an, wenn es etwas Interessantes gibt. Haben Sie verstanden?»

Rioletto kam pünktlich. Er stand vor der Tür mit einem riesengroßen Blumenstrauß und hatte sicher erwartet, in der Wohnung schon die Gäste anzutreffen, von denen Danka gesprochen hatte, aber sie war allein, und auf dem Tisch sah er nur zwei Gläser und zwei Kaffeetassen.

«Wir werden allein sein?» fragte er.

«Stört Sie das?»

«Nein, natürlich nicht.» Er konnte nur mit Mühe seine Überraschung verbergen. «Sie können sich nicht vorstellen, welche Freude Sie mir bereiten.»

«Zuerst erwartet Sie Arbeit», verkündete sie und lächelte. Sie öffnete eine Schublade und warf ein Kartenspiel auf den Tisch. «Ich möchte etwas über mich hören.»

Danka beobachtete ihn aufmerksam, als er sich mit den Karten beschäftigte. Er schien nichts zu bemerken, auf seinem Gesicht breitete sich Konzentration aus. Er bat sie, eine Karte aufzunehmen, es war der Pik-König. Rioletto gab sich überrascht, aber Danka verband den König in ihren Gedanken sofort mit Reil. Am Abend, als sie aus dem Büro gegangen war, hatte Reil nichts gesagt, er hatte nicht einmal gefragt, wohin sie ging. Danka hatte etwas wie Mitleid gefühlt, aber gleich darauf hatte sie sich geschämt. Sie durfte mit einem Deutschen kein Mitleid haben.

«Pik-König», sagte Rioletto. Er deckte ein paar Karten auf.

Neben dem König lag die Kreuz-Dame. «Sie sind ein interessantes Mädchen. Sie spielen ein schwieriges Spiel, ich irre mich sicher nicht, nicht war?» Dann blickte er zum Fenster. «Es ist nicht richtig zugezogen», behauptete er. «Von der Staße aus ist Licht zu sehen. Haben Sie keine Angst?»

Gerade darauf hatte sie gewartet, sie hatte angenommen, er würde es schon früher bemerken. Sie lief zum Fenster. Es war schon dunkel, aber auf der Straße konnte sie drei Gestalten erkennen, die an der gegenüberliegenden Ecke standen.

«So ist es besser», sagte Rioletto und deckte weitere Karten auf. «Eigentlich befassen sich damit alte Weiber. Mir genügen Hand, Augen, manchmal irgendein Gegenstand.»

«Was für ein Gegenstand?»

«Etwas, das Sie wirklich gern mögen, was für Sie wertvoll ist.»

In diesem Augenblick klingelte es schrill.

«Also, werden wir doch nicht allein sein», bemerkte Rioletto.

Danka öffnete. Drei Männer drangen ins Zimmer ein. Bevor Rioletto an die Wand springen und seine Waffe herausreißen konnte, hatten sie ihn zu Boden geworfen. Einer trug eine karierte Mütze, der zweite eine schwarze Augenklappe, der dritte hatte eine Schramme auf der Wange. Sie erinnerten an Schauspieler, denen man aufgetragen hatte, sich so zurechtzumachen, damit man sie leicht wiedererkennen konnte. Einer setzte Danka außer Gefecht, er warf sie aufs Sofa, fesselte und knebelte sie mit geübten Griffen.

«Du deutsche Hure», beschimpfte er sie. Die beiden anderen befaßten sich mit Rioletto.

«Du kommst mit uns!» befahl der mit der Schramme und schob eine kleine Walther in die Tasche, die Rioletto bei sich getragen hatte.

«Aber, meine Herren», protestierte Rioletto, «ich bin Italiener und Okkultist, ich mische mich doch nicht in Ihre Angelegenheiten ein.»

«Aber du trägst eine Waffe, du Gestapospitzel!» zischte der mit der Augenklappe.

Sie stießen ihn aus der Wohnung, führten ihn über den Hof und durch verschlungene, leere Gassen der Vorstadt bis zur Chaussee. Rioletto wußte, daß es genügte, sie zu überqueren, um im Wald zu sein. Der Bursche mit der Mütze, der den Eindruck des Anführers machte, blickte häufig zur Uhr.

«Schneller», trieb er sie immer wieder an.

«Was wollt ihr mit mir machen?» fragte Rioletto.

«Du wirst für deine Zusammenarbeit mit der Gestapo hingerichtet.» Sie beschleunigten ihre Schritte. Rioletto zögerte. Der mit der Schramme stieß ihm den Lauf in den Rücken.

«Schlagt mich nicht», rief der Italiener. «Ich will mit eurem Anführer sprechen.»

«Und was willst du unserem Anführer sagen?»

«Das geht dich nichts an.»

«Ich habe keine Brüderschaft mit dir getrunken, du Spitzel», knurrte der mit der Schramme.

Sie überquerten eine Wiese. In der Dunkelheit hob sich vor ihnen das helle Band der Chaussee ab. Sie blieben im Gebüsch an der Straße stehen. Rioletto überlegte, daß sie ihn schon früher oder gleich in der Wohnung hätten erschießen können, wenn sie gewollt hätten. Jetzt trennten sie nur noch ein paar Meter von der Straße, aber sie schienen auf irgend etwas zu warten, sie zögerten, die Straße zu überqueren. Der mit der Schramme blickte wieder zur Uhr.

«Gehen wir», befahl er.

Sie waren schon am Chausseerand, als Rioletto plötzlich Motorengeräusch hörte. Die hellen Scheinwerfer eines herankommenden Fahrzeuges leuchteten auf. Schüsse ertönten. Die drei ließen den Italiener zurück und verschwanden in der Dunkelheit. Das alles dauerte nur ein paar Sekunden. Rioletto erhob sich mühevoll, ein Auto bremste heftig. Er sah deutsche Soldaten herabspringen. Dann vernahm er die Stimme von Oberleutnant Kloss.

«Sie haben Glück gehabt, Rioletto. Wir sind gerade rechtzeitig gekommen.»

«Was für ein glücklicher Zufall», sagte Rioletto. «Was für ein glücklicher Zufall», wiederholte er. «Ich danke Ihnen.»

«Wir unterhalten uns bei mir», schlug Kloss vor.

Sie gingen zum Auto. Kloss und Rioletto nahmen nebeneinander auf den Rücksitzen Platz. Beide schwiegen, und beide verstanden, daß sie ein unangenehmes Gespräch erwartete. Würde Rioletto etwas ahnen können? Konnte man ihm vertrauen? Bestand eine Chance, daß sie gemeinsam weiterarbeiten konnten? Das Auto hielt vor der Dienststelle des Oberleutnants. Der Korridor war leer, in Kloss' Zimmer brannte Licht, auf dem Tisch standen eine Flasche Kognak und zwei Gläser.

«Es ist folgendermaßen gewesen», begann Kloss. «Fräulein Danka hat mich angerufen und von dem Überfall in Kenntnis gesetzt. Ich habe geahnt, daß die Banditen versuche würden, Sie in den Wald zu bringen, und beschlossen, ihnen den Weg abzuschneiden. Das war die einzige Chance.»

«Ein vortrefflicher Kognak», lobte der Italiener und ließ sich weit in den Sessel zurücksinken. Sie waren noch nicht offen geworden, beide hatten Grund zur Vorsicht, beide waren sich nicht sicher.

«Wie haben sie ausgesehen?» fragte Kloss und griff zu seinem Notizbuch.

«Wer?»

«Die Banditen.»

«Ein paar Männer», antwortete Rioletto.

«Wieviel?»

«Schwer zu sagen, ich war halb bewußtlos.»

«Was hatten sie für Gesichter? Besondere Merkmale?»

«Es war dunkel», behauptete der Italiener, «ich befürchte, Ihnen nichts sagen zu können. Müssen wir darüber reden?»

«Irgendwo müssen wir anfangen.»

«Fräulein Danka ist natürlich nichts passiert?»

«Nein.» Kloss lächelte.

«Das habe ich angenommen.» Rioletto griff nach einer Zigarre. «Decken wir die Karten auf?»

«Dazu ist es vielleicht noch zu früh», sagte Kloss. Er stand auf, ging zur Tür, öffnete sie blitzschnell und schloß sie wieder. «Diese Zigarren», sagte er, als er sich wieder setzte, «gehören Herrn Puschke. Ich habe sie von ihm bekommen.»

«Ach ja», sagte Rioletto.

«Herr Puschke», fuhr Kloss fort, «ist eine interessante Person. Er ist ein Mensch mit einem vielseitigen Lebenslauf. Er hat manchmal auch hervorragende Einfälle.» Kloss griff in seine Tasche und gab dem Italiener ein sorgfältig zusammengefaltete Stück Papier. «Lesen Sie das.» Rioletto las Puschkes Aussage aufmerksam durch, dann legte er das Schriftstück zurück auf den Tisch.

«Was haben Sie vor?» fragte er.

«Ist die Aussage richtig?»

«Ich bestätige nicht und dementiere nicht», wich Rioletto aus. «Was haben Sie vor?»

«Nehmen wir an», erläuterte Kloss, «es wäre anders gewesen. Der langjährige Agent des englischen Geheimdienstes, Herr Puschke, hat versucht, den anständigen Italiener Rioletto zur Arbeit gegen das Deutsche Reich anzuwerben. Aber Rioletto war nicht einverstanden, weshalb Puschke Banditen auf ihn hetzte, und nur dank der Aufmerksamkeit von Oberleutnant Kloss kam Rioletto aus der Klemme.»

«Diese Erzählung gefällt mir sehr.» Rioletto lächelte.

«Wer sind Sie?»

«Diese Frage erübrigt sich», antwortete Kloss. «Es reicht, daß ich bereit bin, das Risiko einzugehen.»

«Ich auch.»

«Was halten Sie von Pułkowski!» Kloss füllte wieder zwei Gläser.

«Er ist ein großes As», sagte Rioletto. «Aber Puschke ist eine gestochene Karte. Spielen wir zusammen?»

«Wir haben keine andere Wahl», sagte Kloss. «Trinken wir auf die Zusammenarbeit der Alliierten.»

Das Spiel näherte sich seinem Höhepunkt, die Karten waren bereits verteilt. Kloss wußte, er hatte schon zwei Runden gewonnen, die dritte aber würde die schwerste werden. Ob sich Brunner irreführen ließ? Würde er glauben, sein Gegner in diesem Spiel sei Puschke? Brunner besaß Trümpfe, die man nicht unterschätzen durfte. Er hatte Edward und Kazik in seiner Hand. Kloss wußte, die Falle existierte weiterhin. In der Wohnung in der Wałowa war natürlich niemand aufgetaucht. Edward und Kazik hatten geschwiegen, aber vielleicht hatte die Gestapo noch nicht mit härteren Verhören begonnen. Kloss wog die verschiedenen Möglichkeiten ab, jedoch vor allem zu überlegen, wie man Pułkowski befreien konnte. Am Morgen des zehnten Mai würden Reil und Pułkowski zum Versuchsgelände fahren, die Aktion war vorzubereiten und am selben Tag die Angelegenheit Puschke zu erledigen. Kloss hatte Angst um Danka. Sie sollte erst im letzten Augenblick verschwinden. Sie waren sich noch immer nicht im klaren darüber, wieviel Brunner wußte.

Am neunten Mai rief Kloss Brunner an. Er hörte seine heisere Stimme im Hörer und erklärte ohne Umschweife, daß sie sich treffen müßten. Er hätte etwas überaus Wichtiges.

«Wirklich, Hans?» fragte Brunner. «Du willst mich informieren?» Es klang nicht sehr ermunternd.

Als er das Arbeitszimmer des Sturmbannführers betrat, war Brunner nicht allein. Neben ihm saß Glaubl. Beide blickten Kloss erwartungsvoll an.

«Erzähl, was du hast», forderte Brunner ihn auf.

«Langsam, langsam, Otto. Was ist mit deiner Falle?»

«Ich habe gesagt», warf Glaubl ein, «daß wir noch warten müssen.»

«Unsinn!» Brunner winkte ab. «Dort sitzen Geheimdienstleute, Mensch. Wir haben diesen Okoń eingesperrt und

Schluß. Wir warten noch einen Tag, dann nehmen wir das Mädchen fest.» Brunner blickte Kloss aufmerksam an, aber es war nichts in dessen Gesicht zu lesen.

«Ihr könnt sie festnehmen», bemerkte Kloss ganz ruhig. «Das ist ein kleiner Fisch.»

«Ein kleiner Fisch!» rief Brunner und sprang auf. «Und wo sind die großen? Du bist doch mit diesem Mädchen zusammengewesen, Hans, streite es nicht ab, was weißt du?»

Kloss griff nach einer Zigarre. «Siehst du, Brunner», sagte er, «ich wollte die Gewißheit haben, daß es nicht nur dein Erfolg wird.»

«Willst du dir eine Beförderung verdienen?»

«Vielleicht», entgegnete Kloss.

«Ich warne dich!» Brunners Stimme klang hart. «Unser Freund Glaubl hat ein Konzept, das dich interessieren wird.»

«Ein Witz», sagte Kloss und verspürte dennoch eine leichte Unruhe. Er durfte den Gegner nicht unterschätzen. «Was würdest du zu einem gewissen Puschke sagen?» fuhr er ruhig fort.

«Puschke?» fragte Brunner und schaute verwundert zu Glaubl. «Was meinst du dazu?» Glaubl zuckte mit den Schultern. Er hatte sich für Puschke nie interessiert.

«Ich habe interessante Materialien», sagte Kloss. «Es gibt keinen Zweifel, daß Puschke einem fremden Geheimdienst Informationen über Reils Werk hat zukommen lassen. Gestern hat er versucht, einen Italiener namens Rioletto anzuwerben.»

Während er sprach, blickte er in ihre Gesichter. Beide waren erstaunt, und beide fühlten sich hintergangen. Wie würden sie reagieren? Würden sie Puschke sofort festnehmen lassen? Er blickte zur Uhr. Rioletto müßte es schaffen, sie hatten alles genau berechnet, aber trotzdem war das Risiko groß.

«Verhaftest du Puschke?» fragte er.

«Ich überlege noch», brummte Brunner. «Ich mag keine Eile.» Kloss steckte die Hände in die Taschen, denn seine Handflächen waren feucht. Wieder blickte er zur Uhr, die an der Wand hing. Rioletto müßte gerade in Puschkes Wohnung sein. Er würde dort kompromittierende Dokumente hinterlassen: eine Notiz über Reils Fahrt zum Versuchsgelände, einen Lageplan des Werkes.

«Ich würde dir raten, diesen Mann sofort festzunehmen», sagte er.

«Dein Rat ist mir immer sehr wertvoll gewesen, Hans», äußerte Brunner und lächelte. «Ich werde nicht vergessen, daß du mir geholfen hast.»

«Danke», bemerkte Kloss. «Erlaubst du, daß ich auch meinem Chef Meldung mache?» Er verließ das Gestapogebäude gegen Abend. Auf ihn wartete noch ein Treffen mit Danka und dann nachts die Aktion. Er mochte solche Nächte nicht und verfluchte seine Arbeit. Wenn es ihm nur gestattet wäre, selbst an der Aktion teilzunehmen, selbst eine Waffe in die Hand zu nehmen. In der Bastowa sah er Rioletto. Der Italiener wartete auf ihn vor dem Schaufenster einer Blumenhandlung.

«Alles in Ordnung?» fragte Kloss.

«Eine schmutzige Arbeit», antwortete der andere. «Puschke kam ein paar Minuten früher nach Hause. Ich hätte gewünscht, er hätte sich verteidigt, aber er schrie nur, er hat nur entsetzlich geschrien. Aber es dauerte nur ein paar Sekunden.»

«Eine schmutzige Arbeit», bestätigte Kloss. «Bereiten Sie sich auf das Gespräch mit Brunner vor. Es wird nicht leicht werden.» Rioletto nickte.

«Ich weiß. Das bin ich gewöhnt. Wann geht dieser Krieg endlich zu Ende?»

«Irgendwann wird er zu Ende gehen», antwortete Kloss.

«Ich bin Chemiker», erzählte Rioletto, «und ich möchte wieder einfach nur Chemiker sein.»

Die Dämmerung brach schnell herein. In den Straßen der Vorstadt war es leer. Patrouillen tauchten hier nur selten auf. Kloss kam ein paar Minuten zu früh in die verlassene Werkstatt. Wie gut, daß der letzte Abend gekommen war. Danka würde zu ihrer Abteilung zurückkehren. Nur noch die morgige Aktion, aber sie mußte gelingen! Danka kam atemlos angelaufen.

«Ich habe gedacht, ich würde zu spät kommen», stieß sie hervor, «und dich nicht mehr antreffen. Reil wollte mich nicht gehen lassen, als wüßte er, daß er mich nie mehr wiedersehen wird.»

«Ist dir jemand gefolgt?» fragte Kloss.

«Nein», entgegnete Danka, aber es klang nicht sehr sicher. Sie erinnerte sich erst jetzt daran, eine männliche Gestalt gesehen zu haben, die ihr bekannt vorgekommen war, als sie von der Polna in die Ogrodowa abgebogen war.

«Du gehst zu Marcin», ordnete Kloss an. «Von hier aus gehst du sofort zu ihm und überprüfst die Vorbereitungen für die Aktion. Ich soll dir von der Zentrale danken.»

«Danke», flüsterte Danka. «Was macht ihr mit Reil?»

Kloss konnte nicht mehr antworten. Er hörte ein Geräusch, und dann fiel ein Stück Eisen zu Boden. Er wandte sich ruckartig um und sah Glaubl, der mit einer schußbereiten Pistole vor ihnen stand.

«Hände hoch, Kloss! Und du auch», brüllte er und kam vorsichtig näher. «Höher mit den Händen», befahl er, «höher! Ich habe es mir gleich gedacht, ich irre mich nie. Ich habe dich durchschaut, Kloss.» Kloss warf sich blitzschnell zu Boden. Im Fallen griff er irgendein Brett und stieß es Glaubl in den Leib. Der Gestapomann schoß, aber traf nicht. Kloss schlug ihm die Pistole aus der Hand, dann fielen beide zu Boden. Es dauerte nur ein paar Sekunden, aber Kloss schien es wie eine Ewigkeit. Glaubl war stark und gewandt. Er riß sich los und lief zum Tor. Kloss hob blitzschnell die Pistole, sie schossen gleichzeitig – er und Danka. Glaubl sackte langsam zusammen.

«Geh jetzt», sagte Kloss, «geh schnell zu Marcin. Erinnere dich, morgen um neun.»

Sie fuhren pünktlich los. In einem Militärwagen, unter dem Verdeck SS-Leute, der Tag war schön, die Chaussee führte durch den Wald, dann Hügel hinauf, die von grünen Wiesen bedeckt waren und einen leichten Nebelschleier trugen. Pułkowski saß steif neben Reil, er atmete tief ein. Lange schon hatte er keinen Wald mehr gesehen und keine Wiesen, viele Monate hindurch hatte man ihn der Luft beraubt.

«In drei Tagen», sagte Reil, «haben wir alles geschafft.»

«Werden Sie meine Frau freilassen?» fragte Pułkowski.

Reil schwieg. Er hätte sagen müssen, sie würden es natürlich tun, sofort nach der Beendigung der Experimente, aber er blickte dem polnischen Wissenschaftler ins Gesicht und brachte kein Wort heraus. Ihm fiel wieder ein, daß Danka nicht zur Arbeit gekommen war, sich nicht einmal von ihm verabschiedet hatte, und ihn überfiel Unruhe, daß etwas geschehen sein könnte. Vielleicht hatte man sie verhaftet? Der Wagen fuhr schneller, sie näherten sich wieder einem Wald. Plötzlich wurde scharf gebremst. Vor ihnen verhinderte ein Schlagbaum die Weiterfahrt. Zwei deutsche Polizisten traten zum Wagen.

«Die Dokumente», forderte einer.

«Ich habe mir ausgebeten, daß man uns nicht anhalten soll», rief Reil.

Die SS-Leute erhoben sich, einer von ihnen schrie: «Öffnet den Schlagbaum!»

In diesem Augenblick fielen Schüsse. Die Polizisten warfen sich zu Boden und eröffneten das Feuer. Vom Hügel an der Chaussee war ein Maschinengewehr zu hören. Die SS-Leute sackten zusammen, keiner kam dazu, die Schüsse zu erwidern. Dem Fahrer fiel der Kopf auf das Lenkrad, von seiner Schläfe rann Blut. Reil zog die Pistole. Als er entsichern wollte, sah er plötzlich Danka. Sie kam vom Hügel herab und hielt ein Maschinengewehr in den Händen. Er verspürte einen Schlag, der ihm nicht weh tat, und hörte noch Dankas Stimme: «Nicht schießen!»

«Sie sind frei, Doktor Pułkowski», sagte Danka und ging zum Fahrzeug. Sie blickte Reil an, dessen Gesicht mit dem Ausdruck grenzenlosen Staunens erstarrt war.

Um dieselbe Zeit klingelte es an der Wohnungstür im zweiten Stock in der Wałowa fünfzehn. Die Gestapoleute, die Karten gespielt hatten, kamen in Bewegung. Sie zogen ihre Pistolen.

«Immer mit der Ruhe», sagte einer zu Kazik und Edward. «Ich schieße, wenn ihr irgendwelche Tricks versucht.»

Edward blickte besorgt zur Tür. Jemand von seinen Leuten? Unmöglich, denn alle waren gewarnt worden, alle wußten, daß hier eine Falle war. Also wer? Der Gestapomann stieß ihm den Lauf in den Rücken und befahl zu öffnen. Edward drehte langsam den Schlüssel herum, dann öffnete er die Tür. Auf der Schwelle stand ein Briefträger.

In diesem Moment schlugen die Gestapoleute die Tür zu. Der Briefträger starrte in Pistolenmündungen. «Meine Herren, was soll das bedeuten?» rief er. «Ich habe ein Paket.»

«Gib her», befahl einer der Gestapoleute. Der Briefträger übergab ein Paket beträchtlichen Umfangs mit sorgfältig geschriebener Adresse.

«Ich gehe sofort», sagte er. «Ich bitte Sie nur, mir zu quittieren.»

«Du bleibst hier», befahl der Gestapomann.

«Meine Herren, ich habe noch Briefe.»

«Die können warten», sagte der andere.

Er nahm das Paket und legte es auf den Tisch. Langsam löste er die Schnur, dann riß er das Papier auf.

«Zu Boden!» Das Flüstern des Briefträgers klang wie ein Schrei. In diesem Augenblick erschütterte ein gewaltiger Donner die Wohnung. Es wurde dunkel. Sie hörten Möbel brechen und Glas bersten. Kazik, Edward und der Briefträger, schwarz und blutverschmiert, liefen ins Treppenhaus. Aus der Wohnung quollen dicke Rauchwolken.

Im Arbeitszimmer von Oberleutnant Kloss klingelte das Telefon. Kloss hob den Hörer ab.

«Sie haben eine lange Lebenslinie», hörte er Riolettos Stimme. «Ich gratuliere! Ich habe die Hoffnung, Herrn Oberleutnant in Kürze zu sehen. Sie werden Ihre Freunde treffen.»

Kloss lächelte und legte auf. Er trat zum Fenster. Er hatte eine weitere Runde gewonnen.

Die vorletzte Vorstellung

Ingrid hob ihr Glas und blickte Hans Kloss an. Sie lächelte. Es war das Lächeln eines verwöhnten Mädchens, das nichts riskierte, wenn sie den Partner neckte. Er würde nicht gehen.

«Sind sie böse?» fragte sie.

Sie ist verdammt hübsch, ging es ihm durch den Kopf. Wenn sie nur nicht solche klaren Augen hätte! «Auf Sie kann man nicht böse sein», entgegnete er.

«Tanzen wir?»

«Nein. Sie haben doch, wie man so sagt, von der Einsamkeit zu zweit geträumt.»

Sie hatte versprochen, den Abend mit ihm zu verbringen, aber dann diesen Schultz und seine Berta in den «Goldenen Drachen» mitgebracht. Diese Person plapperte unaufhörlich und beobachtete sie ungeniert beim Tanzen, so, als ob sie auf Ingrid eifersüchtig sei. Kloss fühlte die ganze Zeit Bertas aufmerksamen Blick auf sich gerichtet. Ob sie vielleicht auch? überlegte er. Man mußte mit allem rechnen. Von dem Augenblick an, als er die Aufgabe erhalten hatte, die schwierigste und unangenehmste zugleich, wußte er, daß ein schweres Spiel begonnen hatte.

«Woran denken Sie?» erkundigte sich Ingrid. «Warum sagen Sie nichts?»

«Ich war mit den Gedanken bei Ihnen», antwortete er.

Die Sängerin auf der Bühne sang einen sentimentalen Tango. Das Licht verlosch. Es schien, als würden die Tanzenden in der Bewegung erstarren, sich dann im Takt der Musik bewegen, um erneut innezuhalten.

«Ich mag den ‹Goldenen Drachen›», bekannte Ingrid. «Das ist für mich das sympathischste Lokal in Berlin.»

Hier konnte man die Creme der Gestapo und der SS treffen. Höhere Offiziere, die für ein paar Tage auf Urlaub waren, kamen auf ihre Kosten. Sie verloren sich bei sentimentalen Tangos und dem Spiel der bunten Lichter. Kloss haßte sie und konnte nur mit Mühe ein lächelndes Gesicht zeigen. Er schaute Ingrid an, eigentlich mehr ihr Glas: Es war fast voll. Noch zögerte er, aber er wußte bereits, es gab keine andere Möglichkeit.

«Woran denkst du, Hans?» wiederholte sie. Und dann, ohne auf Antwort zu warten, fügte sie leise hinzu: «Ich war hier im Frühjahr das letzte Mal, mit Heini. Damals wurde nicht getanzt, das gebot die Trauer um Stalingrad. Wir haben am selben Tisch gesessen, und Heini, genau wie Sie jetzt, war böse, daß ich Berta mitgebracht hatte.»

«Wer war Heini?»

Ingrids Blick wurde starr. «Am nächsten Tag bin ich nach Stockholm zurückgefahren», erzählte sie. «Und habe Heini nie wiedergesehen. Er ist vor drei Monaten gefallen.»

Die Musik verklang. Berta und Hauptmann Otto Schultz, den man den elegantesten Offizier des Geheimdienstes der Wehrmacht nannte, kamen zum Tisch. Berta rückte zu Ingrid heran.

«Wenn du wüßtest, wie dieser Otto tanzt», schwärmte sie. «Er ist sagenhaft ... Du hast dein Glas noch nicht ausgetrunken? Was habt ihr denn gemacht?»

Kloss hörte nicht auf das Geschwätz. Er starrte auf Ingrids

Glas und schalt sich, weil er gezögert hatte. Die Gelegenheit war verschenkt.

«Vergiß ihn», drang Bertas Stimme zu ihm. «Du bist jung und hübsch, die ganze Welt liegt dir zu Füßen. Merkst du nicht, wie dich die Männer ansehen? Ich habe gehört, wie sich zwei am Tisch unterhalten haben. Ein stattlicher Oberst sagte, das hübsche Mädchen ist die schwedische Sängerin Ingrid Kield. Sie doch, der dort, am dritten Tisch.»

«Das interessiert mich nicht», gab Ingrid zur Antwort.

Schultz gab irgendeinen Witz zum besten. Ingrid erhob sich und forderte Kloss zum Tanz auf.

«Sie gehören wohl zur Gattung der sentimentalen, schüchternen Männer», spottete sie. Als er sie stärker an sich drückte, fügte sie hinzu: «Und trotzdem frech. Wir kennen uns doch erst seit gestern.»

«Ich habe einfach zu wenig Zeit», flüsterte er, und diesmal log er nicht.

«Und meinen Sie wirklich, daß wir diese Zeit ausnutzen sollten?» Sie lachte los, und Kloss bemerkte widerstrebend, daß ihm diese Ingrid Kield, deren genaue, natürlich sachliche Beschreibung er am Vortag von der Zentrale erhalten hatte, immer mehr gefiel. Ihr Gesicht war nah, er hätte ihr in die Augen sehen können, aber er wandte den Blick ab. Dieses Mädchen, das er in den Armen hielt, mußte er töten. Er hatte nicht viel Zeit, höchstens zwanzig Stunden.

«Ich fahre morgen nacht», sagte sie, «das heißt eigentlich übermorgen früh. Vielleicht treffen wir uns mal in Stockholm?»

«Vielleicht nach dem Sieg.»

«Glauben Sie an den Endsieg?»

«Ich bin ein deutscher Offizier.»

«Und ich», sagte sie und lächelte, «bin schwedische Staatsbürgerin und habe das Recht, nicht daran zu glauben.»

Hätte er nicht die Beweise ihrer Schuld gekannt, wäre ihm der Gedanke gekommen, die Zentrale habe sich geirrt. Fehler kamen immer vor. Diesmal gab es jedoch keine Zweifel. Dieses Mädchen verdiente den Tod. Sie mußte sterben. In Berlin gab es niemanden außer Kloss, der das Urteil vollstrecken konnte. Den Befehl hatte der alte Arnold überbracht, der Berliner Verbindungsmann und zugleich sein einziger Mitarbeiter. Ein absolut zuverlässiger Mann, mit viel Erfahrung, aber nicht mehr der Jüngste und kränklich. Er hätte ausspannen müssen, aber niemand kannte Berlin so gut wie er, und niemand konnte ihn ersetzen. Die Informationen der Zentrale waren kurz und präzise. Arnold vervollständigte sie durch die Aussage eines Eisenbahners, eines früheren Mitglieds der KPD. Diese Ingrid Kield also, eine schwedische Spionin, hatte seit anderthalb Jahren für den polnischen Geheimdienst gearbeitet. Ein Emissär der Zentrale, der zwischen Stockholm und Berlin hin- und herreiste, hatte sie angeworben. Sie hatte wertvolle Informationen von Stockholm nach Berlin gebracht. Die Verbindungsleute aus Warschau hatten mit ihr immer dann Kontakt aufgenommen, wenn sie in Deutschland gastierte, und sie trat ziemlich häufig auf und hatte ihre Bekannten sogar unter höheren Funktionären des Reichssicherheitshauptamtes. Man hatte sie mehrmals überprüft und ihr ohne Vorbehalt vertraut. Es hatte sich jedoch gezeigt, daß Ingrid Kield Verrat begangen hatte. Er hielt sie in seinen Armen. Sie lächelte, aber ihr Blick galt nicht ihm, sondern verlor sich irgendwo im Saal. Wenn sie irgend etwas über mich weiß, dachte Kloss ...

«So viele junge Männer», seufzte sie. «Wie viele von ihnen ...»

«Es ist Krieg», bemerkte er. Er mußte sich sehr zusammennehmen, um nicht dem Zauber dieses Mädchens zu erliegen. Er erinnerte sich wieder an die Angaben, die ihm von der Zentrale übermittelt und durch den Eisenbahner bestätigt worden waren. Es war foldendermaßen gewesen: Vor drei Tagen war der Verbindungsmann aus Warschau auf dem Schlesischen Bahnhof angekommen. Er hielt in der rechten Hand eine Zeitung und zündete sich eine Zigarette an. Ingrid sollte ebenfalls eine Zeitung in der Hand halten und drei rote Nelken.

Kloss konnte sich diese Szene genau vorstellen, während er in Ingrids Gesicht blickte. Der Verbindungsmann hatte den Zug fast als letzter verlassen. Er hatte sich aufmerksam umgeblickt, aber nichts Verdächtiges bemerkt, genauer: Er hatte es zu spät bemerkt. Er hatte Ingrid Kield gesehen, die drei rote Nelken in der Hand hielt. Sie hatte ihm zugelächelt, vielleicht gerade so, wie sie jetzt Kloss anlächelte. Der Verbindungsmann war auf sie zugegangen. Und da hatte er ihre kleine, fast unmerkliche Geste bemerkt, vielleicht eine Handbewegung, ein Kopfnicken. Ein paar Schritte entfernt stand ein Mann im Ledermantel. Ein paar Sekunden später hatte er den zweiten entdeckt, der näher zur Treppe stand, die zur Bahnhofshalle führte. Auf der Treppe – noch drei. Er hatte sie schlagartig erkannt und gewußt, daß er in eine Falle gelaufen war.

Ingrid hatte noch gelächelt, als der Mann auf die Gleise gesprungen war. In diesem Augenblick hatte es aus dem Lautsprecher geklungen: «Schnellzug Berlin–Prag.» Der Verbindungsmann war an der einfahrenden Lokomotive vorbeigelaufen. Er hätte vielleicht eine Chance gehabt, wenn der Nachbarbahnsteig nicht umstellt gewesen wäre.

Die Faschisten hatten die Aktion jedoch genau vorbereitet. Zwei Männer hatten schon auf ihn gewartet. Er hatte den leeren Bahnsteig und die Gestapoleute mit der Waffe in der Hand gesehen und dann zur Pistole gegriffen. Kloss ahnte, was der Verbindungsmann gedacht haben mußte, als er den ersten Schuß abgegeben hatte: wieviel Patronen er im Magazin hatte und daß er eine für sie aufheben mußte. Er hatte keine andere Wahl gehabt. Zwei Gestapoleute waren auf dem Bahnsteig zusammengesunken. Ein dritter war mit einer Maschinenpistole herbeigeeilt. Der Kurier hatte fünfmal geschossen und dann den Lauf an die Schläfe gesetzt, aber in diesem Augenblick hatte ihn eine Salve getroffen.

Der Eisenbahner hatte noch erzählt, daß Ingrid und der die

Aktion leitende Gestapomann zur Leiche gegangen waren. Das hübsche Mädchen hatte die drei Nelken auf den Leichnam geworfen. Diese Geste fand Kloss besonders abstoßend. Es konnte keinen Zweifel geben: Ingrid Kield hatte Verrat begangen. War sie gezwungen worden? Hatte man sie erpreßt? Kloss hielt das für unwahrscheinlich. Sie hätte doch nicht nach Deutschland zu kommen brauchen, sie war schwedische Staatsbürgerin, in ihrem Land hatte sie nichts zu befürchten. Sie hatte demnach freiwillig mit der Gestapo zusammengearbeitet. Und das schon seit geraumer Zeit. Man hatte nämlich herausbekommen, daß die Genossin, mit der Ingrid während ihres letzten Berlin-Aufenthaltes Kontakt aufgenommen hatte, unmittelbar nach der Rückkehr der schönen Schwedin in ihre Heimat verhaftet worden war. Man hatte damals die Umstände des Zwischenfalls nicht aufspüren können, hatte angenommen, es sei Zufall gewesen. Nun war alles klar. Zwanzig Stunden noch. Wenn Kloss es nicht schaffen würde, das Urteil zu vollstrecken, würde wieder ein Mitstreiter umkommen. In der Mitteilung der Zentrale hieß es, daß sich der Kurier, der von Paris nach Warschau fuhr, am nächsten Tag mit Ingrid in Berlin treffen würde. Um vier Uhr dreißig ging der Zug der Sängerin nach Stockholm. Zwei Stunde vor ihrer Abfahrt wollte sie noch einen Menschen der Gestapo in die Hände spielen. Den Kurier der Zentrale, eine Frau, konnte man nicht mehr verständigen. Ihr Leben hing ausschließlich von Kloss ab. Wenn er Ingrid nicht würde töten können? Eine solche Möglickeit durfte er nicht einmal in Betracht ziehen.

«Du hast die ganze Zeit geschwiegen, Hans», drang Ingrid in ihn, als sie zum Tisch zurückgingen.

«Ich habe mit ihnen getanzt», wich er aus. Das Glas von der Kield stand noch immer voll an seinem Platz. Kloss steckte die Hand in die Tasche und tastete nach der kleinen Schachtel, die er von Arnold bekommen hatte. Sie enthielt ein Gift, das nach drei bis vier Stunden wirken sollte. Ob die Gestapo eine genaue Untersuchung vornehmen würde? Man mußte damit rechnen, aber die Sängerin hatte viele Bekannte, hauptsächlich beim Theater. Wahrscheinlich würde man dort die Mörder suchen, wenn man zu der Ansicht gelangen sollte, es sei Mord gewesen.

Eine Gelegenheit, den Inhalt der Schachtel anzuwenden, bot sich unerwartet schnell. Ein hochgewachsener Leutnant schlug die Hacken zusammen und forderte Ingrid auf, während Schultz sofort mit Berta aufs Parkett ging, als hätte er Angst, Kloss könnte ihm zuvorkommen. Kloss blieb allein am Tisch zurück. Keiner beobachtete ihn, davon war er überzeugt. Er schüttete das weiße Pulver ins Glas, der Kognak verfärbte sich nicht. Er zündete sich eine Zigarette an und schloß die Augen, der Auftrag war ausgeführt. Ob das Gift schmerzlos wirken würde und schnell?

Sie spielten wieder einen sentimentalen Tango. Das Mädchen auf der Bühne hatte eine tiefe, heisere Stimme.

«Schläfst du, oder träumst du von Ingrid?» hörte er Schultz' Stimme. Der Hauptmann kam allein an den Tisch zurück. Er erklärte, daß die Frauen sie für ein paar Minuten verlassen hätten und es eine gute Gelegenheit sei, etwas wirklich Solides zu trinken. Er winkte dem Kellner; seine kleinen, stechenden Augen durchbohrten Kloss.

«Schaffst du es?» fragte er.

Kloss schien es ein paar Sekunden lang, als wüßte der andere Bescheid. Er blickte ihn verständnislos an. Schultz lächelte. «Du hast nicht viel Zeit», erklärte er. «Ingrid zu bekommen, das erfordert einen längeren Artilleriebeschuß als Vorbereitung. Seit Heinis Tod ist es noch keinem gelungen.»

«Wer war dieser Heini?» wiederholte Kloss die Frage, auf die er von Ingrid keine Antwort erhalten hatte.

«Du weißt es wirklich nicht?» Schultz tat verwundert. «Heini», fuhr er fort, «Heini Koetl, war die große Liebe unserer Sängerin. Ein stattlicher Bursche, vor dem Krieg Student am Konservatorium. Er ist vor ein paar Monaten in Polen gefallen. Warschau ist eine verdammt gefährliche Stadt.»

«Ach, so!»

«Er war Offizier bei General Boldt. Der Alte hat ihn, wie man sich erzählt, sogar gemocht. Hast du diesen Grünschnabel gesehen, der Ingrid zum Tanz aufgefordert hat? Das ist ein gewisser Stolp. Adjutant von Boldt und Freund von Heini. Sie sind zusammen in Polen gewesen.» Die Musik war zu Ende. Sofort brach Stimmengewirr los. Am Nebentisch sangen zwei Offiziere in schwarzen Uniformen mit heiserer Kehle. «Sie ist ihm noch immer treu, diesem Heini», flüsterte Schultz. «Du wirst berühmt in Berlin, wenn es dir gelingen sollte. Sie wohnt in seiner früheren Wohnung in der Albertstraße und sammelt Erinnerungen an ihn.» Er lachte. «Du hast keine großen Chancen, Hans. Aber versuch es. Ich kann dir ein Geheimnis verraten.» Schultz tat sich wichtig. «Dein Aufenthalt in Berlin nähert sich dem Ende. Woher ich das weiß? Sagen wir, ich habe beim Alten den Entwurf eines Befehls gesehen. Er ist der Meinung, an der Front seist du nützlicher als in der Zentrale. Du hast übrigens selbst gesagt, daß du Berlin nicht magst.»

Kloss schwieg. In Berlin war er schon zwei Monate, man hatte ihn einer Abteilung zugeteilt, die sich vor allem mit Personalfragen der Spionageoffiziere beschäftigte, die in Polen und an der Ostfront tätig waren. Er konnte das als Beweis für das Vertrauen betrachten, das man ihm entgegenbrachte, aber die Möglichkeiten, wertvolle Informationen zu erhalten, waren geringer, als er angenommen hatte. Über Arnold hatte er der Zentrale eine ziemlich komplette Liste der Geheimdienstoffiziere sowie ihre Charakteristiken zukommen lassen, sicher sehr wertvolles Material. Es war ihm auch gelungen, einige Angaben über das deutsche Netz in Südpolen zu beschaffen, aber das war auch schon alles. Canaris' Geheimdienst achtete auf die genaue Einhaltung der Kompetenzbereiche. Jede Unvorsichtigkeit, jedes überflüssige Wort konnte Mißtrauen hervorrufen. Aber gleichzeitig intrigierten Canaris' Leute gegen Schellenbergs und Kaltenbrunners Unterstellte und umgekehrt. Kloss hatte der Zentrale von den Machtkämpfen und

Auseinandersetzungen im deutschen Geheimdienst Meldung gemacht. Er kannte den Wert solcher Informationen, glaubte aber, an der Front nützlicher zu sein, dort, wo die für den Krieg entscheidenden Dinge geschahen. Er verhehlte auch nicht, daß ihm der Kontakt mit den Kameraden fehlte, mit den kämpfenden Menschen, daß es ihm immer schwerer fiel, um sich herum jene zu ertragen, die er haßte, und keine Gelegenheit zu haben, für einen Augenblick die Maske abzuwerfen, bis auf die kurzen seltenen Begegnungen mit Arnold.

«Du hörst mir nicht zu», tadelte Schultz. Er arbeitete seit Kriegsbeginn bei Canaris und spielte eine undurchsichtige Rolle. Sie hatten sich befreundet, wenn das Wort in diesem Zusammenhang überhaupt zu gebrauchen war, aber der elegante Hauptmann verriet auch im betrunkenen Zustand nie seine Geheimnisse.

«Ich höre zu, ich höre zu», rechtfertigte sich Kloss. Im selben Augenblick kamen die Frauen zurück. Ingrid, die sehr erregt schien, griff sofort nach ihrem Glas. Berta erzählte etwas. Schultz lachte schallend. Kloss versuchte nicht einmal zu verstehen, worum es ging. Er ließ keinen Blick von Ingrids Hand.

Kloss hob sein Glas. «Auf den Sieg», sagte er mit belegter Stimme.

«Auf den Sieg», wiederholte Schultz. «Und auf das Wohl unserer Frauen.»

Ingrid setzte das Glas ab.

«Trink doch», sagte Berta bittend. «Das wird dir guttun, du vergißt alles. Erinnerst du dich, wie wir uns damals betrunken haben?»

«Hör auf!» rief Ingrid. Sie würde sicher gleich trinken, hoffte Kloss. Er spürte, daß ihn seine Selbstsicherheit verließ. Noch nie zuvor hatte er mit Gift zu tun gehabt. Er hätte das Mädchen lieber erschossen, wenn es keinen anderen Weg gab. Die Musik begann von neuem, und Ingrid setzte ihre Lippen ans Glas. In diesem Augenblick wurden die Klänge des Foxtrotts von Sirenenalarm übertönt. Die Musik brach jäh ab.

«Alle in den Luftschutzraum!» rief jemand. Die Pärchen vom Parkett drängten sich schon an den Türen. Sie hörten dumpfen Lärm, dann Geschützdonner. Die Luftabwehr antwortete mit schnellen Salven. Sie sprangen von ihren Plätzen auf. Auf dem Tisch blieb Ingrids Glas zurück. Kloss stieß wie zufällig an den Tisch. Der Kognak lief in einem dünnen Rinnsal zu Boden.

Die Straßen waren leer und dunkel. Kloss bog in die Albertstraße ein, zündete sich eine Zigarette an und blickte zur Uhr. Es war gegen dreiundzwanzig Uhr. Vor einer halben Stunde hatte er sich von Ingrid verabschiedet. Nach dem Bombenangriff hatte er sie zusammen mit Berta und Schultz nach Hause gebracht. Die beiden ließen sie nicht einen Augenblick allein. Kloss hatte zwar die Hoffnung gehegt, sie würde ihn noch nach oben bitten, aber auf sein forderndes Drängen hatte sie sich lediglich bereit erklärt, ihm ein Rendezvous am nächsten Tag zu gewähren.

«Morgen trete ich nicht mehr auf», hatte sie gesagt, «vielleicht laden Sie mich ins Kino ein.»

«Ins Kino?» Er hatte seine Enttäuschung nicht verbergen können. Sie hatte gelächelt.

«Ich kann Ihnen zwei Stunden opfern, genau zwei Stunden.» Sie hatten sich zu achtzehn Uhr dreißig verabredet. Konnte er bis morgen warten? Es war ein großes Risiko. Er hatte beschlossen, den Auftrag noch in dieser Nacht auszuführen. Der Plan war einfach. Kein Gift mehr, zum Teufel mit Arnolds Einfällen. Solche Angelegenheiten wurden am besten durch eine Kugel geklärt. Er hatte gewartet, bis Berta und Schultz hinter der Ecke zum Kurfürstendamm verschwunden waren, und war dann zu Ingrids Haus zurückgegangen. Er nahm nicht an, daß er zum Kreis der Verdächtigen gehören würde. Niemand würde Kloss verdächtigen. Wirklich niemand? Man durfte den Gegner nicht unterschätzen. Der alte Arnold, der Berlin kannte wie seine eigene Westentasche und große Erfahrung besaß, hatte gesagt: «Seit ein paar Tagen ist mir, als käme jemand hinter mir her. Wir müssen unser Kontaktsystem ändern.» Sie trafen sich in Arnolds Wohnung, in einem kleinen Mansardenzimmer unweit vom Zoo. Arnold arbeitete in einem Lokal in der Bismarckstraße, aber dort hinzukommen hatte er Kloss untersagt. Es war ein Lokal, das von Arbeitern besucht wurde. Kloss hatte Arnold nur einmal bei der Arbeit gesehen; ein älterer Mann, der ein Bein nachzog, hatte Biergläser auf die Holztische gestellt. An der Theke hatten drei Männer mit dem Buchstaben «P» auf der Jacke gestanden. Sie unterhielten sich polnisch. Kloss wollte gleichgültig an ihnen vorbeigehen. Er fühlte ihre Blicke auf sich gerichtet, die ihm mit Haß und Verachtung begegneten, als sich der Besitzer vor der fremden Uniform verbeugte und zu den Polen «'raus!» brüllte.

«Du bist zu sentimental», hatte Arnold damals festgestellt. «Ich bin nicht sentimental, ich bin krank. Wenn sie meine Höhle finden, werde ich keine Unterkunft mehr haben.»

«Wir müssen den Sendeort verlegen», hatte Kloss bemerkt.

«Wer soll denn die schwere Kiste tragen?» war es aus Arnold herausgebrochen. Er hatte den Blick gesenkt. «Ein unangenehmer Auftrag», hatte er plötzlich gesagt. «Ich verstehe. Aber denke daran, du mußt es tun. Suche keine Rechtfertigung. Ingrid Kield kennt kein Pardon für uns, wenn sie auch nur etwas von dir oder mir wüßte.» Wußte sie wirklich nichts? Die Zentrale nahm an, sie seien ungefährdet, man mußte der Zentrale trauen, und er glaubte sich durch nichts verraten zu haben. Wenn er jemand im Tor der Albertstraße 21 treffen würde, könnte er seinen Auftrag nicht erfüllen. Alles war vom Glück oder von einem Zufall abhängig. Kloss mochte solche Aktionen nicht. Er bevorzugte präzise, gut vorbereitete Arbeit, aber diesmal hatte er keine Wahl. Er mußte allein handeln, ohne Hilfe, in einer fremden, feindlichen Stadt. Der Hausflur war leer, Kloss las am stillen Portier Heinz Koetl, vierter Stock. Er setzte einen Schalldämpfer auf den Pistolenlauf und schob die Waffe in die Manteltasche. Er würde abdrücken und die Treppen hinunterlaufen. Vielleicht sollte er die Aktion doch auf den nächsten Tag verschieben? Der Krieg verengte sich für ihn plötzlich auf die Dimensionen des Mietshauses in der Albertstraße 21. Er dachte an alle, die durch diese Person den Tod gefunden hatten, und griff fester nach der Waffe. Er mußte es tun! Er hatte nicht einmal die einfachsten Erkundigungen eingezogen. Er wußte nicht, ob die Schwedin allein wohnte; er nahm es einfach an. An der Tür hing noch das Schild «Heinz Koetl». Er war in Polen gefallen, hatte Schultz erzählt, vor ein paar Monaten. Seit dieser Zeit hatte Ingrid Verrat begangen. Existierte eine Beziehung zwischen diesen Feststellungen? Und wenn, änderte das nichts am Tatbestand. Kloss hatte nicht die Absicht, sich mit Psychologie zu befassen. Er klingelte, lange blieb es still, endlich hörte er Schritte. Kloss entsicherte die Waffe, gleich würde er sie aus der Tasche ziehen. Er würde schießen, ohne die Wohnung zu betreten. Auf der Schwelle erschien eine ältere Frau im Schlafrock. Sie hatte eine tiefe, fast männliche Stimme.

«Zu wem wollen Sie?» fragte sie.

Damit hatte er nicht gerechnet. Mit Mühe erlangte er seine Beherrschung wieder und schwieg.

«Das ist sicher für mich, Frau Schuster», hörte er Ingrids Stimme. Sie trug dasselbe dunkle Kleid, in dem sie im Lokal gewesen war. Die Alte brummte etwas Unverständliches und trat von der Tür zurück. Sie blieb jedoch im Korridor stehen, und Kloss fühlte ihren aufmerksamen Blick auf sich gerichtet.

«Sie», sagte Ingrid, «sind doch ziemlich mutig.» In ihrer Stimme war kein Ärger zu hören, es klang eher belustigt. Kloss sprach hastig zusammenhangloses Zeug. Er hätte sie noch einmal sehen wollen und dergleichen.

«Sie haben sich geirrt», unterbrach sie ihn entschieden. «Wir haben uns für morgen vor dem Kino verabredet. Eigentlich müßte ich ihnen böse sein.» Sie nickte kurz und gab ihm die Hand. Im Hauseingang stand der Portier und musterte

Kloss eingehend. Hätte ich Ingrid erschossen, dachte Kloss, hätte dieser Mann meine genaue Beschreibung geben können. Eine unvorbereitete Aktion muß unvermeidlich zur Katastrophe führen. Dieser elementare Grundsatz der konspirativen Arbeit erwies sich fast immer als richtig. Die Erfüllung des Auftrags wurde immer schwieriger. Diese Frau Schuster würde sicher von dem morgigen Rendezvous wissen. Was sollte er tun? Er mußte sich etwas einfallen lassen, was ihn aus dem Kreis der Verdächtigen ausscheiden ließ. Aber ihm kam kein brauchbarer Gedanke. Er ging langsam die Straße hinunter, bis er auf eine breite baumbestandene Allee kam. Mit heulender Sirene raste ein Polizeiwagen an Kloss vorbei. Er erblickte ein eisenumgittertes Gebäude. Vor dem Tor stand ein Wachposten in SS-Uniform. Hier war die Berliner Gestapozentrale. Kloss erinnerte sich an die Namen und die Gesichter vieler Leute, die in diesem Gebäude arbeiteten, er traf sie manchmal bei Besprechungen beim Vorgesetzten, unter ihnen auch Hauptsturmführer Müller. Sicher hatte er die Aktion organisiert, an der Ingrid Kield beteiligt war. Er war Vertrauter Kaltenbrunners, zynisch und grausam, ein erfahrener Geheimdienstmann. Es wäre ein Fehler gewesen, diesen Gegner zu unterschätzen. Kloss hätte viel darum gegeben, zu wissen, was Hauptsturmführer Müller bekannt war und was er beabsichtigte. Bei der Berliner Gestapo hatten sie jedoch niemanden. Einst hatte es eine Else gegeben, an die er sich noch erinnerte, eine Blondine mit sommersprossenübersätem Gesicht. Sie hatte mit Arnold zusammengearbeitet. Als Müller in ihrer Handtasche die Kopien geheimer Dokumente fand, hatte sie Cyankali geschluckt. Kloss hatte mit diesem Gestapomann eine Rechnung zu begleichen. Er ging an dem Posten vorbei und blickte zu den dunklen, vergitterten Fenstern. In der Gestapozentrale arbeiteten sie auch nachts. Hauptsturmführer Müller war sicher zu Hause.

Ingrid Kield kam nicht. Er wartete vor dem Kino eine halbe Stunde lang. Er ging vor dem Eingang hin und her. Die Besprechung hatte den ganzen Tag gedauert, es war ihm nicht gelungen, Ingrid auch nur anzurufen, festzustellen, ob sie zu Hause war und ihre Absichten nicht geändert hatte. Jetzt blieben ihm nur noch ein paar Stunden. Wenn sie schon unter Aufsicht der Gestapo stand, würde er nichts mehr tun können.

«Erinnere dich daran, daß der Kurier aus Paris um zwei Uhr früh ankommt», hatte Arnold wiederholt.

Nur er konnte diese Frau retten. Die Straße vor dem Kino leerte sich, die Türen wurden geschlossen, die Vorstellung begann, aber Ingrid kam nicht. Kloss trat seine Kippe auf dem Gehsteig aus und ging in Richtung Albertstraße. Fünf Minuten Weg lagen vor ihm, denn Ingrids Wohnung befand sich nicht weit vom Kino. Er eilte die Treppen hinauf und klingelte. Wieder öffnete die alte Schuster.

«Sie sind es?» fragte sie erstaunt. «Aber wo ist denn Ingrid?»

«Das wollte ich gerade von Ihnen wissen», rief er.

«Sie ist schon lange fort. Sie hat gesagt, sie ginge zum Kino, dort sei sie mit Ihnen verabredet.»

«Sie ist aber nicht gekommen.»

«Vielleicht hat sie ihre Absicht geändert», meinte die Alte triumphierend, aber sofort breitete sich auf ihrem Gesicht ein sorgenvoller Ausdruck aus. «Ingrid kommt nie zu spät», meinte sie.

«Ich möchte wissen, wohin sie eigentlich gegangen ist.»

«Auch ich möchte das wissen», brach es aus ihr hervor. «Ich habe ihr noch zugeredet, aber sie ist nicht gekommen, also zerbrechen Sie sich nicht den Kopf, lassen Sie sie in Ruhe.»

Das war alles, was er in Erfahrung bringen konnte. Vielleicht war sie zum Theater gegangen oder schlenderte mit Berta durch die Stadt, vielleicht hatte auch Hauptsturmführer Müller entschieden, daß sie vor der Aktion am sichersten bei der Gestapo aufgehoben sei. Der Kurier aus Paris kam um zwei Uhr früh an. Was konnte er jetzt noch unternehmen? Er durfte doch nicht zur Gestapo gehen und die Kield in Müllers Arbeitszimmer erschießen. Im Hauseingang stand wieder der Portier und reinigte sorgfältig seine Pfeife, diesmal blickte er Kloss nicht einmal an.

«Haben Sie nicht zufällig gesehen», fragte Kloss, «in welche Richtung Fräulein Kield gegangen ist, die schwedische Sängerin aus dem vierten Stock?»

Der Portier schwieg eine Weile, er nahm eine Zigarette, die Kloss ihm angeboten hatte, und steckte sie in die Tasche. «Doch, ich habe es gesehen», sagte er, «in Richtung Bismarckstraße. Aber sie war noch nicht weit, als ein schwarzer Mercedes gefahren kam. Zwei Männer sind ausgestiegen und haben sie zum Einsteigen aufgefordert.»

«Trugen sie Uniform?»

Der Portier blickte mißtrauisch auf. «Nein, Herr Oberleutnant, sie waren in Zivil.»

«Hat Fräulein Kield denn ein Auto erwartet?» Die Frage war jedoch überflüssig. Der Portier zuckte nur mit den Schultern und erklärte, er wisse nichts. Kloss hatte keine Zweifel mehr. Gestapo! Müller wollte sichergehen, er gehörte nicht zu den risikobereiten Menschen. Ingrid Kield war damit unerreichbar geworden, der Auftrag konnte nicht ausgeführt werden. Kloss aber hatte nicht die Absicht aufzugeben. Es galt, den Kurier zu retten, er mußte einen Weg finden. Das gleiche machte er wenig später Arnold klar. Der Alte war beunruhigt, er lief im Zimmer auf und ab, öffnete Schubladen und durchwühlte irgendwelche Papiere.

«Ich schaue nach, ob ich nicht etwas Verdächtiges bei mir habe», erklärte er. «Jeden Abend sehe ich meine Sachen durch. Den Sender finden sie nicht, aber wenn ...» Er hieb mit der Hand durch die Luft. Kloss setzte sich aufs Bett.

«Was meinst du?» fragte er. Arnold war ratlos.

«Die Zentrale hat heute den Befehl eindringlich wiederholt.»

«Hast du eine Beschreibung des Kuriers?»
«Ich habe keine angefordert», bemerkte Arnold.
«Verlange sofort eine.»
«Ich kann frühestens um vier Uhr senden.»
«Das ist zu spät. Was machen wir?»
«Trinkst du einen Tee, natürlich Ersatz?» fragte Arnold. «Ich kann dir auch noch Kartoffelpuffer anbieten. Mehr habe ich nicht.»
«Was machen wir nur?« wiederholte Kloss. Arnold schwieg. «Die Kield wird in Begleitung von Gestapoleuten auf dem Bahnhof erscheinen», erklärte Kloss. «Ich kann entweder in der Bahnhofshalle oder auf dem Bahnsteig auf sie schießen.»
«Das ist Wahnsinn.»
«Sicher, es gibt keine großen Fluchtchancen. Ich werde in Zivil erscheinen und aus unmittelbarer Nähe schießen, um sicherzugehen.»
«Die Zentrale würde diesen Plan nicht billigen.»
«Die Kield muß ausgeschaltet werden», sagte Kloss hart. «Es geht nicht nur um das Leben des Kuriers und die Dokumente, die er bei sich führt. Du verstehst doch.» Arnold drehte die Kartoffelpuffer um. Er tat es schnell und geschickt. Er stellte eine Dose mit Marmelade auf den Tisch.
«Ich mag die Puffer mit Zucker», bemerkte er. «Ich liebe überhaupt Süßigkeiten, nur kann ich meine Marken nicht dafür verschleudern.» Kloss erhob sich.
«Was willst du tun?» fragte der Alte besorgt.
«Das, was ich eben gesagt habe. Ich sehe keine andere Möglichkeit. Wenn ich sicher wäre, daß die Kield noch einmal nach Hause gehen würde.»
«Was dann?» Arnold aß mit Appetit. Er schob sich die Puffer mit den Händen in den Mund.
«Ich habe gute Sprengsätze mit Zeitzündung», erklärte Kloss ruhig. «Ich würde sie an der Wohnung anbringen. Ich habe das am Anfang als letzte Möglichkeit betrachtet, denn da ist noch die Frau Schuster, aber jetzt ...»

Es war kurz vor zehn, als Kloss erneut in Charlottenburg erschien und das Lokal «Zum Goldenen Drachen» betrat. Er war dort hingegangen, weil er hoffte, die Schwedin hier zu treffen. Müller könnte sie zum Abendbrot eingeladen haben, was nicht einmal auffällig war, denn die Kield hatte sich oft mit hohen Funktionären vom SD gezeigt. Vielleicht sah er hier Berta oder Schultz, die etwas wissen konnten. Im Saal herrschte Gedränge, dieselbe Sängerin, der gleiche Tango und Wehrmachtsoffiziere in Ausgangsuniformen. Kloss entdeckte Schultz sofort, er saß am selben Tisch.

«Du bist allein?» fragte er, als Kloss zu ihm trat.

«Allein, was denn sonst.»

«Und Ingrid?» In seiner Stimme schwang unverhohlene Ironie mit.

«Ich suche sie», sagte Kloss. «Du weißt nicht zufällig, wo sie sein könnte?»

«Setz dich und trink. Der Kognak ist nicht schlecht; sie geben ihn nur Stammgästen. Die Gestapo war hier, mein Lieber, Schabe, die rechte Hand unseres hervorragenden Hauptsturmführers Müller, Sie suchen dich.» Kloss griff nach dem Glas. Er besaß eine ungeheure Kraft, sein Gesicht meisterhaft zu beherrschen. Schultz, der ihn aufmerksam beobachtete, konnte nicht einen Schatten von Unruhe bemerken.

«Mich?» fragte der Oberleutnant gleichgültig. «Was wollen sie, zum Teufel?»

«Sie möchten wissen, was mit Fräulein Ingrid Kield passiert ist», erklärte der Hauptmann im gleichen Tonfall. «Und sie sind der Annahme, du hättest etwas zu diesem Thema zu sagen.»

«Nur so viel, daß sie nicht zur Verabredung erschienen ist.» Der Kognak war wirklich gut. «Armagnac?»

«Armagnac», bestätigte Schultz. «Und weiter weißt du nichts?»

«Ich bin nicht der Heilige Geist», entgegnete Kloss bissig. «Und was wollen die von Ingrid?»

«Kannst du es dir nicht denken?»

«Du sprichst in Rätseln. In bin ein einfacher Mensch und liebe klare Situationen. Erzähle, was du weißt.»

Schultz lächelte. «Sehr wenig», sagte er langsam. «Nur so viel, daß Schabe schon den Portier und eine gewisse Frau Schuster befragt hat. Wie man sieht, ist Fräulein Kield sehr wichtig für sie.»

«Die Herren von der Gestapo suchen oft auch Leute, die sie schon haben.»

«Vorsichtig», flüsterte Schultz. «Ich rate dir, das nicht dem Schabe zu wiederholen. Ich glaube, daß wirklich wichtige Gründe existieren.»

«Schabe hat dir gesagt ...»

«Er hat sich gerade so aufgeführt, als wäre Ingrid zumindest ermordet worden, und er würde die Untersuchung führen.»

«Es sind doch nur ein paar Stunden vergangen, seit sie die Wohnung verlassen hat.»

«Eben. Und du behauptest, sie sei nicht zum Stelldichein mit dir gekommen.»

«Aber vielleicht hat sie sich mit jemand anderem verabredet, zum Beispiel mit Müller. Und das ganz und gar nicht in Angelegenheiten, die Mann und Frau betreffen.»

«Ich meine nichts», unterbrach ihn Schultz schroff. «Da ist ja Schabe!»

Ein hochgewachsener Mann in der Uniform eines Sturmbannführers kam an ihren Tisch. Auf der rechten Wange hatte er eine breite Narbe, er trug einen Kneifer, und seine Art, sich zu geben, erinnerte an Himmler. Kloss war einmal auf einer Beratung mit ihm zusammengetroffen. Schabe war damals zu ihm gekommen und hatte gesagt: «Sie sind auch an der Ostfront gewesen? Das ist gut. Solche Leute brauchen wir in Berlin.» Jetzt klang seine Stimme schärfer.

«Ich suche Sie seit einer Stunde, Oberleutnant Kloss. Wo ist Ingrid Kield?»

«Das möchte ich auch gern wissen.» Er hob sein Glas und

blickte den Gestapomann an. «Trinken Sie mit uns? Es ist Armagnac.»

«Ich bin nicht zum Scherzen aufgelegt.» Schabes Gesicht blieb unbeweglich. «Das ist eine Angelegenheit von größter Wichtigkeit. Unser Gespräch ist dienstlich.» Er nahm dennoch Platz. Schultz nickte dem Kellner zu, der sofot ein Glas brachte. Der Gestapomann aber rührte den Alkohol nicht an.

«Ich verstehe nicht.» Kloss war zu der Ansicht gelangt, es sei am besten, Schabes Fragen zu bagatellisieren. «Fräulein Kield ist gegen halb sieben aus dem Haus gegangen, jetzt ist es ein paar Minuten nach zehn. Sie kann doch zu einer Freundin gegangen sein oder?»

«Nein», unterbrach ihn Schabe heftig. «Sie haben doch auch angenommen, daß etwas passiert sein könnte, und den Portier ausgefragt.»

«Sie ist nicht zur Verabredung gekommen», erklärte Kloss und lächelte. «Ich war vielleicht eifersüchtig, wollte wissen, wen sie mir vorgezogen hat.»

«Und deshalb haben Sie gefragt, ob diese Leute Zivil oder Uniform trugen?»

«Deshalb.»

«Was haben Sie dann gemacht?»

«Nichts. Ich bin durch die Straßen spaziert, habe in ein paar Cafés geschaut und bin dann hierhergekommen. Ich verstehe immer noch nicht.»

«Wir spielen kein Verstecken, meine Herren von der Abwehr», sagte Schabe schroff. «Ingrid Kield sollte spätestens um zweiundzwanzig Uhr zu Hause sein.»

«Da hat sie sich also auch mit Ihnen verabredet?»

«Oberleutnant Kloss. Sie erlauben sich zuviel. Ingrid Kield ist nicht für mich wichtig, sondern für das Reich. Genügt das?»

«Ich glaube, ja», sagte Kloss. «Also muß man damit anfangen, daß sie bei euch arbeitet.» Schabe hieb mit der Faust auf den Tisch. Er hatte seine zur Schau getragene Ruhe verloren.

«Ihr macht euch über uns lustig, was? Aber wenn ihr uns das Mädchen vor der Nase weggeschnappt habt!»

«Sie erlauben, Herr Sturmbannführer«, schaltete sich Schultz ein, «das ich von diesem Verdacht dem Admiral Meldung mache.»

«Sie können es melden, wem Sie wollen!»

«Hör schon auf, Schultz», beschwichtigte Kloss. «Was mich betrifft, so bin ich bereit, Ihnen zu helfen.»

«Es genügt, wenn Sie uns nicht stören», antwortete Schabe unhöflich.

«Aber vielleicht ist sie doch zum Kino gegangen?» Sie blickten sich an. Kloss zündete sich seelenruhig eine Zigarette an und griff nach seinem Glas.

«Bei Gelegenheit erkläre ich Ihnen», sagte er, «wie ich Leute behandele, die mich beleidigen. Meinen Sie, ich hätte zwei Kerle losgeschickt, damit sie mir Ingrid zum Rendezvous brächten?» Schabe stand auf.

«Ich empfehle den Herren, niemandem von unserem Gespräch zu erzählen. Wir werden das Mädchen finden, sogar wenn ...» Er beendete den Satz nicht. «Die Herren von der Abwehr», fügte er noch hinzu, indem er seinen Kneifer zurechtrückte, «lieben die Nachtlokale. Und treffen sich hier natürlich rein zufällig.»

Schultz rief den Kellner und bestellte noch eine Flasche Kognak. Es schien, als hätte ihn das Gespräch mit dem Sturmbannführer nicht berührt. Während Schabe in der Tür verschwand, plauderte der Hauptmann über zwei Mädchen, die allein an einem Tisch saßen. Sie waren beide nicht häßlich. Er schlug ein gemeinsames Vergnügen vor; es war noch nicht spät, sie würden doch nicht schon gehen. Solange sie in Berlin seien, müsse man alles ausnutzen, die Angelegenheit mit Ingrid könne man ruhig Schabe überlassen. Sollte der sich den Kopf zerbrechen.

«Wir nehmen dein Motorrad», sagte Kloss.

«Wozu?» Schultz' Stimme fand sofort ihren harten Ton wieder, seine Augen blickten aufmerksam. Kloss hatte solche Reaktion vorhergesehen. Das Gespräch mit dem Sturmbannführer deutete darauf hin, daß die Gestapo tatsächlich nicht wußte, wo Ingrid war. Aber Schultz wußte etwas. Sollte es ein Spiel zwischen der Gestapo und Canaris sein? So etwas hatte es bisher noch nicht gegeben, zumindest hatte er noch von keinem Fall gehört, bei dem die Abwehrleute einen Agenten von Kaltenbrunner entführt hätten. Ihm war es übrigens egal, ob Ingrid für den Apparat des Admirals arbeitete oder für Himmler. Er hatte in Berlin keine Verbündeten, er hatte nur Feinde. «Wozu?» wiederholte Schultz. «Willst du Fräulein Ingrid auf eigene Faust suchen?»

«Nehmen wir an, ja.»

«Hör gut zu. Ich rate dir, hierzubleiben und dich mit mir die ganze Nacht zu amüsieren. Keine Frau ist es wert, daß man für sie die Karriere aufs Spiel setzt.»

«Die Karriere? Du weiß also doch etwas!»

Schultz' Lachen klang unnatürlich. «Nein, mein Freund, ich weiß tatsächlich nicht, wo sich die Schwedin in diesem Augenblick befindet, aber wo auch immer sie sein sollte, es lohnt sich nicht, sie zu suchen.»

«Gibst du mir nun dein Motorrad?»

«Du bist gefährlich hartnäckig, Kloss. Ich gebe dir das Motorrad, aber ich hoffe, du fährst ein bißchen durch die Straßen und gehst dann schlafen. Die frische Luft wird dir übrigens guttun. Vergiß Ingrid Kield! Vergiß sie ein für allemal!»

Er hielt mit dem Motorrad an der Ecke Bismarckstraße. Die Nacht war klar. Der Mond stand über Berlin und leuchtete auf die schwarzen Häuserblöcke und Ruinen. Er fand einen geeigneten Beobachtungspunkt vor dem Schaufenster eines Hutgeschäfts. Von dort konnte er die lange Albertstraße einsehen. Vor dem Hauseingang der Kield hielt ein Auto, aus dem vor kurzem Schabe mit SS-Leuten gestiegen war. Was für ein Glück, dachte Kloss, nicht ein paar Minuten früher zu der

Wohnung gekommen zu sein. Sie hätten ihn ganz gewiß dort überrascht. Das Gespräch mit Berta hatte sich jedoch in die Länge gezogen und Kloss viel zu denken gegeben. Berta hatte sich übrigens als viel intelligenter erwiesen, als man das nach der ersten Begegnung hätte erwarten können. Er hatte sie noch im Theater erreicht und sie in ein kleines Café eingeladen, in dem um diese Zeit nur ältere Leute und Verliebte saßen. Er hatte nicht lange erklären müssen, worum es ging, denn Schabe hatte auch sie schon befragt. Berta hatte gelächelt, als sie von «dem Herrn Schabe von der Gestapo, der aussehen will wie Himmler», gesprochen hatte. Kloss hatte erklärt, er habe Angst um Ingrid, er sei privat gekommen. Wenn sie etwas wissen sollte, wodurch er Ingrid Kield leichter finden würde? Sie hatte nichts gewußt, auch keine Andeutungen waren ihr entschlüpft, die ihn auf irgendeine Spur bringen konnten. Kloss war es aber nicht nur um die Suche gegangen, er hatte sie gebeten, von Ingrid zu erzählen, er wollte soviel wie möglich von ihr wissen. Er hatte sich sehr bemüht, Bertas Vertrauen zu erlangen, und offensichtlich nicht ohne Erfolg, denn sie hatte begonnen zu erzählen.

Ingrid, hatte sie behauptet, habe sich im Laufe der letzten Monate sehr verändert. Seit Heinis Tod. Er sei ihre Liebe gewesen, sie hatten in diesem Jahr heiraten wollen, im Herbst, man hatte während Koetls letzten Urlaubs schon den Termin festgelegt. Ingrid hatte beschlossen, in Berlin wohnen zu bleiben, obwohl sie davon geträumt hatte, ihren Knaben mit nach Schweden zu nehmen, ihn den Klauen des Krieges zu entreißen, wie sie sich ausgedrückt hatte. Heini war Musiker gewesen.

«Ich kannte ihn seit langem», erzählte Berta, «länger als Ingrid. Er besuchte das Konservatorium und verdiente sich Geld durch Musikstunden, denn er hatte sich von seinem Vater getrennt.» Sie blickte Kloss unsicher an. «Er war ein hoher Offizier beim SD und dann Gauleiter im Westen. Heini wollte von ihm kein Geld nehmen, er war übrigens ein prächtiger Junge, wirklich. Das heißt nicht, daß ich mit allem einverstanden war», hatte sie schnell hinzugefügt – und Kloss dachte, wie schwer es doch war, diese Menschen aus den Klauen unaufhörlicher Angst und ständigen Mißtrauens zu befreien.

»Als er aus Polen auf Urlaub kam, hat er scheußliche Dinge erzählt. Einfach widerwärtig. Jetzt ist ja alles egal, jetzt kann ich es sagen, daß er einmal auch an eine Flucht nach Schweden gedacht hat. Dann ist er anders geworden, härter, er hat geschwiegen und ist nur in Ingrids Gegenwart der alte gewesen. Sie sind ein paar Tage in die Berge gefahren und glücklich gewesen. Ich bin auf dem Bahnhof gewesen, als er nach Polen zurückfahren mußte. Ingrid hat geweint, obwohl es bei ihr sonst nie Tränen gab. Als der Zug nicht mehr zu sehen war, ist aus ihr plötzlich unbändiger Haß hervorgebrochen. Sie hat so laut gesprochen, daß ich Angst bekam und fortlaufen wollte. Ich hasse euch Deutsche, hat sie geschrien, ich hasse den Krieg! Ihr wollt die Welt beherrschen und könnt nur Leid bringen. Anderen, aber auch euch selbst. Deutschland wird vernichtet werden, und um so schneller, desto besser.

Ein paar Tage später haben wir die Nachricht erhalten, daß Heini in Warschaus Straßen gefallen sei. Polen hätten ihn erschossen. Ich habe mich bei Ingrid nicht mehr ausgekannt. Sie hat gesungen, ohne auch nur für einen Tag ihre Auftritte zu unterbrechen, gelebt hat sie nur im Theater. In Heinis Zimmer hat sie sich eingeschlossen und niemanden eingelassen. Dann ist sie nach Schweden zurückgekehrt. Als sie im Sommer wiederkam, hat sie mich nicht einmal angerufen. Ich habe sie in einem Lokal in der Nähe vom Zoo getroffen, sie war in Gesellschaft eines Offiziers vom SD, Schabe war wohl auch dabei. Ingrid war betrunken und kam auf mich zugelaufen. Heinis Tod müsse gerächt werden, hat sie gerufen, noch bevor wir uns begrüßen konnten, und sie würde ihn rächen. Die Welt sei niederträchtig und grausam, es sei besser, sich keinen Illusionen hinzugeben.»

Kloss hatte noch gefragt, ob sie Ingrid oft in Gesellschaft

der Herren vom SD gesehen habe. Sie hatte es bestätigt. Ein paarmal habe sie auch General von Boldt eingeladen, der ehemalige Vorgesetzte Heinis.

Und Leutnant Stolp sei am Vortag im Theater gewesen. «Sie hätten ihn übrigens sehen müssen», hatte sie gesagt, «denn er hat Ingrid im ‹Goldenen Drachen› zum Tanz aufgefordert.»

General von Boldt! Kloss interessierte der alter Preuße, seit langem, der, wie man sich erzählte, Hitler nicht allzuviel Sympathie entgegenbrachte, was ihn übrigens nicht hinderte, alle Befehle auszuführen. Boldt hatte Warschau eingenommen und eine Armee an der Südfront in der Sowjetunion befehligt. Nun, wo er ins Oberkommando der Wehrmacht abkommandiert war, erfüllte er wichtige Stabsfunktionen. Er sollte den Gerüchten nach eines der Häupter einer militärischen Opposition gegen Hitler sein, einer Opposition, die von der Vorahnung der Niederlage genährt wurde. Konnte er sich für Ingrid interessieren? Also die Abwehr oder das OKW. Aber vielleicht gab es noch eine Möglichkeit? Die Gestapo. Müller bediente sich mit Vorliebe der Provokation. Kloss mußte vorsichtig sein, um nicht in eine Falle zu geraten.

Er beobachtete das Mietshaus und sah endlich jemanden herauskommen. Zuerst Schabe, dann zwei SS-Leute, die Frau Schuster in ihrer Mitte hatten. Die alte Frau ging hochaufgerichtet. Vielleicht hatte sie zuviel gesagt? Kloss hatte keine Zeit, darüber nachzudenken. Als der Wagen verschwunden war, wartete er noch einige Augenblicke und ging dann zum Hauseingang. Er nahm an, die Gestapoleute würden nicht zurückkommen, zumindest nicht sofort. Er dürfte etwas Zeit haben. Das Treppenhaus war leer. Mit einem Dietrich öffnete er die Wohnung von Heini Koetl mühelos.

Korridor, Zimmer und Küche waren hell erleuchtet. Überall herrschte ein schreckliches Durcheinander: in der Küche – ein durchwühltes Bett, das sicher der alten Schuster gehörte, eine geöffnete Kredenz, Geschirr, Servietten, Konservenbüchsen. Das gleiche im Zimmer. Es war übrigens geschmackvoll eingerichtet, irgendwie anders als die Wohnungen, die Kloss in Berlin gesehen hatte. An der Wand hing das Bild eines jungen Mannes im Skipullover – sicherlich Heini Koetl.

Ingrid Kields Sachen lagen auf dem Fußboden verstreut. Die Gestapoleute hatten den Koffer aufgeschlitzt, aus dem Mantel das Futter herausgetrennt, Weckgläser ausgeschüttet und Flaschen umgerissen. Was hatten sie bei ihrer Agentin gesucht? Was hatten sie zu finden gehofft? Vertrauten sie ihr nicht? Sie hatte ihnen doch genügend Beweise ihrer Loyalität geliefert. Vielleicht hatten sie geglaubt, etwas zu finden, was ihnen bis dahin unbekannte Verbindungen der Schwedin offenbaren würde? Welche Ergebnisse hatte die Durchsuchung gehabt? Das wußte Kloss natürlich nicht.

Er kniete auf dem Fußboden und musterte die Sachen von der Kield genau. Er kannte die Instruktionen für die Verbindungsleute des polnischen Geheimdienstes und wußte, welche Verstecke am häufigsten benutzt wurden. Die Kleider und die Toilettenartikel beachtete er nicht einmal. Aus dem Koffer zog er die Kleiderbügel heraus und untersuchte die Schnallen gewissenhaft, wobei er ein Taschenmesser zu Hilfe nahm. Endlich hatte er gefunden, was er suchte: Eine versilberte Schnalle war platt und schmal, aber im Innern besaß sie ein geschickt getarntes Versteck. Er war zufrieden, den Gestapoleuten war das entgangen. Er bog die Schnalle auf und fand einen sorgfältig zusammengefalteten Zettel. Der Text war chiffriert, aber auf der Rückseite entdeckte er einen sicher von Ingrids Hand geschriebenen Namen: Edmunt Kirsthoven. Er kannte diesen Namen. Es war der Resident des amerikanischen Geheimdienstes in Schweden. Von wem hatte Ingrid diese Karte erhalten? Wer wollte über sie Verbindung mit dem amerikanischen Geheimdienst aufnehmen? Einige Zeit lang studierte er die Chiffre, sie schien ihm zwar sehr einfach, erforderte aber Zeit. Er steckte den Zettel in sein Feuerzeug, dann löschte er das Licht und ging aus dem Zimmer.

Auf dem Korridor hörte er das Geräusch eines Schlüssels im Schloß. Ingrid? Die Gestapo? Wer konnte sonst Schlüssel zu der Wohnung besitzen? Er verschwand in der Küche. Durch den Türspalt sah er einen Mann. Er erkannte ihn sofort. Es war Leutnant Stolp, der Adjutant von General Boldt.

Er zog die Tür leise hinter sich zu, leuchtete den Korridor mit einer Taschenlampe ab, schaltete dann das Licht ein und begann die Wohnung zu durchsuchen. Kloss faßte blitzschnell einen Entschluß. Er nahm die Waffe, entsicherte und schlich sich leise hinter den anderen.

«Nicht umdrehen! Hände hoch!» Stolp befolgte den Befehl.

«Rede», stieß Kloss hervor, den Finger am Abzug. «Wo befindet sich Ingrid Kield?»

«Ich weiß es nicht.»

«Du hast ihre Schlüssel, also keine Ausreden. Ich schieße.» Stolp schwieg.

«Überleg es dir gut. Ich kann dich auch der Gestapo übergeben.» Er bluffte, denn er war überzeugt, daß der andere Müller fürchtete.

«Ich weiß es nicht», stammelte Stolp. «Ich führe nur einen Befehl aus.»

«Wessen Befehl? Ich warte nicht länger.»

«Vom General», sagte der andere mühevoll.

Er gehörte doch nicht zu den Mutigsten.

An Boldts Stelle würde ich ihn erschießen lassen, dachte Kloss. Er wußte nun, wer Ingrid dazu benutzen wollte, mit dem amerikanischen Geheimdienst Verbindung aufzunehmen. Aber warum hatte die Kield Müller darüber keine Meldung gemacht? Aber vielleicht hatte sie es!

«Was sollst du hier suchen?»

Stolp schwieg wieder.

«Rede endlich.»

«Einen Brief», sagte Stolp leise.

Kloss hatte erfahren, was er wollte.

«Rühr dich nicht!» befahl er und zog sich zur Tür zurück.

Stolp aber sprang auf, als er das Metall nicht mehr im Rücken fühlte. Kloss war schneller, es gab einen mächtigen Schlag, der Stolp zu Boden warf. Kloss leuchtete in sein Gesicht und schloß dann die Tür hinter sich. Er rannte die Treppe hinunter. Jetzt wußte er genügend, er hatte auch einen Plan, aber sehr wenig Zeit.

Die Villa des Generals Boldt befand sich weit vom Stadtzentrum entfernt. Man mußte den Tiergarten durchqueren und kam auf eine breite Allee, die ein wenig bergan führte. Die Häuser standen in Reih und Glied in den Gärten. Die gesuchte Villa mußte ganz in der Nähe sein. Kloss drosselte das Tempo, dann stellte er das Motorrad ab und ging zu Fuß weiter. Die Straße war leer. Es war fast still, nur Hundegebell war zu hören.

Der Plan war ziemlich riskant, aber Kloss meinte, nicht anders vorgehen zu können. Er mußte sichergehen, daß sich Ingrid in Boldts Händen befand und nicht früher freikommen würde als am nächsten Tag, wenn sie überhaupt freikommen sollte. Er wußte, das Gespräch mit dem General würde nicht leicht werden, er hatte jedoch einige Trümpfe in der Hand. Die Zeit reichte zwar nicht, um den Inhalt der chiffrierten Notiz herauszubekommen, aber er war überzeugt davon, daß Boldt über Ingrid mit Kirsthoven Kontakt aufgenommen hatte. Stolp hatte am Vortag Ingrid die Karte an den amerikanischen Geheimdienst ausgehändigt, aber kurz darauf hatte der General erfahren, vielleicht von Schultz, denn Schultz spielte irgendeine Rolle bei allem, daß Ingrid für die Gestapo arbeitete. Er hatte eine Entdeckung befürchtet und beschlossen, sofort zu handeln. Hatte er befohlen, Ingrid umzubringen? Wenn Kloss Gewißheit gehabt hätte! Er kannte diese Generale, die nach Stalingrad begonnen hatten, sich gegen Hitler zu verschwören. Sie schielten nach dem Westen, waren aber bereit, bis zum letzten gegen den Osten zu kämpfen. Er konnte auch die Möglichkeit nicht ausschließen, daß Boldt sich mit Ingrid geeinigt hatte und vielleicht sogar auch mit Müller. Er beschloß, seine Vorteile bis zum Ende ins Feld zu führen. Daß sie wichtig waren, hatte er in einem Telefongespräch mit Boldt überprüft. Er war zuerst zum Stab des Oberkommandos der Wehrmacht gefahren. Der diensthabende Offizier hatte ihm verwundert erklärt, der General sei nicht mehr da und zu Hause dürfe man nur in außergewöhnlich wichtigen Dingen anrufen. Kloss hatte sich ausgewiesen und eine Verbindung verlangt.

«Ich empfange heute niemanden», hatte der General gesagt, nachdem er sich dienstlich gemeldet hatte.

«Es geht um den Auftrag, den Sie Leutnant Stolp übertragen haben», hatte er leise, aber mit Nachdruck gesagt. Am anderen Ende der Leitung hatte es geschwiegen, der alte Preuße hatte sicherlich nachgedacht.

«Bitte kommen Sie», klang es dann schroff aus dem Hörer. Am Tor stand ein Soldat der Wehrmacht; als er Kloss' Namen hörte, drückte er auf einen Knopf, und die Tür ging auf. Vor der Villa wartete schon Leutnant Stolp. Er war ohne Mütze und trug einen Verband um den Kopf. Er dürfte mich nicht erkennen, durchzuckte es Kloss, ich habe mich bemüht, meine Stimme zu verstellen. Aber wenn er mich erkennen sollte ...

«Der General erwartet Sie», sagte Stolp trocken.

Kloss ließ seinen Mantel im Vorzimmer, er zögerte einen Augenblick, nahm dann aber die schwarze Aktentasche mit. Er dachte an das Spielzeug, das mit einer Sprengladung versehen war und zwischen den Papieren auf dem Boden der Aktentasche lag. Wenn es keinen anderen Ausweg geben sollte ...

Ein großes Zimmer, schwere Möbel, ein Schreibtisch unter einem Bismarckporträt. An den Wänden noch Hindenburg und Clausewitz. In seinem privaten Heiligtum hatte General von Boldt kein Hitlerbild hängen. Er saß hinter dem Schreibtisch in einem tiefen Sessel, rüstig, sonnengebräunt, mit einem Monokel, das sein Gesicht leicht schief wirken ließ. Er blickte

Kloss an wie einen undisziplinierten Untergebenen, der die Dreistigkeit besitzt, mit seinen nichtigen Problemen die Ruhe seines Vorgesetzten zu stören. Die Devise des Generals war seit langem: In meinem Machtbereich darf sich nichts Außergewöhnliches ereignen. Er gab Kloss nicht die Hand, wies ihm nur einen Stuhl zu. Der Oberleutnant hatte nicht die Absicht, sein Wissen auszubreiten, zumindest nicht sofort.

«Ich bin ein Freund von Fräulein Kield», begann er und blickte den General an, dessen Gesicht aber blieb regungslos. «Ich habe Gründe anzunehmen», fuhr Kloss fort, «daß Sie über Informationen verfügen, die das Schicksal des Mädchens betreffen.» Er glaubte, sich nie besser ausgedrückt zu haben.

«Sie sind wohl verrückt geworden!» schrie der General.

Kloss nahm an, jedem preußischen Offizier wäre beim Anblick des wütenden Generals der letzte Rest Mut vergangen. aber er war kein preußischer Offizier, und Boldts empörtes Gesicht weckte außer Haß nur seinen Ehrgeiz.

«Natürlich können Sie das abstreiten», sagte er ruhig, «dann muß ich annehmen, daß Leutnant Stolp auf eigene Faust und ohne Befehl die Absicht hatte, Fräulein Kields Wohnung zu durchsuchen, und sich dabei eigener Schlüssel bedient hat.»

«Meine Offiziere handeln nur auf Befehl», empörte sich der General und zündete sich eine Zigarre an. In gewisser Weise ist er also doch loyal, dachte Kloss.

«Erlauben Sie, daß ich rauche, Herr General?» fragte er.

«Ja», brummte von Boldt, ohne ihm jedoch eine Zigarre anzubieten.

«Wenn Stolp also nicht aus eigenem Antrieb gehandelt hat», sagte Kloss fast im Flüsterton, «dann war das, was er gesucht hat, für Sie wichtig. Und die Schlüssel konnte er ausschließlich von Ingrid haben, die unter geheimnisvollen Umständen abends verschwunden ist.»

«Was sollte Stolp denn gesucht haben?» Der General blickte Kloss nun mit sichtbarem Interesse an.

«Darauf wissen Sie sicher die Antwort», entgegnete der Oberleutnant höflich.

«Unsinn! Ich ertrage keine Unterstellungen, junger Mann!»

«Ich nehme an», sagte Kloss, den die Wut des Generals unbeeindruckt ließ, «Stolp hat seinen Befehl schlecht ausgeführt.» Sie maßen sich mit Blicken. Im Leben des Generals von Boldt war es noch nicht vorgekommen, daß er irgendeinen Oberleutnant als gleichberechtigten Partner behandeln mußte.

«Was wollen Sie eigentlich?» brummte er. Kloss schmunzelte, das Gesicht des Generals war schon nicht mehr so unbeweglich.

«Nicht viel, Herr General, die Bestätigung ...» Er konnte in dem Moment nicht das passende Wort finden. «Daß Ingrid Kield sich zu Ihrer Verfügung hält und was Sie mit ihr zu tun beabsichtigen.» Der General schwieg. Nach einer Weile bot er Kloss eine Zigarre an.

«Was haben Sie von Stolp erfahren?» fragte er.

«Ich habe ihn in Fräulein Kields Wohnung gesehen.»

«Da haben Sie ihn so zugerichtet?»

«Ja.»

«Was wissen Sie noch?»

«Genug», wich Kloss aus. Er wollte seine Karten noch immer nicht aufdecken.

«Nichts wissen Sie», behauptete ziemlich unerwartet der General. «Träumen Sie von einer Auszeichnung?»

«Ich habe nie gesagt, daß ich zur Gestapo gehen will. Sie sucht Fräulein Kield auf eigene Faust.» Er blickte zum General und hatte das Gefühl, einen Fehler begangen zu haben. Von Boldt lächelte. Bald darauf verhärtete sich das Gesicht des alten Preußen.

«Stolp hat Ihnen einen Bären aufgebunden.» Er glaubt also nicht, dachte Kloss, daß ich die Karte gefunden habe, ich werde seinen Irrtum nicht aufklären.

«Wenn Sie ein anständiger deutscher Offizier sind, und ich

behandele Sie weiterhin als einen solchen», sagte der General fast pathetisch, «dann müssen Sie zu mir Vertrauen haben und verstehen, daß alles, was ich tue, zum Wohle Deutschlands ist.» Er blickte zu Bismarcks Porträt hinüber. «Die Offiziersehre gebietet Ihnen zu schweigen und zu gehorchen.»

Der alte Trottel, dachte Kloss wütend. Wenn ich ihm sagte, daß ich die Nachricht an Kirsthoven habe. Er blickte zu seiner Acktentasche, die neben ihm stand. Er könnte mich umbringen lassen, obwohl der Diensthabende weiß, daß ich zu ihm gefahren bin, aber der würde schweigen. Er hatte das alles bedacht, als er sagte: «Also wollen Sie mir nichts über Ingrid Kield sagen?»

«Sie erfahren nichts», und nach einer Weile sagte er: «Ich kann Ihnen nur raten, junger Mann, sie zu vergessen.» Das ist doch sehr viel, dachte Kloss. «Und auch unser Gespräch vergessen Sie!»

«Gern, Herr General», sagte Kloss in vertraulichem Ton, «sehr gern, wenn ich nur Gewißheit haben könnte.»

«Was für eine Gewißheit?»

«Daß Ingrid Kield nicht mit dem Frühzug nach Stockholm abfährt.» Er war sich sofort klar darüber, zuviel gesagt zu haben. Der General schien nun verwundert. Er drückte das Monokel ins Auge und sah Kloss mit aufrichtigem Interesse an.

«Ich verstehe nicht.»

«Könnte ich diese Gewißheit haben?»

«Sagen wir, ja», antwortete General von Boldt.

«Angesichts dessen gestatten Sie mir, daß ich mich abmelde.» Beide haben wir einen Fehler gemacht, dachte Kloss, als er seinen Mantel überzog. Der alte Preuße hatte nicht einmal versucht, von ihm zu erfahren, was er wirklich wußte. Und ich habe zuviel gesagt. Wenn Ingrid Boldt erzählte, welchen Auftrag sie in der kommenden Nacht erfüllen sollte, würde sich der General denken können, worum es geht, und hätte mich in der Hand. Aber auch ich habe ihn in der Hand, also gleicht sich das aus. Wenn er Ingrid nur nicht freiließ! Kloss war neugierig, wie Boldt sich verhalten würde. Was würde sein nächster Zug sein? General von Boldt wählte eine Nummer und mußte eine Weile warten, bevor er eine vertraute Stimme hörte. Dann rief er Stolp und befahl, Ingrid Kield in sein Arbeitszimmer zu bringen.

Ingrid Kield, das Mädchen, das Hans Kloss seit mehr als zwanzig Stunden erfolglos umzubringen versuchte, saß dem General gegenüber.

«Rauchen Sie?» fragte von Boldt.

«Mir ist es gleich, ob ich rauche oder trinke», antwortete sie und bemühte sich, mit jeder Geste einen Beweis ihrer Gleichgültigkeit und ihrer Verachtung zu geben. Sie blickte auf Bismarcks Porträt. Das Gesicht des eisernen Kanzlers schien ihr sympathischer und menschlicher als das des Hausherrn.

«Ich führe nicht gern Krieg gegen Frauen», bemerkte von Boldt.

«Aber Sie halten wohl gern Frauen in Ihrem Privatkeller gefangen», entgegenete sie bissig.

«Wir spielen hier nicht Versteck, liebes Fräulein.» Der General kniff das Monokel ins Auge und griff nach einer Zigarre. «Der Einsatz ist sehr hoch. Ich denke natürlich nicht an mich und an meine Unterstellten. Ich denke an Deutschland. Sie haben freiwillig Ihre Hilfe angeboten und sich bereit erklärt, die Nachricht, die Sie von mir erhalten haben, der entsprechenden Person in Stockholm zu übergeben.»

«Ich hätte meine Plicht auch erfüllt.»

«Sie belieben zu scherzen», unterbrach der General sie höflich. «Heute morgen hat man mich informiert, daß Sie ...» Er räusperte sich. «Das Sie eine Mitarbeiterin der Gestapo-Müller sind. Ist das wahr?» Seine Stimme klang scharf.

Sie zögerte fast unmerklich. «Ja, das ist wahr.» Von Boldt seufzte.

«Ich wollte es nicht glauben», sagte er, «als ich die Mitteilung erhielt. Ich frage nicht, warum Sie das getan haben, aber ich verlange jetzt klare und ehrliche Antworten. Ich weiß nicht, ob ich Sie wieder freilassen kann, aber ich schließe nicht aus, daß ich Ihnen eine Möglichkeit zum Überleben gebe. Sprechen Sie. Was weiß Müller?»

«Nichts», antwortete Ingrid.

«Das ist eine Lüge.» Der General hob seine Stimme nicht, als er fragte: «Wo ist meine Nachricht?»

«In meiner Wohnung.»

«Wo genau?»

«Herr General», sagte Ingrid und blickte ihn zum erstenmal an. «Ich gebe Ihnen den Brief zurück, wenn Sie mich wieder freilassen. Ich schwöre, daß ich Müller kein einziges Wort gesagt habe. Ich ...» Sie wollte ihm nun das Allerschwierigste erklären, aber sie war sicher, daß er nichts vestehen würde. Was konnte ein preußischer General von der Liebe wissen? Sie lebte ausschließlich für Heini, sie dachte nur an ihn. Wir haben das Recht zu hassen, hatte Heini einmal gesagt. Als er gefallen war, hatte sie diese Worte wiederholt und hinzugefügt: «Wir haben ein Recht auf Rache.» Die Rache war der Inhalt ihres Lebens geworden. Sie hatte die Rechnung mit den Mördern ihres Freundes beglichen. Sie hatte weder Gewissensbisse noch Mitleid verspürt, als sie Müller nacheinander die Opfer ausgeliefert hatte.

«Der Tod von Heini Koetl», hatte der Hauptsturmführer behauptet, «wird sie teuer zu stehen kommen.» Und dann hatte er hinzugefügt: «Ich verstehe und schätze Ihren Haß. Auch ich hasse.» Sie spürte, daß der General sie aufmerksam ansah.

«Ich ...», wiederholte sie. Und fügte mit farbloser Stimme hinzu: «Ich arbeite nur gegen die Polen.» Der General schwieg einen Augenblick. Sein unbewegliches Gesicht schien etwas freundlicher zu werden.

«Wenn ich das glauben könnte ...» Er zuckte die Achseln. «Eine kleine und nicht sehr geschickte Lüge. Die Ehrlichkeit stellt man anders unter Beweis.»

«Ich habe gedacht», sagte sie ganz leise, «daß Sie, der ehemalige Kommandeur meines Freundes, zu mir Vertrauen haben würden.» Eigentlich war es ihr nun schon fast egal, ob der General ihr Vertrauen entgegenbringen würde. Sie fürchtete sich vor der Rückkehr nach Stockholm, sie fürchtete sich vor der Einsamkeit. Einst hatte sie Müller darum gebeten, ihr eine gefährliche Aufgabe zu übertragen. Sie war bereit gewesen, sogar nach Warschau zu fahren, das sie nie gesehen hatte, durch die Straße zu gehen, in der Heini umgekommen war.

«Du verstehst nichts von diesem Krieg», hatte Heini immer wieder gesagt, «du bist ein dummes kleines Mädchen. Aber ein sehr liebes», hatte er sofort hinzugefügt.

«Ich soll einer Mitarbeiterin der Gestapo vertrauen?» fragte der General. Und gleich darauf fielen die Worte, die sie lieber nicht gehört hätte. Es schien Ingrid, als wäre sie plötzlich aus einem Schlaf erwacht und in eine so schreckliche, nackte Wirklichkeit hineingestürzt, daß alles, was nun folgen würde, nur Schmerz und Verzweiflung sein konnte.

«Einer Frau trauen», wiederholte der General, «die mit demselben Müller zusammenarbeitet, der ihr den liebsten Menschen ermordet hat.»

«Was haben Sie da gesagt?» schrie sie. «Heini ist von den Polen ermordet worden!» Der General kannte kein Mitleid.

«Das ist die offizielle Version», erklärte er. «Aber ich sehe keine Gründe, etwas zu verschweigen. Es ist herausgekommen, daß Leutnant Koetl Verrat begangen, mit einer polnischen Untergrundorganisation zusammengearbeitet hat. Müller selbst hat ihn liquidiert. Ich hätte natürlich lieber ein Feldgericht einberufen, aber Müllers Methode hatte auch ihre guten Seiten. Die Angehörigen von Koetl, besonders sein Vater, hatten keine Unannehmlichkeiten, und Sie … Ich habe übrigens angenommen, Müller hätte Ihnen alles erklärt.» Sie schwieg und konnte nicht einmal weinen. Es schien ihr, als hörte sie Heinis Stimme: «Du bist nur ein dummes kleines Mädchen.» Dann dachte sie an die Menschen, die sie der Gestapo in die

Hand gespielt hatte. Sie sah das Gesicht des Toten vom Bahnhof.

«Es hat nicht geklappt», hatte Müller gesagt. Müller wollte lieber selbst umbringen.

«Ich wiederhole noch einmal meine Frage», drang der General in sie, «wo ist meine Nachricht?»

Was ging sie jetzt General von Boldt oder sein Schreiben an Kirsthoven an? Sie schwieg und blickte den General mit haßerfüllten Augen an.

«Also, Sie wollen nicht reden!» Der General hatte seine Geduld verloren. «Aber vielleicht sagen Sie mir, wer dieser Oberleutnant Kloss ist? Warum interessiert er sich für Sie?»

Kloss? Der im «Goldenen Drachen» verbrachte Abend schien einer entfernten Vergangenheit anzugehören. Wann war das gewesen?

«Kloss war daran interessiert, daß Sie nicht mit dem Morgenzug nach Stockholm fahren. Warum? Hören Sie mir zu?»

«Ich höre», sagte sie unwillig. Ihr wurde bewußt, daß Müller sie ungeduldig suchen würde und daß sich noch ein Mensch, den sie auf dem Bahnhof treffen wollte, in tödlicher Gefahr befand. «Lassen Sie mich gehen», flüsterte sie.

«Zuerst erzählen Sie mir alles. Ich gebe Ihnen Zeit bis morgen früh.»

Der Keller, in den sie wieder geführt wurde, war schwül und feucht. Unmittelbar unter der Decke befand sich ein vergittertes Fenster. Ein Soldat brachte ein Glas Tee und einen Teller Brote. Man wollte sie nicht hungern lassen.

«Ich werde nichts essen», sagte Ingrid. Der Soldat, ein junger Bursche mit Stahlhelm und Maschinenpistole, betrachtete sie mit unverhohlener Neugier. Vielleicht hatte er sie einmal auf der Bühne gesehen?

«Essen Sie, Fräulein», sagte er freundlich. Dann warf er seinen Mantel auf die Bank. «In der Nacht wird es kalt.» Er ging hinaus. Sie hörte den Schlüssel im Schloß. In der Tür befand sich ein kleines Fenster, durch welches sie einen dunklen

Gang und den Soldaten wahrnahm, der an einem Tisch an der Wand saß. Die Maschinenpistole hatte er neben sich gestellt. Im Haus war es völlig ruhig. Ingrid ging zwischen der Tür und der Bank hin und her. Sie zählte die Schritte und versuchte, nichts zu denken, nichts zu fühlen, nichts zu wollen. Und doch fühlte und dachte sie. Sie wußte, daß sie hier 'raus mußte, daß sie wieder ein Gefühl der Rache überkam, und dann ... Sie wußte bereits, was dann kommen würde, und verspürte Angst. Nach ein paar Minuten hatte sie einen Plan gefaßt. Der Soldat tat ihr leid, aber sogar, wenn sie ihn hätte umbringen müssen, hätte sie nicht gezögert. Sie knöpfte die Bluse auf und begann schreiend gegen die Tür zu trommeln. Der Soldat schloß auf.

«Was ist passiert?»

«Ich bekomme keine Luft», stöhnte sie. «Ich kann nicht atmen. Öffnen Sie das Fenster.» Er blickte zu dem vergitterten Fenster hoch und stieg auf die Bank. Seine Maschinenpistole störte ihn, er lehnte sie gegen die Wand. Alles lief dann so ab, wie sie es sich vorgestellt hatte. Der Soldat machte sich am Fenster zu schaffen, es war fest verriegelt. Endlich ging es auf. Er sprang von der Bank herunter, und gerade in diesem Augenblick griff Ingrid nach der Waffe und schlug ihm den Kolben heftig auf den Kopf. Er stürzte, blieb auf dem Fußboden mit einem Ausdruck der Verwunderung sitzen. Sie rannte auf den Gang. Die Treppen führten in einen geräumigen dunklen Raum. Ingrid drückte gegen eine Tür, öffnete sie vorsichtig und befand sich in der Küche. Im Haus war es still. Sie war frei. Einen Augenblick später sprang sie aus dem Fenster.

Während sich General von Boldt mit Ingrid unterhielt, ging Kloss einen endlosen, gut erleuchteten Korridor im Gebäude der faschistischen Abwehr entlang. Der diensthabende Offizier öffnete die Tür, sie befanden sich im ersten Sekretariat. Ein Hauptmann blickte Kloss an und hob den Telefonhörer ab. Er meldete, wartete auf die Antwort und brummte endlich: «Bitte weiter.»

Dieses Zeremoniell wurde noch einige Male wiederholt. Vor jeder Tür stand ein Unteroffizier, hochaufgerichtet und gleichgültig, eher an ein Standbild erinnernd als an einen Posten. Kloss war schon einmal bei Admiral Canaris gewesen, er kannte dieses Zeremoniell, das ihm damals eher lächerlich als bedrohlich vorgekommen war. Eine Methode, auf die Psyche Einfluß zu nehmen, dachte er, als er im Vorzimmer zum Allerheiligsten warten mußte, wo ein Oberstleutnant hinter dem Schreibtisch saß. Als er zur Abwehr gefahren war, hatte er Schultz gesehen. Er hatte sofort begriffen, daß General von Boldt den nächsten Zug schon hatte ausführen können.

«Der Alte selbst will dich sehen», hatte Schultz gesagt. «Sofort». Also hatte von Boldt den Admiral angerufen. Sollte Canaris mit Hilfe des Generals Verbindung zum amerikanischen Geheimdienst suchen? Kloss war klar, in welcher gefährlichen Situation er sich befand. Der Admiral war nicht von Boldt. Alle Trümpfe, die Kloss in der Hand hielt, konnten sich plötzlich gegen ihn richten. Die Absichten des Chefs des deutschen Geheimdienstes blieben ein Geheimnis. Dieser alte Fuchs tat nie etwas direkt. Vielleicht spielte er von Boldt gegen Himmler aus, vielleicht hatte er die Absicht, Boldt zu verraten, um sich das Vertrauen des Führers zu erschleichen. Kloss wußte nicht, was Boldt über ihn berichet hatte. Welcher Taktik sollte er sich also bedienen? Für ihn gab es nur eine Chance.

«Die Tasche und die Waffe lassen Sie bitte im Sekretariat», bemerkte der Oberstleutnant. Er öffnete die breite Tür. Von der Schwelle bis zum Schreibtisch, der im Hintergrund des riesigen Zimmers stand, waren es über zehn Meter. Kloss glaubte, einen Übungsplatz zu betreten. Er erstarrte, als er unter einem großen Führerbild, klein und unscheinbar wirkend, den Admiral erblickte. Der Chef betrachtete ihn aufmerksam, mit dem wohldosierten Interesse eines gelangweilten Vorgesetzten. Sein Gesicht erinnerte an einen Raubvogel.

«Hans Kloss», sagte er, «Oberleutnant.» Dann schrie er: «Für wen arbeiten Sie?»

Kloss wußte, die Antwort mußte sofort und ohne Zögern kommen. Alles hing davon ab, ob dieser Spezialist des geheimen Krieges die Glaubwürdigkeit seiner Worte anerkannte.

«Ich arbeite für Sie, Herr Admiral!»

«Warum interessieren Sie sich für Ingrid Kield?»

«Ich habe mich in sie verliebt.» Kloss' Antwort kam ohne eine Sekunde des Nachdenkens. Der Admiral schwieg. Er betrachtete Kloss wieder und wog sicher die Wahrscheinlichkeit der Antwort ab.

«Sie sind ein Idiot, Kloss!» knurrte er.

«Jawohl, Herr Admiral», stimmte der Oberleutnant sofort zu. Er hatte noch immer Hoffnung. Es wäre kein schlechter Ausgang, würde er den Admiral glauben machen können, er sei im Grunde genommen eine lächerliche Gestalt. Der törichte Liebhaber, der in ein Spiel verstrickt ist, dessen Sinn er nicht versteht.

«Also, das haben wir schon festgestellt», fuhr der Admiral fort und wurde etwas freundlicher. «Und jetzt schnell, was wissen Sie?»

Jetzt mußte er nun reden, ohne Zögern, ohne nach Worten zu suchen. Der Admiral hätte jeden falschen Ton sofort herausgehört. Kloss erzählte also, Ingrid sei verschwunden, er habe sie gesucht und sich deshalb in ihre Wohnung begeben. Dort habe er Stolp, den Adjutanten von General von Boldt, überrascht, der ihm anvertraut habe, er suche auf Befehl seines Vorgesetzten ein Schriftstück. «Ich glaubte, Herr Admiral», sagte Kloss, «daß es um Liebesbriefe des Generals an Fräulein Kield ging. Fräulein Kield wollte sie ihm sicher nicht zurückgeben, aber der General hatte Angst, kompromittiert zu werden. Ich habe angenommen, der General würde versuchen, sich mit Fräulein Kield zu einigen, und sie würde sich in seiner Wohnung befinden. Ich bekenne, in einem Anflug von Eifersucht und Angst um mein Mädchen gehandelt zu haben.» Glaubte er ihm? Gab es eine Chance?

«Haben Sie den General erpreßt?»

«Ich glaube, Herr Admiral, daß diese Bezeichnung unpassend ist.» Der Admiral durchdachte die Antwort. Er schloß die Augen, sein Gesicht erschien fast grau.

«Sie lügen, Kloss», sagte er endlich leise. «Ziemlich gekonnt, aber Sie lügen. Sie sind kein Idiot, wie Sie mir es hier vorspielen.»

«Ich bin ehrlich, Herr Admiral!» beteuerte Kloss. Er fühlte, daß ihn nur ein Schritt vom Abgrund trennte.

«Ehrlichkeit!» sagte der Admiral säuerlich. «Bei unserem Dienst! Ich habe schon einiges von Ihnen gehört. Gut, ich bin bereit, diese Version zu glauben.» Seine Stimme klang ironisch. «Ich nehme an, Sie wollten Ihren Vorgesetzten keine Schwierigkeiten bereiten mit solchen Dummheiten.» Er schlug einen herrischen Ton an. «Wenn Sie annehmen, daß auch ich etwas weiß, so ist das nur eine Vermutung. Verstehen wir uns?»

«Jawohl», sagte Kloss.

«Man sollte schweigen. Sie haben schon alles vergessen und erinnern sich nur auf meinen ausdrücklichen Befehl. Nur dann wird sich Ihr Gedächtnis auffrischen. Aber wenn Sie für jemand anderes arbeiten sollten, ich finde Sie auch unter der Erde! Müllers Mann hat sich mit Ihnen und Schultz vor ein paar Stunden unterhalten?»

«Jawohl.»

Der Admiral lächelte. «Ihre Gefühle gehen mich nichts an, Kloss, aber vergessen Sie Ingrid Kield. Für immer.»

Kloss nahm seine Tasche und den Mantel. Sie hatten sicherlich nicht nachgesehen, sonst könnte er nicht so ohne weiters das Gebäude verlassen. Er fühlte durch das Leder hindurch sein Spielzeug mit der Sprengladung. Langsam ging er den breiten Korridor entlang, vorbei an den Posten. Die lebenden Standbilder schienen ihn nicht zu bemerken. Er atmete erst befreit auf, als er sich auf der Straße befand. Er gab sich jedoch keinen Illusionen hin; das war noch nicht das Ende gewesen, die kommende Nacht würde ihm gewiß noch einige Überraschungen bringen. Müller und seine Leute suchten Ingrid in ganz Berlin. Hatte der Hauptsturmführer befohlen, ihn zu beschatten? Selbst wenn es der Fall sein sollte, nahm Kloss an, daß er die Schnüffler hätte abschütteln können. Er beschloß, nach Hause zu gehen und dort Müllers Vorladung abzuwarten, denn die würde nicht ausbleiben. Das Gefährliche für ihn war, daß er zwischen Canaris und Kaltenbrunner geraten war. Doch die Informationen über die Intrigen der Abwehr und die Versuche, Kontakt mit den Amerikanern aufzunehmen, würden für die Zentrale wertvoll sein. Man mußte den Verbündeten auf die Finger sehen! Und die Offiziersverschwörung? Er verzog verächtlich den Mund. Er traute ihnen natürlich nicht, den Herren in Uniform, die alle Befehle Hitlers bedingungslos ausführten. Wie auch immer, Hauptsturmführer Müller würde nicht viel von ihm erfahren. Die Vorladung zur Gestapo kam jedoch eher, als er angenommen hatte. Bevor er den Kurfürstendamm erreichte, bremste ein Auto neben ihm. Schabe sprang heraus und forderte Kloss auf einzusteigen. Zwischen zwei SS-Leuten sitzend, deren Gesichter ebenso unbeweglich waren wie die der Wachposten bei Canaris, überdachte Kloss alles gründlich. Wußte Müller von seinem Besuch bei Boldt? Und was sollte er mit seiner Tasche machen? Wen sie ihn als Verhafteten behandelten, würden sie ihm die Tasche abnehmen. Und dann ... Er spürte einen bitteren Geschmack im Mund. Das konnte das Ende sein. Würde er es aushalten? Er mußte versuchen, die Gestapoleute in Wut zu bringen, dann würden sie vielleicht sofort schießen.

In Müllers Arbeitszimmer brannte grelles Licht. Kloss saß auf einem Stuhl in der Mitte des Zimmers. Die Aktentasche hielt er auf den Knien. Es müßte eigentlich gelingen, sich im Notfall ihres Inhalts zu bedienen. Dieses Bewußtsein beruhigte ihn. Langsam kehrten sein Selbstbewußtsein und seine Sicherheit wieder.

«Rede, wo ist Ingrid Kield?» fragte Müller. Kloss schwieg. «'raus mit der Sprache!» brüllte der Gestapomann.

«Ich möchte dich daran erinnern», entgegnete Kloss, «das du dich mit einem Offizier unterhältst.» Einen Moment lang glaubte er, Müller würde ihn schlagen. Er sah dicht vor sich dessen blasses Gesicht, die umränderten Augen und seinen wandernden Adamsapfel. Der Gestapomann beherrschte sich aber.

«Sie wollen nicht reden», brachte er langsam hervor. Er betonte das «Sie». «Wir haben schon mit vielen deutschen Offizieren zu tun gehabt.»

«Ich weiß es nicht», sagte Kloss ruhig. «Leider ist es mir nicht gelungen, herauszubekommen, wo Ingrid Kield sich aufhält.» Seine Ruhe und Korrektheit brachten den SS-Mann aus der Fassung.

«Worum ging es bei dem Gespräch mit dem Admiral?» stieß Müller hervor. Also das wissen sie, dachte Kloss.

«Bitte rufen Sie den Admiral an», antwortete er sofort.

«Sie machen sich lustig über uns», knurrte Müller. «Sie hatten wohl noch nie mit der Gestapo zu tun? Woher wissen Sie, daß Sie überhaupt hier herauskommen! Ich ...» Er verschluckte sich an den eigenen Drohungen. Jetzt, dachte Kloss. Er sprang von seinem Stuhl auf. Seine Stimme stand der Müllers nichts nach.

«Ich schäme mich für euch», schrie Kloss. «Wie behandelt ihr einen Offizier, der mit euch zusammenarbeiten will? Wie einen Feind!»

«Sie wollen mit uns zusammenarbeiten?» wiederholte Müller. Auf seinem Gesicht zeichnete sich Verwunderung ab. «Vielleicht eine Zigarette, Oberleutnant?» Das hat gesessen, dachte Kloss.

«Ich rauche gern», sagte er.

«Also unterhalten wir uns vernünftig. Setzen Sie sich doch. Hat das Gespräch mit dem Admiral Ingrid Kield berührt?» Kloss zog an seiner Zigarette.

«Ja und nein», erklärte er. Auf Müllers Gesicht kehrte das Mißtrauen zurück.

«Was heißt das?» knurrte er.

«Der Admiral», sagte Kloss langsam, «wollte wissen, weshalb euch Ingrid Kield interessiert. Er hat uns gerügt, Schultz und mich, daß sie uns entwischt ist. Er meint, das hätte man ausnutzen können.»

«Ach, ja!» Es war schwer zu erkennen, ob Müller das glaubte. «Also behaupten Sie, der Admiral wisse nicht, wo diese Kield sei?»

«Er weiß es nicht», bestätigte Kloss. Er dachte gleichzeitig, daß es nicht ausgeschlossen war, daß Canaris ihn eines Tages fallenlassen würde. Er gab keinen Pfifferling für die Loyalität des Chefs des deutschen Geheimdienstes, jetzt konnte er aber nicht anders vorgehen.

«Wir nehmen dennoch an», widersprach Müller, «daß die Canarisleute ihre Finger im Spiel haben. Sie haben uns eine hervorragende Agentin weggeschnappt, denn sie neiden uns unsere Erfolge.» Er hatte seine Beherrschung verloren und brüllte:«Canaris möchte dem Führer beweisen, daß nur sein Apparat zählt! Aber das wird ihm nicht gelingen!»

«Herr Standartenführer», begann Kloss, «gestern abend war ich mit Fräulein Kield im ‹Goldenen Drachen›. Ich habe gesehen, wie sie an der Bar mit einem jungen Mann in Zivil gesprochen hat.» Beide Gestapoleute hörten gespannt zu, und Kloss spann seinen Faden weiter. «Ich habe dem natürlich keine Bedeutung beigemessen, ich hatte es sogar vergessen, erst heute habe ich diesen Fakt mit ihrem Verschwinden in Zusammenhang gebracht.»

«Wie hat dieser Mann ausgesehen?» drängte Müller.

«Er war groß. Ein schmales, längliches Gesicht. Eine charakteristische Narbe auf der Wange. Genau wie bei Herrn Schabe.» Kloss brach ab. Müller blickte mißtrauisch seinen Gehilfen an. «Leider habe ich nur ein paar Gesprächsfetzen auffangen können, als ich an ihnen vorüberging, ‹morgen in Potsdam›.»

«Warum haben Sie sich nicht eingemischt?»

«Ich war eifersüchtig. Ich nahm an, es ginge um ein Rendezvous. In der Nacht bin ich dann in Potsdam umhergefahren.»

«Ach, also waren Sie mit dem Motorrad in Potsdam?»

«Ja», antwortete Kloss.

«Schabe!» rief Müller. «Reserve und nach Potsdam! Wollen Sie mitkommen?»

«Nein. Ich möchte lieber nach Hause», sagte Kloss. «Ich denke, für heute reicht es.»

Das hatte er nicht erwartet. Als sie auf die Garagen auf der Rückseite eines Hofes zusteuerten und er ihre kalten und entschlossenen Gesichter sah, begriff er, das Schwierigste stand ihm noch bevor. Sie hatten auf ihn in der Nähe des Gestapogebäudes gewartet. Sie waren aus dem Schatten herausgetreten und hatten ihn unter die Arme gefaßt. Schultz und Stolp. Der elegante Schultz und der vierschrötige Adjutant von Boldts mit einem Verband um den Kopf. «Seid ihr verrückt geworden!» empörte er sich. Sie hatten ihn schweigend in eine Garage geführt und dort die Waffen gezogen. Schultz steckte Kloss' Pistole in seine Tasche.

«Hans», begann er. «Hans, du Idiot. Du hast gedacht, uns 'reinlegen zu können. Ich habe dir gesagt, du sollst im ‹Goldenen Drachen› bleiben. Du bist in eine verfluchte Geschichte hineingeraten.»

«Vertrödele keine Zeit mit ihm», knurrte Stolp. «Er hat mich so zugerichtet.» Er fuhr mit der Hand über die Stirn. «Spuck aus!» sagte er, zu Kloss gewandt. «Was hast du Müller gesagt?» Kloss fing plötzlich an zu lachen. Eine außergewöhnlich idiotische Situation! Was für ein Durcheinander! Sie blickten ihn verwundert an. «Rede endlich!» knurrte Stolp.

«Du Dummkopf», sagte Kloss. «Wenn ich ihnen irgend etwas gesagt hätte, könntet ihr hier keine Helden spielen. Außerdem könnt ihr das in einer Stunde überprüfen: Müller wird nicht zu von Boldt fahren.»

«Das hat keine Bedeutung mehr», seufzte Schultz. «Das Mädchen ist entkommen.» Damit gelang es ihm, Kloss aus der Fassung zu bringen. Also war alles umsonst gewesen. Alles fiel wie ein Kartenhaus zusammen. Ingrid Kield war frei! Eine tödliche Gefahr hing nicht nur über dem Kurier. Auch er war gefährdet.

«Ihr Idioten!» brach es aus ihm heraus. «Wie konntet ihr zulassen, daß sie abhaut! Euch soll ...» Er hätte gerne auf polnisch geflucht und konnte sich gerade noch beherrschen. Beide Offiziere sahen ihn erstaunt an. Dieser Ausbruch war mit Sicherheit ehrlich, sie konnten daran nicht zweifeln.

«Also hast du ihr nicht zur Flucht verholfen?» Sie hatten angenommen, er sei es gewesen! Nun, sie hatten natürlich Grund genug, so zu denken. Jetzt verstanden sie nichts mehr. «Wir stecken in einer miserablen Situation», sagte Schultz. «Ingrid Kield weiß zuviel. Auch du weißt zuviel.»

«Aber dich haben wir hier», triumphierte Stolp und entsicherte die Waffe.

«Es tut mir leid, Hans.» Auch Schultz entsicherte.

«Steckt die Knarren wieder ein.» In Kloss' Stimme war keine Angst, nur Wut. «Ihr seid Narren, verfluchte Narren! Eure ganze Offiziersverschwörung ist ein Firlefanz, ein Kinderspiel für die Gestapo. Ihr benehmt euch wie Hampelmänner. Denkst du, Schultz, ich habe mich nicht gesichert? Im Falle meines Todes gelangt das Schreiben an Kirsthoven in die entsprechenden Hände.» Jetzt spielte er seine Trümpfe aus. Er mußte sie bluffen.

«Du weißt es!» rief Schultz.

«Ich weiß. Und noch mehr. Ich will euch helfen, ihr Idioten. Noch jetzt will ich euch retten. Packt endlich die Knarren ein. Mit euch ist nicht viel los, meine Herren Offiziere.»

Schultz steckte die Pistole ins Halfter. Stolp zögerte, tat dann aber das gleiche. «Ich würde in dir gern einen Verbündeten sehen, Hans», sagte er.

«Sieh, was du willst.» Kloss zuckte mit den Schultern. Nun

würde er die Sache gut zu Ende bringen. Er fragte sich immer wieder, wann war die Kield geflohen und wieviel Zeit blieb ihm noch.

Er stieg die Treppen des Hauses in der Albertstraße hinauf. Ingrid Kield konnte entweder nach Hause gehen und Müller anrufen, oder sie ging direkt von Boldts Villa zur Gestapo. Sie mußte aber noch ihre Sachen holen. Um zwei Uhr früh mußte sie auf dem Bahnhof sein, um die aus Paris kommende Frau der Gestapo auszuliefern. Der Zug nach Stockholm ging zwei Stunden später. Es war also anzunehmen, daß sie die Zwischenzeit auf dem Bahnhof verbringen würde. Er blickte zur Uhr: Es war ein Uhr fünf. Wenn sie ihre Sachen holen wollte, mußte sie bald eintreffen. Plötzlich kam ihm eine Idee. Sollte er es riskieren? Die Wohnungstür war verschlossen. Kloss horchte lange, es war alles still. Ohne große Mühe öffnete er das Schloß. In der Wohnung hatte sich nichts verändert, es herrschte die gleiche Unordnung. Kloss ging zum Telefon und wählte Müllers Nummer. Er war sicher, den Hauptsturmführer bei der Gestapo zu erreichen. Er wartete auf Meldungen, denn seine Einsatzkommandos durchsuchten Potsdam. Er hörte ein lautes Geräusch. Müller schrie anscheinend ins Telefon. Kloss legte ein Taschentuch auf den Mund und sagte: «Fräulein Kield ist in ihrer Wohnung!»

«Wer spricht dort?» Kloss unterbrach die Verbindung. Die Gestapo würde in spätestens zwölf Minuten dasein. Er öffnete seine Aktentasche und stellte sein «Spielzeug» auf ein Uhr fünfunddreißig ein. Er war überzeugt, keinen Fehler begangen zu haben. Auf einem niedrigen Tisch entdeckte er eine große Vase. Der ideale Platz für eine Sprengladung. Dieses Zimmer würde keiner lebend verlassen. Er ging zur Tür, aber in diesem Augenblick hörte er das Geräusch von Schlüsseln. Er hatte kaum noch Zeit, hinter den bunten Vorhang an der Balkontür zu springen. Ingrid Kield kam ins Zimmer. Kloss lugte durch einen Schlitz. Er blickte zur Uhr. Sie hatte noch fünfzehn Minuten zu leben. Aber er? Jetzt erst dachte er an sich. Er würde dieses Zimmer auch nicht mehr verlassen können. Würde die Kield zum Telefon gehen? Sie fiel in einen Sessel, er sah ihren Rücken. Sie schien zu weinen. Kloss verspürte plötzlich Mitleid. Er blickte wieder zur Uhr, vierzehn Minuten bis zur Explosion. Er würde sie erschießen und verschwinden, bevor Müller erschien. Er entsicherte die Waffe, doch er tat es nur zögernd. Zu spät! Er hörte Stimmen im Treppenhaus, dann Schritte. Die Tür war nicht verschlossen.

«Endlich», brüllte ein Gestapomann. «Was ist passiert? Wo sind Sie gewesen? Wer hat angerufen?» Erzählen Sie.»

«Ich bin Ihnen keine Rechenschaft schuldig», sagte Ingrid.

«Was heißt das, zum Teufel? In Kürze fahren wir zum Bahnhof. Sie müssen sich zusammenreißen.»

«Rechnen Sie nicht mit mir», erklärte Ingrid im gleichen Tonfall. «Ich fahre nirgendwo hin. Es ist aus.»

«Was haben Sie da gesagt?» Der Gestapomann sprang auf.

«Sie haben Heini umgebracht.»

Noch zehn Minuten! Es blieb nur eine Chance, der Balkon. Aber ihn konnte man nur im letzten Augenblick benutzen, dreißig Sekunden vor der Explosion. Und das Mädchen? Sie hat aus Rache den Verrat begangen, dachte Kloss.

«Ihr bezahlt mir dafür», hörte er Ingrids Stimme.

«Sie haben keine Vorstellungen. Sie wissen nicht, was sie erwartet. Ich gebe Ihnen drei Minuten. Ich bitte Sie, sich zusammenzunehmen, und wir fahren dann zum Bahnhof.» Er verließ das Zimmer und öffnete die Wohnungstür. Kloss hörte gedämpfte Stimmen. Noch fünf Minuten! Er zog den Vorhang zurück und blieb mit der entsicherten Pistole in der Hand vor der Schwedin stehen. Sie beherrschte sich meisterhaft.

«Leise», flüsterte er und öffnete die Balkontür. «Fliehen wir!»

«Sie?»

«Ja, einer von denen, die du verraten hast. Schnell!»

«Nein.»

«In drei Minuten geht hier eine Sprengladung hoch.»

«Nein.»

Schritte. Kloss sprang auf den Balkon. Als Schabe ins Zimmer trat, sah er Ingrid die Balkontür schließen.

«Etwas Luft», erklärte sie.

«Sie haben sich noch nicht überwinden können», schrie Schabe. Sie setzte sich an den Tisch.

«Ich habe mich noch immer nicht überwinden können», wiederholte sie, «und ich glaube auch nicht, daß ich es tun werde.» Sie schaute noch zur Tür, und das war das letzte, was sie bewußt tun konnte. Die drei Minuten waren vorüber.

Kloss sprang auf den Balkon der Nachbarwohnung. Die Tür stand offen. Er schlich durch ein Schlafzimmer. Im Bett schnarchte ein Mann. Kloss gelangte auf den Korridor und öffnete die Wohnungstür. Die Zeiger standen genau auf ein Uhr fünfunddreißig, als er auf der Straße war. Eine gewaltige Explosion erschütterte die Luft. Einen Augenblick später ertönte das Geheul der Sirenen. Kloss verlangsamte seinen Schritt. Er ging gemächlich durch ruhige, leere Straßen. Er brauchte sich nicht mehr zu beeilen.

Die Parole

Er öffnete die Augen, schloß sie jedoch sofort wieder, so blendete ihn das Licht. Was ist das für ein Bunker, schoß es ihm durch den Kopf. Wie bin ich hierher gelangt? Er stellte sich die feuchten, rauhen Wände des Betonbunkers vor und hätte sie gern berührt. Er fühlte einen starken Schmerz im linken Arm, dann überflutete ihn eine Hitzewelle. Wieder verlor er das Bewußtsein.

Als er zu sich kam, brauchte er nicht zu blinzeln. Die Sonne ist untergegangen, dachte er. Undeutlich nahm er seine Umgebung wahr. Er konnte sich nicht erklären, wie er hierher gelangt war. «Oberleutnant Kloss», hörte er. Das war doch eine Frauenstimme. Wie kam eine Frau in den Bunker? Unmöglich, das war Kurt, seine Ordonnanz. «Kurt», flüsterte er lautlos. «Oberleutnant Kloss», hörte er wieder die Frauenstimme. Warum fiel es ihm nur so schwer, sich umzudrehen? Plötzlich sah er dicht vor sich ein Frauengesicht. Er konnte das nicht begreifen. Irgend etwas schob sich dazwischen. Er fühlte eine angenehm kühle Berührung. Nun wußte er, es war die Hand der Frau. Er erinnerte sich, wieviel Jahre war das her, fünfzehn oder noch mehr? Er hatte mit Scharlach in einem verdunkelten Zimmer gelegen und gewartet, auf irgend etwas gewartet. Bis endlich die Mutter gekommen war und ihm die kühle Hand auf die Stirn gelegt hatte. Auf diese Berührung hatte er gewartet. Mutter, wollte er sagen, seinen geschwollenen Lippen zum Trotz, ich bin sehr krank, Mutter. Wieder tauchte die Frau in seinem Gesichtsfeld auf. Und plötzlich begriff er, warum er die Vorstellung hatte, in einem Bunker zu sein und durch einen schmalen Spalt zu sehen. Sein Kopf war bandagiert, nur die Augen waren freigeblieben. Und die Frau, die sich über ihn beugte, war nicht seine Mutter, sondern eine junge, hübsche Krankenschwester. Unter der weißen Haube fielen dunkle Haarsträhnen hervor. «Wie fühlen Sie sich, Oberleutnant Kloss? Können Sie mich verstehen?» hörte er ihre Stimme. Er verstand, was sie sagte, obwohl sie sich einer fremden Sprache bediente. Einer anderen Sprache als der, in der seine Mutter zu ihm gesprochen hatte. Und doch hatte er alles verstanden. Es war komisch, sie sprach zu einem gewissen Oberleutnant Kloss, aber er hieß doch Staszek Moczułski, war zehn Jahre alt und an Scharlach erkrankt. Er spürte, wie die Frau fortging, zögernd schlug er die Augen auf und erblickte einen Mann mit weißem Kittel über der Uniform. Und daneben das junge Mädchen mit den widerspenstigen Haaren. Die Brille auf der Nase des Mannes hüpfte hin und her.

«Oh, ich sehe, unser Oberleutnant kommt zu sich», stellte er fest.

«Wo bin ich?» fragte Kloss.

«In einem Lazarett in Wiesbaden, Oberleutnant Kloss.»

«Wie bin ich hierher gekommen?»

«Der Zug wurde bombardiert», erklärte der Arzt. «Sie haben großes Glück gehabt, nur vierundzwanzig Personen konnte man aus dem Zug retten. Sie sind noch einmal davongekommen.»

«Mir tut alles weh.»

«Eine Quetschung, Prellungen, eine Gehirnerschütterung. Haben Sie Brechreiz?»

«Nein. Ich kann mich nur nicht daran erinnern, wie ich in diesen Zug gekommen sein soll.»

«Aus Ihren Papieren geht hervor, daß Sie nach Frankreich unterwegs waren.»

«Sie haben ständig von Paris geredet», warf die Schwester ein. «Von den Kastanien auf der Place Pigalle.»

«Von Kastanien?» fragte der Arzt interessiert.

«Was habe ich noch gesagt?» forschte Kloss. Er wollte sich aufrichten, aber ein stechender Schmerz drückte ihn auf das Kopfkissen zurück.

«Ruhig», beschwichtigte der Arzt. «Alle Knochen sind heil, nur die Prellungen sind nicht ohne. Wir haben Sie zwanzig Meter vom Bahndamm entfernt gefunden. Die Druckwelle muß Sie aus dem Wagen geschleudert haben.»

«Was habe ich noch erzählt?» fragte Kloss beharrlich.

«Irgendwelchen Blödsinn», entgegnete die Schwester leichthin. «Die Hälfte habe ich nicht verstehen können. Außerdem haben Sie in fremden Sprachen gesprochen.»

«Regen Sie sich nicht auf», sagte der Arzt beruhigend. «Das ist ganz normal bei einer Gehirnerschütterung. Aber ich kann Ihnen versichern, daß Sie keine Dienstgeheimnisse verraten haben, Oberleutnant Kloss. Und selbst wenn Sie etwas gesagt hätten, dann hätte Sie sowieso keiner verstanden.»

«Wie lange bin ich schon hier?» fragte Kloss.

«Drei Tage. In zwei Wochen stellen wir Sie der Kommission vor. Aber ich rate Ihnen, sich nicht allzuviel davon zu versprechen. Sie müssen wieder an die Front.»

«Ich will zurück», unterbrach Kloss ihn. «Ich habe einen Stellungsbefehl und müßte schon längst dort sein.»

Der Arzt zuckte mit den Schultern und rückte die verrutschte Brille zurecht.

Erst jetzt bemerkte Kloss, daß dort, wo der rechte Arm des Arztes hätte sein müssen, ein leerer Ärmel herabhing.

«Ihr Wunsch wird erfüllt», sagte er. «Schwester, ab morgen erhält der Patient andere Kost, er muß schnell zu Kräften kommen.» Er machte auf dem Absatz kehrt und ging zur Tür. Die Schwester folgte ihm.

Kloss blickte sich im Zimmer um. Die Verwundeten lagen mit dicken Verbänden in den Betten, das Bein des einen hing an einem Galgen. Die Stille wurde von gleichmäßigem Schnaufen und Schnarchen gestört.

Kloss schloß die Augen und versuchte sich zu erinnern. Was war vor drei Tagen geschehen? Der Zug, das bequeme Abteil, das bläuliche Licht, irgendein Offizier lag auf der Liege. Ein Oberst. Kloss hatte sich vorgestellt. Der Oberst hatte ihm herablassend eine Zigarre angeboten. Er hatte sich offensichtlich über die Gesellschaft des jungen Oberleutnants gefreut. Nach Meinung von Oberst Tiede, Tiede, ja, so war sein Name gewesen, hatte man zu viele junge Offiziere in die okkupierten Gebiete geschickt, statt an die Front. Oberst Tiede hielt es für einen Fehler, denn nur im Kampf würden sie unersetzbare Erfahrungen und die Chance einer schnellen Karriere bekommen. Kloss hatte ihm widerspruchslos recht gegeben.

Ja, daran konnte er sich erinnern. Aber was war zuvor gewesen? Er war in München in den Waggon gestiegen, im letzten Moment, als der Zug schon angefahren war. Warum hatte er so lange gewartet? Irgend etwas daran war rätselhaft, aber was? Er erinnerte sich, rechtzeitig auf dem Bahnhof eingetroffen zu sein. Eine halbe Stunde lang war er zwischen dem Zeitungskiosk und dem Übergang zu den anderen Bahnsteigen hin und her gelaufen. Hatte er auf jemanden gewartet? Er konnte sich auch daran erinnern, eine Schachtel Zigaretten gekauft zu haben, bevor er in den Zug gestiegen war. Worauf hatte er nur gewartet? Auf wen? Gedankenlos blickte er zu der Heizung, dann wanderte sein Blick höher. Auf dem Fensterbrett stand ein Topf mit Farnkraut, einen ähnlichen Blumentopf hatte er kürzlich irgendwo gesehen, wo war das nur gewesen?

Kloss sah plötzlich das kleine Schaufenster eines Ladens in einer der Seitenstraßen der Puławska in Warschau vor sich. Dort hatte zwischen chinesischem Porzellan und einem alten Säbel ein Farnkrauttopf gestanden, das Zeichen, daß man den Laden ohne Bedenken betreten konnte. Er war kurz vor fünf Uhr dort eingetroffen, als die Jalousien schon heruntergelassen wurden. Eine halbe Stunde zuvor hatte ihm sein Chef, Oberst Rohde, den Befehl erteilt, sich nach Saint Gille in der Normandie zu begeben. Die Zentrale der Abwehr wollte seine Erfahrungen in Frankreich ausnutzen. Also war Kloss zu dem Antiquariat gegangen, das in der Seitenstraße versteckt lag, um von der plötzlichen Entscheidung seiner Vorgesetzten Meldung zu machen. Es war insofern schwierig, weil Kloss sofort fahren mußte. Oberst Rohde wünschte, daß er seiner Familie in München einige persönliche Dinge überbrachte.

«Wie lange wirst du in München bleiben?» hatte der Antiquitätenhändler gefragt.

«Höchstens einen Tag. Am Freitag muß ich mich in Saint Gille melden.»

«Ich werde es übermitteln», hatte der Händler gesagt. «Warte in München auf weitere Instruktionen. Du fährst übermorgen von München ab, mit dem letzten Pariser Zug. Auf dem Bahnsteig wird unser Mann zu dir kommen und dir sagen, was weiter geschehen wird.»

«Wie werde ich ihn erkennen?»

«Er wird dich erkennen und fragen, ob du nach Saint Gille willst.» Ja. Während dieses Gesprächs hatte er den Topf mit Farnkraut gesehen. Dann war er in München gewesen, und nun erinnerte er sich auch an die Wohnung von Oberst Rohde, an dessen Frau. Er hatte ihre Gastfreundschaft nicht in Anspruch genommen, sondern im Hotel übernachtet und war dann zum Bahnhof gegangen.

Der letzte Zug nach Paris fuhr kurz vor neunzehn Uhr. Kloss hatte den Koffer ins Abteil gebracht, das noch leer gewesen war. Der geschwätzige Oberst Tiede mußte nach ihm gekommen sein. Kloss war auf dem Bahnsteig auf und ab gegangen. Viele Menschen waren an ihm vorbeigeströmt, aber niemand hatte ihn gefragt, ob er nach Saint Gille fahre.

Das Ausfahrtssignal zeigte bereits Grün, als er einen Mann in Eisenbahneruniform den Bahnsteig entlangrennen sah. Sein untrügliches Gefühl hatte ihm gesagt, daß es der war, auf den er gewartet hatte. Die Lokomotive pfiff schrill, Türen wurden zugeschlagen. Da hatte der Mann Kloss erkannt.

«Deine Versetzung», hatte er geradezu gesagt, «hat uns überrascht. Kontakt an Ort und Stelle in der Normandie. Sie werden dich finden. Präg dir die Parole ein ‹In Paris gibt es die besten Kastanien auf der Place Pigalle›. Du antwortest, daß Tante Susanne sie nur im Herbst mag, und wirst erfahren, daß sie dir eine frische Sendung schicken wird. Wiederhole!»

Aber Kloss kam nicht mehr dazu. Der Zug war angeruckt und langsam angefahren. Er war auf das Trittbrett des nächsten Waggons gesprungen, während der Eisenbahner in der Menge untertauchte.

Kloss war immer wieder die Parole durch den Kopf gegangen: «In Paris gibt es die besten Kastanien auf der Place Pigalle, Susanne mag sie nur im Herbst. Sie wird dir eine frische Sendung schicken.»

Plötzlich bekam Kloss Angst. Er hatte begriffen. Was hatte der Arzt gesagt? Nein, es war die Krankenschwester gewesen.

Er mußte herausbekommen, was er alles geredet hatte. Sie hatte von Kastanien gesprochen. Und wenn sie nun die seltsamen Reden des verwundeten Offiziers gemeldet hatte? Wenn der beruhigende Ton des Arztes nur gespielt war? Man hatte an alles gedacht, als man ihn für diese Tätigkeit vorbereitet hatte. Man hatte ihn gelehrt, Leute zu erkennen, die er nie gesehen hatte, über eine Familie Bescheid zu wissen, die nicht die seine war. Aber man hatte nicht daran gedacht, daß einmal der Fall eintreten könne, wo man die Kontrolle über sich selbst verlieren würde. Was hatte doch die Krankenschwester gesagt? Hatte er etwa Polnisch gesprochen? Wenn er sich nun verraten hatte?

Andererseits war es unwahrscheinlich, daß irgend jemand in diesem Lazarett, das im Frühjahr 1944 völlig überbelegt war, das Gestammel eines verletzten Offiziers abgehört hatte. Aber die Parole? Wenn er die Parole ausgeplaudert hatte? Der Satz über die Kastanien auf der Place Pigalle war entschieden zu ungewöhnlich, um kein Mißtrauen zu erregen.

«Kamerad», erreichte ihn ein Flüstern. «Kamerad, hast du eine Zigarette?»

Kloss drehte sich zur Seite. Der, dessen Bein am Galgen hing, sah ihn bittend an.

«Ich weiß nicht», entgegnete er. Mühevoll wälzte er sich auf die andere Seite und zog die Nachttischschublade auf. Dort lagen seine Brieftasche, eine Packung Zigaretten und Streichhölzer. Dieselben, die er am Kiosk auf dem Bahnsteig in München gekauft hatte.

«Zünd sie mir an», bat der andere mit heiserer Stimme, «ich kann mich nicht bewegen.»

«Ich werde es versuchen.» Kloss deckte sich langsam auf. Vorsichtig schob er erst das eine, dann das andere Bein aus dem Bett. Alles um ihn herum drehte sich, aber er schaffte es, sich aufzusetzen. Mit ungelenken Fingern zündete er die Zigarette an, stützte sich vom Bett hoch und reichte sie dem anderen. Der verschluckte sich am Rauch und hustete lange. Als

Kloss mit bloßen Zehen den kühlen Fußboden berührte, bemühte er sich, den Gang der Ereignisse weiter zu rekonstruieren. Er erinnerte sich daran, daß er dem Redeschwall des Obersten Tiede zugehört und einigemal zustimmend genickt hatte. Der Zug war in den zerbombten Bahnhof von Wiesbaden eingefahren. Offiziere und Soldaten stiegen aus, um etwas zu trinken zu kaufen.

An das, was dann passiert war, konnte er sich nicht mehr erinnern. Das Licht verlosch, gleichzeitig war es hinter den Fenstern gleißend hell geworden. Er hatte keine Explosion vernommen, und das wunderte ihn. Beim Versuch, zum Fenster zu gelangen, war ein Körper auf ihn gefallen. Dann konnte er sich erst wieder an das Fensterbrett mit dem Farnkrauttopf erinnern.

«Oberleutnant Kloss, wie können Sie nur?» In der Stimme der Krankenschwester bemerkte er wirkliches Erschrecken. «Sie dürfen nicht aufstehen. Bitte, legen Sie sich sofort wieder hin. Und wer hat Ihnen gesagt, daß Sie rauchen dürfen?»

«Ich bin wieder gesund», sagte er. Er sah, die Schwester war müde und überanstrengt. «Ich lege mich hin, wenn Sie mir Ihre Hand auf die Stirn legen wie vorhin.»

«Das war schon vorgestern. Sie haben gedacht, ich sei Ihre Mutter, und laut gerufen», sagte sie lächelnd.

«Wie das?» fragte er erschrocken. «Auf Deutsch?»

«Natürlich.» Ihre Stimme klang verwundert. «Wie hätten Sie denn sonst rufen sollen?»

Er schloß die Augen, als sie ihm die Hand auf die Stirn legte, und schlief sofort ein.

Es regnete. Leutnant Erik von Vormann blickte auf die zerrinnende Landschaft hinter dem Fenster und dachte an seinen Schutzengel, der ihm drei Tage zuvor befohlen hatte, auf dem zerstörten Wiesbadener Bahnhof auszusteigen, um ein Bier zu trinken.

Es war um so merkwürdiger, weil er sich nicht viel aus Bier

machte und nur in diesem Augenblick einen unbändigen Durst verspürte. Vielleicht hätte sich der Schutzengel nicht eingemischt, wenn nicht das üppige Abendbrot im Kreise seiner Münchener Bekannten gewesen wäre. Nach einem großen Besäufnis quälte ihn immer der Durst.

Er kam wieder auf den Bahnsteig gerannt, und sah noch die Schlußlichter des letzten Waggons. Er hatte nicht ahnen können, daß über ihn, Erik von Vormann, den Sohn und Enkel von Generälen, die Vorsehung wachte. Er war drauf und dran gewesen, alles zu verfluchen, den Befehl, der ihn zwang, das ruhige München zu verlassen, wo er dank der Protektion des Generalsvaters in den Papieren der örtlichen Abwehrstelle hatte wühlen können. Und sich dorthin zu begeben, wo die Welt mit Brettern vernagelt war, in ein Nest am Atlantikwall, wo die Arbeit wahrscheinlich eine etwas andere sein und ihm keine Annehmlichkeiten bereiten würde.

Der junge von Vormann hielt sich für einen Nazigegner, was er natürlich niemandem anvertraute. Das war er nicht von vornherein. Außerdem fand er die Ideen des Dritten Reiches von der Weltherrschaft nicht schlecht. Im Gegenteil – er fand es richtig, daß auf dem verfallenen und dem Ruin zusteuernden Gut der Familie in Ostpreußen Zwangsarbeiter schuften mußten. Er hätte auch nichts dagegen gehabt, wenn man der Familie von Vormann die Mission zur Zivilisierung eines großen Landstrichs in der Ukraine anvertraut hätte. Aber die Euphorie der ersten Siege war schnell vergangen, und das Dritte Reich verlangte jetzt auch Opfer.

Die Landschaft hinter dem Fenster war grau und eintönig. Er war nicht neugierig auf Frankreich, im Grunde genommen verachtete er alles, was nicht preußisch war.

Von Vormann blickte zur Uhr. Nach dem Fahrplan hätte er seit vierzig Minuten schon in Saint Gille sein müssen. Sand war ins Getriebe der deutschen Ordnung geraten.

Er öffnete das Fenster. Kalter, feuchter Wind schlug ihm entgegen. Das Meer mußte in der Nähe sein. Hinter einer Biegung sah man die spitzen Dächer von Saint Gillc. Davor lag der Atlantikwall, der die Engländer und Amerikaner aufhalten sollte. Erik von Vormann schlug fröstelnd den Kragen seines Mantels hoch.

Als er abends in das Kasino ging, das im Restaurant eines ehemaligen Hotels mit dem wohlklingenden Namen «Majestic» untergebracht war, dachte er erneut an die Befestigungen an der Küste. Würden sie die Alliierten zurückhalten, ihnen die Landung verwehren können?

Er dachte an seinen Vater, der irgendwo in der Ukraine war, wo die Frontlinie «verkürzt» wurde. Man brauchte kein großer Stratege zu sein, um zu wissen, was das hieß. Und von Vormann erinnerte sich an die Fähnchen auf den großen Stabskarten seines Vaters. Er erblickte Oberst Ehlert, der gerade das Kasino betrat. Das war sein unmittelbarer Vorgesetzter. Vormann hatte keine Lust zu einem Gespräch mit Ehlert und griff schnell zu einer Zeitung. Ihm mißfielen die grobe Fröhlichkeit und die primitiven Manieren des dicken Obersts. Primitiv, überheblich, ordinär – so hatte er ihn nach der ersten Begegnung eingeschätzt, als Ehlert seine Papiere durchgesehen und ihn Vormann genannt hatte.

«Ich heiße von Vormann», hatte er daraufhin erklärt, bewußt das «von» betonend. Aber Ehlert hatte getan, als hätte er nichts gehört, und ihn noch zweimal ohne seinen Titel angesprochen. Es half nichts, daß er sein Gesicht hinter der Zeitung versteckte. Ehlert stand vor seinem Tisch.

«Lassen Sie sich nicht stören, Leutnant», sagte er, als von Vormann den Überraschten mimte und Haltung angenommen hatte. Mit dem Fuß zog er sich einen Stuhl heran, setzte sich, und ohne zu fragen, goß er sich Wein ein. «Sind Sie immer noch allein, Leutnant? Wenn Sie wollen, mache ich Sie mit Ihren Kameraden bekannt.»

«Danke, Herr Oberst, ich habe mich meinen Vorgesetzten schon vorgestellt», entgegnete Vormann abweisend. «Hier bin ich privat.»

«Man muß sich unbedingt Gesellschaft suchen, es ist verflucht langweilig hier.»

«Ich langweile mich nie, Herr Oberst.»

«Verstehe», sagte er lächelnd. «Wenn Sie allein sind, haben Sie die beste Gesellschaft.» Er wurde ernst. «Denken Sie daran, daß wir, die Offiziere der Abwehr, den engsten Kontakt mit den Menschen haben müssen. Und in unserem Dienst, mein lieber Vormann, gibt es keine Trennung von Arbeit und Freizeit. Vergessen Sie das nicht!»

«Nein, nein», entgegnete von Vormann. Wie haßte er in diesem Augenblick den dicken, selbstgefälligen Ehlert. Mit welchem Recht konnte er es wagen, ihn, von Vormann, zu belehren? Ihn zu rügen wie einen dummen Jungen?

Ehlert blickte von Vormann prüfend an. «Nun gut, Leutnant, sehen Sie sich in Saint Gille um, obwohl es, weiß Gott, nicht viel zum Umsehen gibt. Und in ein, zwei Tagen machen wir uns an die Arbeit.»

Ohne von Vormann noch einmal anzusehen, erhob er sich und ging zur Tür, als sei er nur wegen dieses Gesprächs in das Kasino gekommen.

Von Vormann legte die Zeitung beiseite und blickte sich um. Am Nachbartisch saß ein Hauptmann der Pioniere. An der Theke flirtete ein Unteroffizier der SS mit einem Mädchen vom Hilfsdienst. Da spürte von Vormann, daß ihn jemand beobachtete, und wandte sich um. An einem Tisch unterm Fenster saß ein Mann in der Uniform der Organisation Todt. Als er bemerkt hatte, daß von Vormann auf ihn aufmerksam geworden war, stand er auf und kam auf ihn zu. «Entschuldigung, Herr Leutnant.»

«Ja, bitte?» fragte der kühl.

Der Mann in der Uniform der Organisation Todt lächelte unsicher. «Darf ich mich zu Ihnen setzen, Herr Leutnant? Ich bin auch gerade erst angekommen und kenne hier niemanden. Ich bin im Generalgouvernement gewesen.»

Schien es von Vormann nur so, oder hatte der Mann tatsächlich Angst? «Bitte.» Er zuckte die Schultern. «Wenn Sie meinen, daß es zu zweit lustiger sein wird, dann setzen Sie sich.» Er erinnerte sich an die Lektion von Ehlert über die Notwendigkeit, Kontakte aufzunehmen.

«Ich heiße Ormel», sagte der Mann mit demselben Lächeln im Gesicht. «Es würde mich freuen, wenn Sie ein Glas Kognak mit mir trinken würden, Herr Leutnant.» Er schnippte mit den Fingern, um die Aufmerksamkeit der Kellnerin auf sich zu lenken: «Zwei Kognak, Fräulein!» rief er. «Vorkriegskognak.» Er lachte, als sei das ein guter Witz gewesen.

Erst jetzt nahm von Vormann wahr, daß das, was er für ein Lächeln gehalten hatte, eher eine Grimasse war, die ein ungeschickter Chirurg fabriziert hatte. Eine Narbe lief über das Gesicht, die ihm ein nie verschwindendes Lächeln aufprägte. «Ich heiße von Vormann», sagte er, «und ehrlich gesagt, liebe ich die Einsamkeit. Kognak trinke ich nicht. Sie haben zu voreilig bestellt.»

«Dann werde ich wohl allein trinken müssen», scherzte Ormel. Er schob von Vormann eine Schachtel zu und nahm, als der nicht reagierte, eine Zigarette heraus und zündete sie an. «Sie sind heute früh angekommen, nicht wahr?»

«Ich sehe, man kann Sie schwer abweisen», sagte von Vormann, das Monokel zurechtrückend. «Und was folgt daraus?»

«Sind Sie über Paris gekommen?»

«Ich fürchte, es gibt keinen anderen Weg.»

«Ich hoffe, Sie haben etwas Zeit gehabt, sich die Stadt anzusehen.»

«Halten Sie Paris für so interessant?»

«In Paris», sagte der andere und sah ihn erwartungsvoll an, «gibt es die besten Kastanien auf der Place Pigalle.»

«Die besten Kastanien auf der Place Pigalle?» wiederholte von Vormann. «Mag sein, aber warum wollen Sie mich unbedingt davon in Kenntnis setzen?»

Ormel lachte schallend. Aber von Vormann schien dieses Lachen vorgetäuscht. «Wenn Sie länger in Frankreich wären, wüßten Sie, daß nicht Kastanien auf der Place Pigalle die besten sind, sondern ...» Er machte eine Geste, als wolle er von Vormann etwas ins Ohr flüstern.

Vormann fiel ihm ins Wort. «Ich kann mir denken, was Sie mir sagen wollen, aber mich interessieren die Spezialitäten der Place Pigalle nicht im geringsten.»

Die Kellnerin stellte zwei Gläser hin.

Ormel trank in einem Zug das erste Glas leer, dann griff er nach dem zweiten. Er stand eilig auf. «Es war sehr angenehm, Sie kennengelernt zu haben, Herr Leutnant.» Er hob die Stimme, als warte er noch auf etwas, vielleicht auf einen Händedruck, aber von Vormann nickte ihm nur kühl zu. Er sah, wie Ormel am Büfett zahlte und dann schnell zur Tür ging. Von Vormann dachte daran nachzusehen, wohin der Mann so eilig ging, der noch fünf Minuten zuvor sich bemüht hatte, mit ihm ein sinnloses Gespräch über die Kastanien auf der Place Pigalle zu führen.

Als er ins Freie trat, mußten sich seine Augen erst an die Finsternis gewöhnen. Über dem Ort lag völlige Dunkelheit. Wenig später nahm er die Silhouette des Mannes wahr, der sich eilig entfernte. Er folgte ihm.

Ormel ging schnell, ohne sich umzusehen. Plötzlich war er verschwunden. Von Vormann wartete einen Augenblick. Er zündete sich eine Zigarette an.

Hinter einem Eisenzaun entdeckte er eine große Villa. Aus den geschlossenen Fenstern klangen Musik und Stimmengewirr. Nur da hinein konnte der Mann verschwunden sein. Von Vormann drehte sich um und bemerkte die Aufschrift: «Pensionat Le Trou».

Jeanne Mole, die Besitzerin des Pensionats, das sich eines zweifelhaften Rufes bei den Bewohnern von Saint Gille erfreute, verabschiedete die Gäste. Nur widerstrebend ging ein junger Flieger mit einem kindlichen, von Flaumhaar bedeckten Gesicht. Aber schließlich mußte auch er aufgeben. Sie riß sich aus seinen Umarmungen los und bewegte ihn zum Gehen. Sie trat zum Spiegel und blickte in ihr vor Müdigkeit graues Gesicht. Ein Besuch bei der Kosmetikerin würde ihr guttun. Wenn die Aktion auf das Gefängnis gelingt, fahre ich nach Le Havre und gebe mein Geld aus.

Erleichtert dachte sie daran, gleich ins Bad zu gehen und sich mit dem Make-up auch den Schmutz vom Umgang mit den Leuten in den verhaßten Uniformen abzuspülen, der suchenden Hände, der begehrenden Blicke. In diesem Moment fiel ihr ein, daß ja noch einer geblieben war. Sie zwang sich ein Lächeln auf und trat ins Zimmer. Der Hauptmann der Pioniere sprang sofort auf.

«Endlich, Jeanne, das Warten auf Sie dauert eine Ewigkeit!» Er war keine Schönheit, dieser Hauptmann, dessen Name ihr entfallen war. Sie wußte nur, daß er die zweite Befestigungslinie irgendwo in der Region Caen baute. Deshalb hatte sie ihm erlaubt zu bleiben. Diese Bekanntschaft könnte sich als nützlich erweisen. Die Zentrale interessierte sich bestimmt für die Befestigungslinie.

Sie befreite sich geschickt aus seinen Armen, bezwang sich und tätschelte ihm zärtlich die rauhe Wange. «Wir haben doch ein Geschäft zu erledigen, Herr Hauptmann. Deshalb habe ich Ihnen erlaubt zu bleiben.»

«Und ich habe gedacht ...» Er seufzte und fuhr mit der Zunge über die Lippen.

«Ich würde nicht so schnell aufgeben», sagte sie lächelnd, «aber zuerst kommt das Geschäft.» Sie öffnete einen großen Spiegelschrank und nahm ein Paket heraus. «Ich habe den Stoff aus Paris für Sie mitgebracht. Gefällt er Ihnen?»

«Sie gefallen mir», stieß er hervor und beugte sich gierig über ihre Hand.

«Wie alt ist Ihre Frau?» Mit dieser Frage wollte sie ihn zur Vernunft bringen.

«Über vierzig.»

«Und ihre Konfektionsgröße?»

«Sie ist bedeutend dicker als Sie.»

«Nun, dann wird der Stoff sie kleiden. Es sollte auch noch Parfüm sein. Welche Duftnote bevorzugen Sie?»

«Die Ihres Parfüms.»

«Oh, das wird teuer werden, aber natürlich haben Sie bei mir Kredit. Sie werden doch noch nicht wegfahren?»

«Woher denn! Ich habe noch ein halbes Jahr hier zu tun. Und wenn Sie es mir erlauben würden, bliebe ich für immer hier.» Er versuchte erneut, sie zu umarmen.

«Aber, Hauptmann», wehrte sie vorwurfsvoll ab. «Sie sind wie jeder Mann ein schrecklicher Lügenbold.»

«Jeanne», flüsterte er und näherte sein Gesicht dem ihren.

Die Frau hatte, für ihn unbemerkt, auf einen Knopf getreten, der unter dem Teppich versteckt war. Einen Anflug von Ekel unterdrückend, ließ sie sich von ihm küssen. Wenn nur Marlene erst erschiene!

Endlich war ein Klopfen zu hören, und gleichzeitig öffnete sich die Tür. Die Hausangestellte stand auf der Schwelle.

«Begleite den Herrn Hauptmann hinaus», sagte Jeanne und ordnete ihr Haar. Erschöpft fiel sie in einen Sessel und wartete, bis die Tür zuschlug. Dann trat sie ans Fenster und vergewisserte sich, daß der Hauptmann das Haus verlassen hatte. Sie stieg die Treppe hinauf.

Henri öffnete die Tür, bevor sie klopfen konnte. Zwischen den Zähnen hing seine schwarze, zerbissene Pfeife. «Na, und?» fragte er.

«Nicht viel», entgegnete Jeanne. «Arbeit hat er noch mindestens ein halbes Jahr.» Sie wusch sich das Gesicht. «Gib mir eine Zigarette», bat sie den Mann in der Uniform der Organisation Todt, der düster am Fenster saß. «Hast du ihn getroffen?» fragte sie, als er ihr Feuer gab.

«Jean Pierre hat die Sache zunächst auf die leichte Schulter genommen», erwiderte Henri an seiner Stelle. «Jetzt grämt er sich.»

«Was heißt das?»

Der Mann der Organisation Todt zuckte mit den Schultern. «Ich habe einen Mann gefunden, zwar nur mit Leutnantsrang, und der avisierte sollte Oberleutnant sein, aber es ist niemand weiter in Saint Gille angekommen. Ich habe das überprüft.»

«Er hat auf die Parole nicht geantwortet?» fragte Jeanne ahnungsvoll.

«Ich habe dem falschen Mann die Parole gesagt. Wenn er kapiert hat ...»

«Du meinst, er hat etwas bemerkt?»

«Der Teufel soll ihn holen, diesen Affen mit dem Monokel. Ich erzählte ihm, was die Mädchen auf der Place Pigalle machen, aber er gab mir zu verstehen, daß ihn das nicht interessiere. Er wollte sich überhaupt nicht mit mir unterhalten.»

«Ich denke, Jean Pierre sollte Saint Gille verlassen, zumindest für einige Zeit», sagte Jeanne besorgt.

«Nein, ausgeschlossen», widersprach Henri. «Morgen läuft die Aktion mit dem Gefängnis. Jeden Tag können sie Maquis von dort fortschaffen.» Er klopfte mit der Pfeife an die Tischkante. «Wenn wir uns nicht beeilen, kann es vielleicht zu spät sein. Jean Pierre ist dabei unentbehrlich. Seine Uniform, seine Papiere, seine deutschen Sprachkenntnisse. Klar?»

«Ja», bekräftigte Jean Pierre, «ich muß bleiben. Vielleicht machen wir uns unnötig verrückt. Dieser von Vormann sah mir nicht sonderlich intelligent aus.»

«In Ordnung», sagte Henri abschließend. «Sprechen wir über den morgigen Tag.» Er stellte eine Streichholzschachtel auf den Tisch, nachdem er sie geleert hatte. «Das ist die Mairie», erläuterte er. «Die Keller liegen zur Rue de la Republique hin. Du kommst mit dem Lastwagen hierher.» Er hatte sich zu Jean Pierre gewandt ...

Leutnant von Vormann dachte belustigt an den Auftrag, den er sich selbst nach einem Gespräch mit Ehlert erteilt hatte. Anfänglich hatte ihm die Rolle eines Köders, die ihm der Oberst zugewiesen hatte, nicht behagt, aber dann begann er

Gefallen daran zu finden. Alles hatte für Vormann völlig unerwartet am Abend zuvor angefangen. Er hatte einen längeren Spaziergang unternommen. Bis zum Ende des Boulevards, wo sich die vornehmen Villen und Pensionate aneinanderreihten. Auf dem Rückweg war ihm eingefallen, daß ein Gläschen Kognak sicherlich nicht schaden könne, also war er in die Rue de la Republique eingebogen.

Plötzlich kam ein Lastwagen angerast, aus dem Tor der Mairie schoß irgend jemand, aus der benachbarten Schule stürmten Soldaten.

Bei der Schießerei war Vormann zu seiner Verwunderung nicht ängstlich zumute. Er hatte eher Neugier verspürt. Er glaubte, daß Partisanen versuchten, das Tor der Mairie zu stürmen, wo – wie er bereits wußte – das Gefängnis untergebracht war, hatte seinen noch unbenutzten Revolver entsichert und war den Schüssen entgegengelaufen. Als er um die Ecke hetzte, war im Licht einer Leuchtkugel ein anfahrender Lastwagen zu sehen. Ein Mann versuchte im Fahren noch aufzuspringen. Höchstens zehn Meter trennten ihn von den Flüchtenden. Von Vormann gab einige Schüsse ab und registrierte mit Befriedigung, daß der Mann, der schon fast oben war, die Klappe plötzlich losließ und mit dem Gesicht auf das Straßenpflaster schlug. Vom Lastwagen herunter erwiderte man die Schüsse, aber die Kugeln verfehlten von Vormann. Jedoch allein die Tatsache, daß jemand gewagt hatte, auf ihn zu schießen, hatte ihn in Aufregung versetzt. Er war zu den Soldaten gelaufen, die sich über den Liegenden beugten, und befahl, ihn umzudrehen. Im Licht einer Taschenlampe erkannte er das Gesicht des Mannes, der sich am Tag zuvor ungebeten an seinen Tisch gesetzt und von irgendwelchen Kastanien auf der Place Pigalle geredet hatte. Der Mann lebte noch. Von Vormann befahl daraufhin, ihn in das nahe gelegene Gefängnishospital zu bringen. Er sprach mit einem Arzt in der Uniform eines Sturmführers der SS und beschloß dann, nicht ohne Schadenfreude, seinen Chef zu wecken, um ihm Bericht zu erstatten. Er wurde jedoch enttäuscht. Ehlert war noch in seinem Dienstzimmer. Mit einem Glas Kognak in der Hand hatte er auf dem Schreibtisch ausgebreitete Papiere studiert.

«Setzen Sie sich», sagte er, ohne auf die vorschriftsmäßige Meldung zu achten. Kurz zuvor hatte er von dem Überfall auf das Gefängnis erfahren, und weil es die erste Aktion dieser Art hier war, schloß er daraus, jemand von den in letzter Zeit verhafteten Franzosen müsse ein großer Fisch des Untergrunds sein, wenn man soviel wagte, denn das Gefängnis lag mitten in der Ortschaft. Er war gerade bemüht, den Gefängnisakten etwas zu entnehmen, aber er war zu keinem Ergebnis gekommen. Aufmerksam hörte er den Bericht von Vormanns, ohne ihn ein einziges Mal zu unterbrechen.

«Meinen Sie, daß sich aus dem Mann etwas herausbekommen läßt?» fragte er dann.

«Er ist schwer verwundet, Herr Oberst. Ich habe ihn am Kopf und in die Brust getroffen, aber ein Soldat hat direkt in den Bauch geschossen. Ich habe mit dem Arzt gesprochen – er hat nicht viel Hoffnung gemacht.»

«Bewußtlos?»

Von Vormann zuckte die Schultern. «Nur noch Stunden.»

«Also Sie meinen, Vormann ...»

«Ich heiße von Vormann, Herr Oberst.»

«Unterbrechen Sie mich nicht, Leutnant Vormann. Also dieser Mann kam Ihnen schon gestern abend verdächtig vor und ging ins Pensionat ‹Le Trou›. Das paßt zusammen. Und wie hieß dieser Satz? Wiederholen Sie bitte.»

«In Paris gibt es die besten Kastanien auf der Place Pigalle.»

Der Oberst hob den Telefonhörer ab. «Ist der Wagen da?» fragte er mürrisch. Dann wandte er sich an von Vormann: «Wir fahren, uns mit Ihrem Ormel unterhalten.»

«Entschuldigung, Herr Oberst. Als ich das Pensionat ‹Le Trou› erwähnte, haben Sie gesagt, es würde zusammenpassen. Soll das heißen, daß ...»

«Es soll nichts heißen, mein lieber Vormann. Fragen sind meine Sache. Sie haben meine Befehle auszuführen.»

Wer weiß, ob nicht dieser belanglos hingeworfene Satz die Ursache war, daß Erik von Vormann beschloß, die Angelegenheit auf eigene Faust zu verfolgen. Gern hätte er diesem hochmütigen Oberst eins ausgewischt.

Das Lazarett war ein Keller ohne Fenster, den man weißgetüncht hatte. Drei mit braunen Decken bedeckte Strohsäcke und ein wackliger Tisch mit Spritzen und den notwendigsten Medikamenten waren das einzige Mobiliar. Als Ehlert und von Vormann den Raum betraten, vernahmen sie das kehlige Atmen eines Menschen, dessen Blick starr zur Decke gerichtet war.

Der Arzt in SS-Uniform, einen weißen Kittel lose übergeworfen, blickte auf. «Agonie», sagte er.

«Geben Sie ihm eine Spritze», befahl Ehlert. Als der Arzt mit den Schultern zuckte, fügte er hinzu: «Gib ihm eine Spritze, Mensch, damit er noch etwas sagt. Tote interessieren mich nicht.»

Der Arzt stach mit Schwung eine Nadel in den schlaffen Unterarm des Sterbenden. «Sie war nicht ausgekocht», brummter er.

«Das ist jetzt ohne Bedeutung», bemerkte der Oberst und beugte sich über den Patienten. Es war, als käme wieder Leben in ihn. Er blickte Ehlert an und kniff dann die Augen zusammen.

«Wo bin ich?» fragte er auf französisch.

Von Vormann wollte sprechen, aber Ehlert bedeutete ihm zu schweigen. Der Sterbende zitterte, seine Hände irrten auf der Decke umher, als suchten sie etwas, die Finger krampften sich zusammen.

«Daraus wird nichts mehr, Herr Oberst», sagte der Arzt.

Ehlert drehte sich um, suchte etwas auf dem Tisch, griff nach einer Flasche und roch daran. «Spiritus?» fragte er, um sich zu vergewissern.

Der Arzt nickte.

«Versuchen wir es damit. Ich mag einfache Methoden.»

«Das ist sein Tod», wandte der Arzt ein. «Jeder Tropfen Flüssigkeit ...»

«Flößen Sie ihm das ein! Was ist das für ein Unterschied – zwei Stunden früher oder später.»

Von Vormann wandte sich ab und wollte den Raum verlassen. Der Oberst hielt ihn an der Schulter fest.

«Einen Augenblick, Vormann, Sie müssen das lernen. Dies ist unsere eigentliche Arbeit, und nicht das, was Sie in München getan haben. Aber vielleicht mißfallen Ihnen meine Methoden?»

Vormann blickte Ehlert an. «Ja, Herr Oberst.»

«Das macht nichts», sagte Ehlert. Er ging zum Arzt und half, die Kiefer des Sterbenden auseinanderzuziehen. Der verschluckte sich und rang mit Mühe nach Luft. Er hielt die Augen geschlossen. «In Paris gibt es die besten Kastanien auf der Place Pigalle», sagte Ehlert ihm ins Ohr.

«Susanne mag sie nur im Herbst», flüsterte der Verletzte. Und einen Augenblick später fügte er hinzu: «Sie schickt dir eine frische Sendung.» Dann öffnete er die Augen und begriff plötzlich, was geschehen war. Er erblickte drei Männer in Uniform, die sich über ihn gebeugt hatten, sein Gesicht zeigte Furcht und Haß.

Der Oberst faßte ihn an der Schulter und rüttelte ihn heftig. «Rede, für wen war die Parole bestimmt?» schrie er. «Du bleibst am Leben, wenn du sprichst. Du hast auch so schon genug ausgeplaudert. Zu deinen Leuten kannst du nicht zurück. Sie würden dich kaltmachen ...» Er mußte das Erschlaffen des Körpers des Sterbenden bemerkt haben, denn plötzlich ließ er ihn los. «Gehen wir», sagte er zu von Vormann.

«Ich habe es doch gewußt», stieß der Arzt in der SS-Uniform hervor und zog die Decke über das Gesicht des Toten.

Im Auto zündete sich Ehlert eine Zigarre an und blies dem Leutnant den Rauch ins Gesicht. «Merken Sie sich bitte, daß

Sie für mich Leutnant Vormann sind. Ich habe keine Lust auf irgendein ‹von›. Klar? Ich würde mich freuen, wenn Sie sich auch dieser Überflüssigkeit entledigen würden.» Er zeigte auf das Monokel, das Vormann nervös zurechtrückte. Ehlert verstummte und sah von Vormann an, als erwarte er eine Reaktion. «Aber zurück zu unserer Arbeit. Vergessen Sie die Parole, ich werde mich selbst damit beschäftigen. Ich werde persönlich den Geschmack der Kastanien auf der Place Pigalle probieren. Haben Sie verstanden, Leutnant Vormann?» Er lächelte.

«Ich habe verstanden, Herr Oberst.» Aber er hatte nicht die leiseste Absicht, die Parole zu vergessen.

Ihm war klargeworden, daß er eine Chance besaß, vielleicht die einzige in seinem Leben, um diesem ungehobelten Klotz zu beweisen, wer ein besserer Abwehroffizier war. Er kannte die Leute Ehlerts vom Sehen, Wichtigtuer, die sogar ein Blinder ohne Mühe als solche erkannt hätte. Von Vormann wußte, daß Ehlert sie beauftragt hatte, sich an Offiziere mit der Bemerkung zu wenden, daß es die besten Kastanien auf der Place Pigalle gäbe. Sie taten es ungeschickt und aufdringlich. Das ging sogar so weit, daß ihn, von Vormann, einer ansprach und von den Kastanien erzählte. «Hau ab, du Idiot», hatte ihn der Leutnant angeschrien. «Komm mir nicht mehr unter die Augen.» Er selbst wollte sich die Chance nicht entgehen lassen, die sich ihm unvorhergesehen geboten hatte.

Jemand, der von Vormann früher nicht gekannt hatte, hätte annehmen können, er sei ein ungewöhnlich geselliger Mensch. Er besuchte die nahe gelegenen Garnisonen, ließ sich gern in Gespräche ein, bestellte Wein und Kognak, ohne es sich nehmen zu lassen, jedem seiner zahlreichen Bekannten von der besonderen Schmackhaftigkeit der Kastanien auf einem gewissen Platz in Paris zu erzählen. Sogar als er seine Schwester, Renate von Vormann, besuchte, eine mittelmäßige Sängerin, die den Offizieren in Le Havre das Leben verschönte, und dort ihren derzeitigen Verehrer, einen Oberst Tiede, traf, nutzte er die erste Gelegenheit und nannte die Parole. Oberst Tiede verstand wie alle anderen nicht.

Von Vormann verlor jedoch nicht die Hoffnung, endlich jemanden zu treffen, der die zweite Hälfte der Losung sagen würde, und dann ... Was dann geschehen würde, das wußte er noch nicht. Sicher würde er nicht zu Ehlert laufen, denn der Dicke würde ihm den Bissen vor der Nase wegschnappen.

O nein, so naiv war von Vormann nicht. Wenn er den Mann treffen würde, der ihm die Losung sagen konnte, würde er versuchen, in das feindliche Netz einzusteigen.

Aber vielleicht würde er auch anders vorgehen. Die Kriegssituation war nicht so günstig, daß ein Übermaß an patriotischem Eifer noch Profit bringen konnte. Sollte der Gefreite den Krieg verlieren ...

Aber wer vorher rechnet, der rechnet oft zweimal. Zunächst galt es, den zu finden, der sagen würde, daß Susanne die Kastanien nur im Herbst mochte. Er bestellte erneut ein Glas Kognak und erstarrte plötzlich. Ins Kasino trat ein Hauptmann der Luftwaffe, den von Vormann bisher noch nicht gesehen hatte, und blickte sich nach einem freien Platz um. Vormann bedeutete ihm, daß die Stühle an seinem Tisch frei seien. Der Flieger war in bester Stimmung. Das war nicht verwunderlich, denn man hatte ihn vom Osten abgezogen, und er machte kein Hehl daraus, daß er über die Versetzung erfreut war.

«Auf Ihr Wohl, Leutnant von Vormann. Erst in Frankreich merkt der Mensch, daß er lebt. Wein und Mädchen. Glauben Sie mir», sagte er und beugte sich dichter zu von Vormann hinüber, «in Polen hat man Angst, die Nase zur Tür hinauszustecken.»

«Sind Sie schon lange aus dem Generalgouvernement fort?» fragte Vormann.

«Vor zehn Tagen habe ich den Ort verlassen, wo ich ein Jahr lang gelebt habe. Ich habe es nicht geschafft, seinen Namen zu behalten. Ich habe eine Woche Urlaub bekommen, aber glauben Sie mir, eine Woche Urlaub – das ist zu wenig für Paris. Unser Führer hat natürlich recht, das ist ein Sündenpfuhl, aber es lohnt sich, in ihm zu baden.»

«In Paris gibt es die besten Kastanien auf der Place Pigalle», sagte Vormann und blickte dem Offizier gespannt in die Augen.

«Kastanien?» fragte der Flieger verwundert. «Essen Sie geröstete Kastanien gern? Ich habe es einmal probiert, aber das war eine ekelhafte Schweinerei. Aber wenn es um die Place Pigalle geht ...»

«Ich weiß, ich weiß», unterbrach Vormann ihn. «Es ist Zeit für mich.» Er fühlte sich müde und enttäuscht.

Kloss war beunruhigt. Er wollte so schnell wie möglich in Saint Gille sein. Die Zentrale hatte seine Ankunft angekündigt, und jemand würde dort auf ihn warten. Sollte er wieder den Kontakt verlieren: Er dachte besser nicht daran. Es war ihm schon zweimal passiert, und er wußte, es war das Schlimmste, was einem Widerstandskämpfer passieren konnte.

Er war natürlich immer allein, aber das Bewußtsein, daß es jemanden gab, dem man Informationen übermitteln konnte, der ihm Anweisungen brachte und die Meldungen entgegennahm, machte die Einsamkeit erträglicher. Erst als er den Kontakt verlor und ausschließlich auf sich selbst gestellt war, fühlte er die Einsamkeit deutlich, seine Rolle hatte ihren eigentlichen Sinn verloren. Natürlich handelte er weiterhin so, wie die Pflicht es ihm gebot. Er hatte alles im Gedächtnis notiert, was für die Zentrale wichtig sein konnte, aber die Unmöglichkeit, es zu übermitteln, das Bewußtsein, daß die heute sensationelle Nachricht morgen bereits wertlos sein konnte, erschwerten Kloss die Arbeit. Also wollte er so schnell wie möglich in Saint Gille eintreffen. Er versetzte die Ärztekommission in Erstaunen, als er erklärte, er verzichte auf seinen Genesungsurlaub und wolle sich so schnell wie möglich zu seiner Einheit begeben. Die an solche Pflichtbesessenheit nicht gewöhnten Ärzte nahmen an, sie hätte es mit den Auswirkungen des Schocks zu tun. Aber was sollte es, Oberleutnant Hans Kloss war gesund, und wenn er wollte, so konnte er zu seiner Einheit fahren.

Es war wie verhext. Der Zug nach Paris traf mit zweistündiger Verspätung ein. Kloss brauchte nicht nach den Gründen zu fragen – es war mit bloßen Augen zu sehen. Als er während der Fahrt aus dem Fenster blickte, sah er bombardierte Bahnhöfe, eilig ausgebesserte Brücken. Die alliierten Luftverbände waren nicht untätig gewesen. Die nächste Verbindung nach Saint Gille hatte er in vier Stunden, also beschloß er, sich die Stadt anzusehen. Ihm fiel ein, daß es gut wäre, noch vor dem Eintreffen in der normannischen Provinzstadt die Zentrale zu informieren, daß er mit zwanzigtägiger Verspätung ankommen würde. Von einem kurzen Aufenthalt in Paris ein Jahr zuvor war ihm noch die Erinnerung geblieben, daß es irgendwo im achtzehnten Bezirk einen Anlaufpunkt gab. Er erinnerte sich an ein kleines, schmutziges Hotel, dessen Halle einen Fußboden mit Sternmuster besaß. Er erinnerte sich auch noch an die Frau in der Rezeption, an der man wortlos vorübergehen mußte, um dann hinter einer Tür mit der Aufschrift «Büro» verschwinden zu können. Das war alles.

Er ging zur Metro und suchte auf dem Fahrplan den Namen der Station, wo er aussteigen mußte. Er fand ihn sofort: Anvers. Das war die Station. Jetzt erinnerte er sich. Nach dem Verlassen der Metro mußte man eine Straße überqueren und auf der rechten Seite den Bürgersteig in Richtung Clichy entlanggehen, vorbei an zwei oder drei engen Straßen, an deren Ende man die weiße Kuppel von Sacre Coeur leuchten sah. Die nächste Straße hieß ... Bevor er sie erreichte, erinnerte er sich an das Hotel «Ideal».

Vorsichtig drückte er die Klinke hinunter und sah das sternförmige Muster des Fußbodens und das kleine Fenster der Rezeption. Ein Mann beugte sich zu ihm vor.

«Zu wem wollen Sie?»

«Zu Monsieur Bernard», sagte Kloss und wollte zur Bürotür weitergehen.

«Wie das?» fragte der Mann. «Wissen Sie es noch nicht? Er ist vor einem halben Jahr deportiert worden.» Dann fügte er hinzu, als hätte er jetzt erst die Uniform bemerkt: «Ich bin der neue Besitzer, aber ich habe nichts zu tun mit ...»

Kloss ging sofort wieder. So war die letzte Chance vorbei, mit der Zentrale Kontakt aufzunehmen. War der ehemalige Besitzer tatsächlich deportiert worden, oder hatte man einfach den Kontaktort gewechselt?

Er ging in ein Restaurant, aß eilig ein billiges Mittagessen und besuchte dann ein kleines Kino. Während die Wochenschau gezeigt wurde, reagierte das Publikum ohne jede Zurückhaltung mit Pfeifen und Lachen. Kloss registrierte mit Befriedigung, daß ein solches Verhalten ein Jahr zuvor in Paris noch undenkbar gewesen wäre. Er trat wieder auf die Straße, als es schon dunkelte. Auf dem Weg zur Metrostation kaufte er bei einem Straßenhändler eine Tüte mit gerösteten Kastanien. Ich muß probieren, dachte er, ob die Kastanien auf der Place Pigalle tatsächlich die besten in Paris sind.

Offensichtlich verfolgte ihn in letzter Zeit das Pech. Wieder bombardierten die Engländer einen Eisenbahnknotenpunkt, und infolgedessen traf er erst am nächsten Morgen in Saint Gille ein.

Es fiel ein feiner Regen, und der Wind vom Meer pfiff unangenehm. Es ist kälter als in Polen, dachte Kloss. Er sah das Hotel «Majestic» vor sich. Auf einem einfachen Brett stand «Offizierskasino». Er beschloß, sich dort aufzuwärmen.

In der Ecke des Saales war ein schlanker Leutnant damit beschäftigt, allein Billard zu spielen, ohne dabei sein Monokel abzunehmen. Immer wieder sprangen die Billardkugeln mit Gepolter zur Mitte. Kloss trank einen miserablen Kaffee, dann ein Glas Kognak, aber immer noch schüttelte ihn die Kälte. Offenbar bin ich noch nicht ganz in Ordnung, dachte er. Dann ging er zum Billardtisch hinüber. «Spielen wir», sagte er.

Der Leutnant gab ihm wortlos den Stab und die Kreide.

Schweigend spielten sie die erste Partie, die Kloss verlor. Der Leutnant mit dem Monokel schrieb ernst und kommentarlos das Ergebnis an die Tafel. Kloss forderte Revanche. Diesmal hatte der Leutnant kein so leichtes Spiel, aber letzten Endes mußte sich Kloss wieder geschlagen geben.

«Trinken wir einen», schlug der Sieger vor. «Ich heiße von Vormann, Erik von Vormann.»

«Sehr angenehm, Oberleutnant Hans Kloss. Erlauben Sie, Leutnant von Vormann, daß ich Sie einlade?»

»Ich sehe Sie zum erstenmal hier, Herr Oberleutnant», begann von Vormann, als sie an einem kleinen Tisch Platz genommen hatten.

«Das ist auch nicht verwunderlich», entgegenete Kloss, «ich bin erst vor zwei Stunden angekommen. Ich konnte mich noch nicht einmal bei meinem Vorgesetzten melden.»

«Sie sind erst vor kurzem hier angekommen?» Von Vormann schien sich aufrichtig zu freuen. «Wenn Sie sich bei Oberst Ehlert melden wollen, dann sind wir Kollegen.» Als Kloss bestätigend genickt hatte, fügte er hinzu: «Schön, endlich einen würdigen Billardpartner zu haben.»

«Wie Sie gesehen haben, bin ich kein guter Spieler. Ich habe verloren.»

«Das besagt nichts, denn ich spiele hervorragend», entgegenete der andere und warf die Lippen auf. «Hier könnte man vor Langeweile umkommen, wenn es nicht dieses Spiel gäbe ...», sagte er und zeigte auf den Billardtisch. «Natürlich bleibt immer noch der Alkohol. Woher kommen Sie?»

«Aus dem Lazarett», sagte Kloss. «Aus Wiesbaden.» Er erzählte von dem Bombenangriff auf den Zug, mit dem er drei Wochen zuvor hatte ankommen sollen. Von Vormann seinerseits berichtete von seinem Schutzengel, der ihn geheißen hatte, den Zug zu verlassen und ein Bier zu trinken.

«Also sind Sie ein Rekonvaleszent», sagte von Vormann. «Ich beneide Sie. Sie haben sicher Urlaub erhalten und sich tüchtig amüsiert.» Als Kloss nichts entgegnete, fuhr er fort: «Ich nehme an, Sie haben Ihren Urlaub in Paris verbracht. Für uns Deutsche ist das etwa wie Himmel und Hölle gleichzeitig.»

«Das haben Sie gut gesagt», entgegnete Kloss und lächelte.

«Paris, Paris, das süße Paris», seufzte von Vormann, beugte sich zu Kloss hinüber und senkte gegen seinen Willen die Stimme. «In Paris gibt es die besten Kastanien auf der Place Pigalle.»

Kloss erstarrte. Das war so unerwartet gekommen, daß er für einen Augenblick völlig überrascht war. Das kann doch nicht möglich sein, schoß es ihm durch den Kopf, daß die Zentrale über zwei Mitarbeiter in den Uniformen von Abwehroffizieren verfügte und das in einem so gottverlassenen Nest wie Saint Gille. Aber andererseits war ihm die Parole genannt worden, und er mußte reagieren. Er begriff schlagartig, was die Genossen fühlen mußten, die von seiner Uniform nichts wußten und an die er sich mit der vereinbarten Parole wandte. Angst, Überraschung? Und dennoch war es noch nie vorgekommen, daß man ihm nicht so geantwortet hätte, wie es ausgemacht worden war. Kloss konnte auch nicht davon ausgehen, er sei der einzige Mitarbeiter des Widerstandes, der eine Wehrmachtuniform trug. Es gab auch noch andere. Von Vormann konnte einer von ihnen sein.

Der Leutnant spielte nervös mit dem Monokel in seiner Hand. Er blickte Kloss auf die Lippen, als würden sie sein Urteil sprechen. Kloss' Zögern dauerte kaum länger als ein paar Sekunden. «Susanne mag sie nur im Herbst», sagte er ruhig, ohne von Vormann anzublicken. Mit größter Willensanstrengung unterdrückte er das in ihm aufkommende Zittern. Er wartete auf den letzten Teil der Parole ...

«Sie wird dir eine frische Sendung schicken», sagte von Vormann. Es gelang ihm, seine Befriedigung und seinen

Triumph geschickt zu verbergen. «Wir sind wohl angekommen, Oberleutnant Kloss. Du heißt Hans mit Vornamen, nicht?» Er drückte das Monokel wieder ins Auge.

«Ja», antwortete Kloss mechanisch. «Was hast du für Nachrichten für mich?»

«Du hast dich verspätet», fuhr Vormann fort, «du hast dich erheblich verspätet. Das kann manchmal gefährlich sein.»

Von Vormann erschien Kloss jetzt wie eine Schlange, die ihr Opfer bereits paralysiert hatte und den Triumph auskostete. Aber er schob dieses Bild als unsachlich von sich.

In diesem Augenblick drehten beide gleichzeitig den Kopf zur Tür, in der ein Unteroffizier aufgetaucht war, der die Hakken zusammenschlug und dann an ihren Tisch kam.

«Bitte zum Telefon, Herr Leutnant», sagte er zu von Vormann gewandt.

Auf dem Weg zum Stab ließ Kloss sich das Gespräch noch einmal durch den Kopf gehen. Die Jahre schwerer und gefährlicher Arbeit hatten ihn gelehrt, dem zu vertrauen, der die Parole kannte. Mit welchen Menschen mußte er manchmal zusammenarbeiten, Lumpen, Fürsten, eleganten Damen, hervorragenden Intellektuellen und schreibkundigen Pferdeknechten. Das Aussehen und Auftreten besagten nichts. Außerdem, wenn von Vormann sein Mann war und eine solche Maske trug, dann mußte man anerkennen, daß sie wie angemessen paßte. Und das war in der Konspiration das allerwichtigste, mit seiner Maske zu verschmelzen. Was sonst hatte er, Hans Kloss, denn getan?

Oberst Ehlert sah eilig die Papiere durch, die ihm Kloss gereicht hatte, dann prüfte er aufmerksam das Aussehen des jungen Offiziers. «Ich habe seit einem Monat auf Sie gewartet, Oberleutnant Kloss, seit fast einem Monat», erklärte er.

«Ich komme geradewegs aus dem Lazarett. Ich habe auf meinen Urlaub verzichtet.»

«Das hat man in Ihren Papieren vermerkt. Ein vorbildliches

Verhalten. Setzen Sie sich, bitte. Zigarre oder Zigarette?» fragte er, als Kloss ihm Feuer reichte. «Ich habe einen Offizier angefordert, der schon Erfahrungen mit dem Einschleusen von Agenten besitzt. Man sagte mir, Sie besäßen diese Eignung.»

«Ich habe mich damit eine Zeitlang an einer Schule der Abwehr beschäftigt.»

«Das ist für uns die wichtigste und dringlichste Aufgabe. Erwarten Sie nicht, hier Ferien machen zu können, Oberleutnant Kloss. Die Alliierten bereiten sich auf die Landung vor – das ist sicher, obwohl wir noch nicht wissen, wo sie landen werden. Vielleicht auf dem Balkan, vielleicht in Marseille oder Toulon, oder vielleicht genau hier. Wir müssen es aber in Erfahrung bringen, und dazu brauche ich Sie. Sicher haben Sie schon gehört, daß ich Ehlert heiße. Ich möchte Ihnen noch sagen, daß es vor meinem Namen kein ‹von› gibt. Ich komme aus einer guten Kaufmannsfamilie in Bremen und kann diese Schnösel nicht ertragen, die mit dem Monokel schlafen gehen und so laufen, als hätten sie einen Stock verschluckt.»

Kloss mußte lächeln. Das traf genau auf Vormann zu. «Wenn Sie erlauben, Herr Oberst, dann möchte ich sagen, daß auch ich nichts vom Adel halte.»

«Nun, das ist zumindest etwas Gemeinsamens. Für unsere Tätigkeit, Oberleutnant Kloss, braucht man weder saubere Hände noch feine Manieren. Heute bitte ich Sie, sich einzurichten und eine Unterkunft zu finden, morgen geht es dann ans Werk. Sie arbeiten mit einem gewissen Vormann zusammen, von Vormann», betonte er spöttisch. «Sie werden ihn in Kürze kennenlernen. Sein Vater ist General, und kein schlechter.» Seine Miene verdüsterte sich einen Moment, dann aber fügte er schnell hinzu, als wolle er ernste Gedanken verjagen: «Aber der Sohn wird es nicht so weit bringen. Sie verstehen, was ich damit sagen will?»

«Ich glaube, ich verstehe, Herr Oberst.»

Auffallend diensteifrig schlug der für Unterbringung zuständige Unteroffizier Kloss vor, ihn zu seinem Quartier zu begleiten, aber der Oberleutnant lehnte dankend ab. Er befahl nur, sein Gepäck hinzubringen.

Es hatte sich etwas aufgehellt, hinter den Wolken lugte zaghaft die Sonne hervor. Ohne Schwierigkeiten fand er die richtige Straße und die Villa, wo er wohnen sollte. Eine ältere Frau führte ihn wortlos durchs Haus und zeigte ihm sein Zimmer, durch dessen großes Fenster man das Panorama der Saint Gille und dahinter das Meer bewundern konnte. Kloss legte sich aufs Bett und schlief fast augenblicklich ein.

Leises Klopfen weckte ihn. Er stand auf und öffnete. Auf der Schwelle stand eine junge Frau.

«Man hat Ihre Sachen gebracht», sagte sie und gab ihm seinen Koffer.

«Ich dachte, in diesem Haus wohnt nur die alte Frau.»

Kloss sah fragend auf die Unbekannte.

«Das stimmt auch», bestätigte sie. «Erlauben Sie, daß ich eintrete?»

«Bitte, bitte.» Kloss bot ihr einen Sessel an. «Weshalb kommen Sie zu mir?»

«Saint Gille ist ein kleiner Ort, Herr Oberleutnant. Wenn jemand neu angereist ist, bleibt das nicht verborgen. Und weil der Unteroffizier Wein liebt, konnte man erfahren, daß der neue Offizier Hans Kloss heißt.»

«Ich verstehe nicht», entgegnete er abweisend. «Was wollen Sie hier? Was suchen Sie? Und was besagt das, daß ich tatsächlich Kloss heiße?» Er war wie gewöhnlich in solchen Fällen völlig ruhig, das untrügliche Zeichen für äußerste innere Anspannung.

«Ich bin gekommen, um Oberleutnant Kloss zu besuchen, denn ich weiß jetzt bereits», sagte sie und betonte das Wort «jetzt», «daß ich Ihnen etwas zu sagen habe.»

«Bitte sprechen Sie», forderte er und wußte bereits, was sie sagen würde.

«In Paris gibt es die besten Kastanien auf der Place Pigalle.»

Er nahm sich eine Zigarette, dann bot er der Frau eine an. Er mußte Zeit gewinnen. Fast körperlich spürte er, wie sich um ihn herum ein Netz zusammenzog. «Also sind Sie gekommen, um mir mitzuteilen, wie schmackhaft die Kastanien auf der Place Pigalle sind? Ich war vor kurzem in Paris und habe Kastanien probiert, wer weiß, vielleicht sogar auf der Place Pigalle? Aber ich glaube nicht, daß sie sich von denen der Place d'Opera unterscheiden.»

«Bitte spielen Sie mir nichts vor, Oberleutnant Kloss», beschwor ihn die Frau ernst.

«Die zwei nächsten Sätze der Parole kennen Sie genausogut wie ich.»

«Eine Parole? Ausgezeichnet, Mademoiselle. Glauben Sie mir, daß ich Sie sofort verhaften lasse, wenn ich keine näheren Erläuterungen bekomme.»

«Verstehe», sagte die Frau düster. «Also ist das Unglück schon geschehen. Es ist schon jemand zu Ihnen gekommen …»

Kloss schwieg. War das eine Provokation? Wenn ja, dann war sie plump angelegt. Ehlert aber hatte nicht wie ein Trottel ausgesehen. Vielleicht hatte sein Gefühl ihn doch nicht betrogen, und der Provokateur war dieser von Vormann? Aber was dann … Die Frau sah nicht ängstlich aus, sie benahm sich ungezwungen, vielleicht sogar etwas zu zwanglos.

«Sie haben ein gefährliches Spiel begonnen, ich bin Offizier der Abwehr.»

«Das weiß ich und bitte Sie, mir aufmerksam zuzuhören.» Sie ging zur Tür, sah sich suchend um und schloß sie wieder. «Vor drei Wochen haben wir Ihren Namen noch nicht gekannt, nur eine sehr ungenaue Beschreibung Ihrer Person. Unser Mann ist unvorsichtig gewesen. Dann ist er den Faschisten in die Hände gefallen. Wenn er noch gelebt hat, haben sie wahrscheinlich die Parole aus ihm herausbekommen können. Jeder, der sich mit diesen Worten an Sie wendet, ist ein Provokateur.»

«Also Sie ...»

«Mich finden Sie im Pensionat ‹Le Trou›, ich heiße Jeanne Mole. Den Weg zeigt Ihnen jeder deutsche Offizier.»

«Ich verstehe nicht, wovon sprechen Sie?»

«Wenn Sie begriffen haben, kommen Sie bitte.»

«Ich werde Sie festnehmen lassen!»

«Das wirst du nicht tun, ‹J-23›. Ich weiß, die Situation ist verfahren und widerspricht allen Prinzipien unserer Arbeit, aber ich hatte keine andere Wahl. Ich habe Angst gehabt, mir könnte jemand zuvorkommen. Sie werden mich völlig ungefährdet besuchen können. Ich gehöre zu den Frauen, die man häufig in Begleitung deutscher Offiziere sieht», sagte sie bitter. «Bitte schieben Sie es nicht auf, am besten noch heute abend», sagte sie schon im Flur. «Wir müssen gemeinsam überlegen. Ohne uns wissen Sie sich sowieso nicht zu helfen. Sind Sie Deutscher?»

«Nein», entgegnete er unwillkürlich und begriff schlagartig, daß er sich mit dieser Antwort in die Hände von Jeanne Mole begeben hatte. «Es ist nicht gut», sagte er, «es ist gar nicht gut. Ich komme heute abend, wenn ich kann.»

Das hieß, er wird erscheinen, wenn ihn von Vormann bis dahin noch nicht Ehlert ausgeliefert hat. Oder noch genauer – wenn er dann noch lebt, denn er würde sich nie lebend fangen lassen.

Jeanne nickte nur. Sie hatte verstanden.

Nun saß er im Kasino und wartete auf von Vormann. Es war das einzige, was er tun konnte, warten. Nachdem Jeanne das Haus verlassen hatte, war er zum Stab gegangen und hatte dort erfahren, Oberst Ehlert sei weggefahren und würde wahrscheinlich nicht vor morgen zurückkehren. Leider war es Kloss nicht gelungen, aus dem knurrigen Schreibstubenmenschen herauszubekommen, ob der Oberst vor seiner Abfahrt noch mit von Vormann gesprochen hatte. Aber das besagte sowieso nichts, denn sie konnten sich irgendwo in der Stadt getroffen oder Ehlert von Vormann in dessen Dienstzimmer aufgesucht haben. Vielleicht waren sie auch zusammen unterwegs! Dem Leutnant mit dem Monokel begegnete Kloss nicht, obwohl er kreuz und quer durch Saint Gille spaziert war und in Restaurants und Cafés geblickt hatte. Die einzige Hoffnung war, ihn im Kasino zu treffen. Kloss hatte schon drei Gläser getrunken und dabei jedesmal den fremden Gegenstand im Mund gespürt. Gleich nachdem Jeanne gegangen war, hatte er eine kleine Kapsel in den Mund genommen, die im schlimmsten Falle die einzige Rettung sein konnte. Da erschien von Vormann in der Tür. Endlich! Kloss fühlte sich erleichtert. Der Leutnant zögerte und sah sich um, als suche er jemanden. Als er Kloss erblickte, ging er zu dessen Tisch.

«Wein oder Kognak?» fragte Kloss.

«Natürlich Kognak», entgegnete von Vormann, auf die drei leeren Gläser blickend. «Du bist nicht untätig gewesen! Hast auch schon mitbekommen, daß der hiesige Wein abscheulich schmeckt? Ich würde gern etwas essen. Du auch?»

«Nein», antwortete Kloss. «Es ist unbeschreiblich langweilig hier. Weißt du nicht, wo man sich in Saint Gille gut amüsieren kann?»

«Das hängt von den Ansprüchen ab», entgegnete von Vormann. «Wie du weißt, gibt es ein Billard, und ich leiste dir dabei gern Gesellschaft. Aber ich denke, wir sollten uns zuvor etwas unterhalten.»

«Worüber?» fragte Kloss erstaunt.

«Wir sollten unser begonnenes Gespräch beenden.»

«Entschuldige, aber ich habe ganz und gar vergessen, worüber wir uns unterhalten haben. Sicherlich über Billard.»

«Hör zu, Hans», sagte von Vormann ernst, «ich gehöre nicht zu den Menschen, die spaßen. Ehrlich gesagt, weiß ich nicht, was das ist. Ich glaube, wir haben heute früh etwas mehr gesagt.»

«Wovon sprichts du?»

«Von der Place Pigalle, wo man die besten Kastanien verkauft.»

«Richtig!» rief Kloss aus und tat, als erinnere er sich wieder. «Du hast heute früh etwas von Kastanien erzählt.» Er lachte.

«Du brauchts dich nicht zu verstellen», sagte von Vormann und nippte an seinem Glas. «Heute früh hast du eindeutige Sprüche von dir gegeben. Ich glaube, Oberst Ehlert würde es ungeheuer interessieren, daß sich endlich jemand gefunden hat, der die Parole kennt.»

«Du hast heute wohl auch schon getrunken», spottete Kloss unverfroren. Er spürte, wie er seine Selbstsicherheit zurückgewann. Aus Vormanns Worten ging hervor, daß er Ehlert noch nicht informiert hatte. Also war noch nicht alles verloren.

«Verstehe», begann von Vormann und trank wieder einen Schluck. «Halte mich nicht für einen Dummkopf. Jemand hat dich gewarnt, nicht wahr?» Er machte eine Pause. «Die Parole kannten nur wir beide, Ehlert und ich. Wir haben euren Mann verhört. Habe ich mich deutlich genug ausgedrückt!»

«Sagen wir, ja.»

«Seit ein paar Wochen warte ich auf den, der richtig antwortet. Du bist gekommen, Kloss. Du hoffst vielleicht, Ehlert glaubt mir ohne Beweise nicht.» Er trank den Rest aus. «Nehmen wir an, du hast recht. Aber auch dann wäre deine Laufbahn zu Ende.»

«Und trotzdem hast du Ehlert keine Meldung gemacht?»

«Was meinst du, warum nicht? Ich überstürze nichts. Wir haben noch etwas Zeit, Hans. Etwas – das heißt, daß du dich schnell entscheiden mußt.»

«Wozu entscheiden?»

«Gesetzt den Fall, ich hätte keine Lust, Ehlert Meldung zu machen. Nehmen wir an, mir liegt es fern, dir zu schaden. Und vielleicht», von Vormann senkte seine Stimme, «vielleicht glaube ich nicht an den Endsieg. Vielleicht wäre ich bereit, mit dir zusammenzuarbeiten.»

«Natürlich nicht umsonst, was, Vormann?»

«Von Vormann, wenn ich bitten darf. Für wen arbeitest du? Du begreifst sicher, daß ich bereit bin, mit den Engländern zusammenzuarbeiten, daß die Sache aber völlig anders wäre, wenn deine Auftraggeber die Bolschewisten wären.»

«Es sind doch Alliierte», wandte Kloss ein. Er verstand nicht, was von Vormann bezweckte.

«Ha», sagte der andere, «noch sind es Alliierte. Also zum ersten will ich wissen, für wen du arbeitest, zum zweiten, mit wem du hier zu tun hast, und über das dritte reden wir anschließend.»

«Du tust, als hättest du erst gestern bei der Abwehr angefangen. Glaubst du, ich würde dir irgend etwas sagen?»

«Du hast keinen anderen Ausweg.»

«Ich könnte einen finden.»

«Fliehen, alles zum Teufel schicken? Du siehst nicht aus wie einer, der auf halbem Wege umkehrt. Außerdem könnten deine Auftraggeber unzufrieden sein, wenn du jetzt verstummen solltest, wo du vielleicht ihr wichtigster Mann geworden bist. Die Invasion ist eine Frage von Monaten, vielleicht auch nur Wochen.»

«Also hast du dir deine Frage schon selbst beantwortet. Du nimmst an, ich arbeite für die Engländer.»

«Für wen solltest du denn sonst deinen Kopf hinhalten?» fragte Vormann lächelnd. Er füllte die Gläser. «Kommen wir also zu Punkt drei, mein Lieber. Unser Familiengut erfordert umfangreiche Investitionen. Ich brauche zehntausend Dollar. Zunächst. Sagen wir, als erste Rate.»

«Also Erpressung?»

«Ein scheußliches Wort, Hans. Wir von Vormanns haben uns nie mit dergleichen die Hände schmutzig gemacht. Es ist ein Honorar. Du arbeitest doch auch nicht umsonst. Ich glaube, ich kann genauso nützlich sein.»

«Du hältst viel von dir.»

«Ich schätze dich ebenfalls hoch ein. Meinst du, nicht soviel wert zu sein?»

«Das kann ich nicht beurteilen.»

«Ich gebe dir etwas Zeitt, sagen wir, eine Woche oder zehn Tage. Das muß reichen, um das Geld zu beschaffen. Dann werden wir uns über das Weitere unterhalten.»

«Und wenn du kein Geld bekommst?»

«Ja, dann bliebe mir nichts anderes übrig, als Oberst Ehlert zu informieren. Aber ich versichere dir, es nur im äußersten Fall zu tun. Ich würde es bedauern. Auf dein Wohl, Hans», sagte er und hob sein Glas. «Aha, noch eines. Für den Fall, daß du die Absicht hast, mich aus dem Wege zu räumen, sagen wir, wenn mich ein Auto überfahren oder Partisanen mich erschießen sollten, habe ich mich gesichert. Ich habe unser Gespräch festgehalten und in zuverlässige Hände gegeben. Aber trinken wir jetzt auf unsere künftige Zusammenarbeit. Du willst nicht? Schade, dann muß ich allein trinken. Jetzt kann ich dir auch auf deine anfängliche Frage antworten. Du wolltest wissen, wo man sich in Saint Gille amüsieren kann. Ich empfehle dir das Pensionat ‹Le Trou›. Viele unserer Offiziere gehen dorthin, auch ich habe die Absicht. Ich will dir noch sagen, daß der unvorsichtige Mensch mit der Parole auch diesen Ort kannte. Das Pensionat ist auch Oberst Ehlert bekannt.»

Kloss trank langsam sein Glas leer. Er blickte auf die dünnen, knochigen Finger von Vormanns, die auf die Tischplatte trommelten. «Ich werde deinem Rat folgen», sagte er.

Dann beschloß er, sich zugänglicher zu geben. «Du bist ein gefährlicher Gegner, Erik. Du hast wohl recht. Ich habe keinen anderen Ausweg, als mich zu arrangieren. Aber was die Summe betrifft ...»

Von Vormann schnitt ihm das Wort mitten im Satz ab. «Versuch nicht, mit mir zu handeln, mein Lieber.» Er stand auf. «Überlege es dir in aller Ruhe.» Steif, auf preußische Art, nickte er ihm zu. «Auf Wiedersehen, Hans. Ich hoffe, du spielst morgen eine Partie Billard mit mir.»

Kloss war endlich allein. Im Kasino war es laut. Jemand hatte das Grammophon angestellt. Betrunkene Panzersoldaten sangen aus voller Kehle bayrische Lieder. Kloss rief die Kellnerin, um zu zahlen, doch Vormann war ihm zuvorgekommen.

Er trat auf die finstere Straße hinaus und ging in die beschriebene Richtung. Der Wind zerrte an ihm. Es schneite, aber die Flocken tauten, bevor sie den Boden erreichten. Eine füllige Hausangestellte öffnete ihm. Sie nahm seinen Mantel und die Mütze und wies auf eine verglaste Tür, hinter der Musik zu hören war. Als Kloss in der Tür auftauchte, schenkte ihm niemand Beachtung. Drei Offiziere lachten über einen Witz, den ihnen Jeanne Mole erzählt hatte, ein Sturmbannführer der SS versuchte, einer Blondine von herausfordernder Schönheit das Kleid aufzuknöpfen, ein Leutnant der Luftwaffe tanzte allein und mußte sich dabei an den Möbeln festhalten.

«Oh, ein Neuer», sagte Jeanne und kam mit einem Glas in der Hand zu Kloss. «Stellen Sie sich bitte vor, gießen Sie sich ein, und nehmen Sie Platz.» Nur mit Mühe konnte sie sich geradehalten, sie war anscheinend betrunken.

Kloss machte sich bekannt. «Mein Freund», erklärte er, «hat mir empfohlen, Sie zu besuchen.»

«Das ist der fröhlichste Ort in ganz Saint Gille», schrie der junge Flieger Kloss ins Ohr.

«Wenn es Jeanne nicht gäbe», sagte ein Hauptmann der Pioniere, der Kloss betrunken umarmte, «könnte man hier vor Langeweile umkommen. Es leben die französischen Frauen, meine Herren!»

Jeanne hatte sich zu Kloss gesetzt. «Sie sind erst vor kurzem angekommen, nicht wahr?» fragte sie. «Sind Sie verheiratet? Haben Sie eine Frau? Eine Frau, der man französisches Parfüm kauft und die man hier betrügt? Parfüm bekommen Sie bei mir, und was den Betrug betrifft ...» Sie lehnte sich an ihn an. «Tanzen wir?»

Kloss drehte sich alles im Kopf. Er hatte an diesem Abend schon genug getrunken, aber das Tempo, mit dem man im Pensionat die Flaschen leerte, bestürzte ihn geradezu. Er bemerkte, wie der SS-Mann mit der Blondine irgendwohin verschwand.

Der Flieger machte sich sofort auf dem Sofa breit und begann zu schnarchen.

Ein Hauptmann kam zu Kloss und erklärte ihm, er habe als Neuankömmling das Recht, bis zum Morgen im Pensionat zu bleiben. «Das ist so eine Art Einstand im Saint Gille.» Er lachte. «Jeder von uns hat es bisher so gehalten, mit Ausnahme dieses Affen dort», sagte er und zeigte auf den glatzköpfigen Hauptmann der Pioniere, der gerade vor Jeanne auf den Knien lag, um sie an ihr Versprechen zu erinnern. Es war nach Mitternacht, als alle aufbrachen.

«Wollen Sie nicht bleiben, Oberleutnant?» fragte Jeanne und schmiegte sich an ihn. Der Hauptmann der Pioniere sah Kloss haßerfüllt an. «Weshalb er? Mir haben Sie es versprochen ...»

«Geduld, Hauptmann. Auf Wiedersehen, meine Herren. Ich hoffe, wir sehen uns morgen wieder.»

Erst als die Tür hinter ihnen ins Schloß gefallen war, nahm sie die Arme von Kloss. Mit einem Schlag war ihre ganze überzeugend gespielte Anschmiegsamkeit und Geselligkeit verschwunden.

«Das ist gut», stieß sie hervor. «Sollen sie ruhig denken, du wärst mein Liebhaber.» Zu Kloss' Überraschung war sie vollkommen nüchtern. «Gib mir eine Zigarette. Nun, was ist? Hast du deine Zweifel beseitigt?» Als er nickte, wies sie zur Treppe. «Gehen wir, jemand will dich kennenlernen.»

Eine schwarze, zerbissene Pfeife, dunkle Haare über einer niedrigen Stirn. Ja, es gab keinen Zweifel, es war Henri, der im Zimmer auf und ab lief. Es war derselbe Mann, den er ein Jahr zuvor in einem kleinen Zimmer des Hotels «Ideal» in Paris gesehen hatte.

«Man hat mir gesagt, du seist verhaftet worden», sagte Kloss, als er dem Franzosen herzlich die Hand schüttelte.

«Das stimmt auch», entgegnete der andere. «Ich bin vom

Transport geflogen. Jetzt bin ich hier. Aber auch nur vorübergehend.» Er erklärte Kloss, worum es ging. «Ein paar Wochen zuvor hatte man in Saint Gille den Leiter, den Kameraden Maquis, verhaftet. Durch einen dummen Zufall. Er hatte falsche, aber hervorragende Papiere besessen. Er mußte schnell nach Le Havre und war auf einem Lastwagen mitgefahren. Der Fahrer hatte Konserven bei sich gehabt, die aus Wehrmachtsbeständen gestohlen worden waren. Den Fahrer und alle anderen hatte man verhaftet, aber die Faschisten wissen nicht, mit wem sie es zu tun haben, denn sie halten Maquis im örtlichen Gefängnis fest. Maquis weiß sehr viel, und er kennt Kontaktpunkte und Verbindungsleute. Deshalb hat die Zentrale befohlen, ihn um jeden Preis zu befreien. Als wir die Nachricht von deinem Eintreffen erhielten, haben wir so schnell wie möglich mit dir Kontakt aufnehmen wollen, weil deine Hilfe für die Vorbereitung der Aktion sicher unschätzbar gewesen wäre. Es war Pech, daß Jean Pierre mit der Parole an von Vormann geraten ist und dann bei der versuchten Befreiungsaktion verletzt wurde.»

Kloss berichtete kurz von seinem Gespräch mit von Vormann und äußerte sich auch über den seiner Meinung nach bestehenden Mißton zwischen Ehlert und dem Leutnant. Das alles, faßte er zusammen, wären ihre Chancen.

«Ein verdammt riskantes Spiel», meinte Jeanne, «aber sicher gibt es keine andere Möglichkeit.»

«Wir müssen davon ausgehen», sagte Henri, «daß von Vormann nichts gemeldet hat, sondern auf eigene Faust vorgehen will. Man darf aber auch nicht ausschließen, daß er zum Beispiel auch für den SD arbeitet und der Versuch der Erpressung nur dazu dient, tiefer in unser Netz einzudringen. Wie auch immer, er weiß zuviel über uns.»

«Aber zu dem Punkt hat er ja etwas im Gespräch mit Kloss gesagt», bemerkte Jeanne. «Moment, der Pionierhauptmann hat mir erzählt, er sei heute mit Vormann in Le Havre gewesen. Seine Schwester tritt dort auf der Bühne auf.»

«Natürlich.», Kloss ging ein Licht auf, «bei ihr könnte der sichere Platz sein, an dem er seine Mitteilungen aufbewahrt.» Wieder fuhr seine Zunge über die im Mund verborgene Kapsel. «Mir ist etwas eingefallen, ich habe eine Idee. Eine völlig verrückte zwar, außerdem sehr gefährlich für Jeanne, aber wäre sie einverstanden, hätten wir einige Chancen.» Er sah das Mädchen an.

«Wenn es sein muß ...» Sie zuckte mit den Schultern. «Ich weiß nicht, aber glaubt mir, manchmal möchte ich tot sein.»

«Hör auf damit!» Henri unterbrach sie schroff. «Denkst du, es geht nur dir allein so?» Er stopfte sich seine Pfeife und blies dicke Rauchwolken in die Luft. «Sprich», forderte er Kloss auf. «In Paris im vergangenen Jahr hattest du auch einen Einfall. Seit dieser Zeit mag ich deine Ideen. Nur vergiß nicht, es geht nicht nur um dich. Wir müssen Maquis befreien.»

«Das versteht sich von selbst.» Kloss begann seinen Plan zu erläutern.

Vier Tage geschah nichts Besonderes. Kloss traf von Vormann ein paarmal. Vor allem im Dienstzimmer, wo der Leutnant, als würde er Kloss nicht näher kennen, ihn über den Stand der Vorbereitungen für das Übersetzen einer Agentengruppe nach England informierte. Nachmittags spielten sie zumeist Billard, aber von Vormann kam nicht ein einziges Mal auf das Gespräch zurück, mit Ausnahme der Bemerkung, zehn Tage seien der äußerte Termin. So gesehen, hätte man die Beziehungen zwischen Leutnant von Vormann und Oberleutnant Kloss für normal halten können. An die Gefahr aber, die von diesem Satz ausging, erinnerte Kloss unaufhörlich die kleine Kapsel im Mund, von der er sich keinen Augenblick trennte. Die Gewißheit, für den äußersten Notfall gewappnet zu sein, ließ ihn einen kühlen Kopf bewahren und ruhig alle eventuellen Züge des Feindes berechnen. Abends ging er häufig in die Pension «Le Trou». Das konnte keinerlei Verdacht erregen, denn täglich besuchten viele Offiziere den Salon der Jeanne

Mole. Daß sie ihn zweimal bis zum Morgen dabehielt, konnte höchstens den Neid der anderen erwecken.

Am fünften Tag verließ er, wie verabredet, früher das Dienstgebäude und betrat ein nahe gelegenes Bistro. Henri, den er seit dem ersten Gespräch nicht mehr gesehen hatte, saß in einer Ecke bei einem Aperitif und tat, als sei er in die Zeitung vertieft.

«Das, worum du gebeten hast, ist bei Jeanne», sagte er, ohne aufzublicken.

«Und was ist mit Le Havre?» fragte Kloss.

«Ich werde gleich aufstehen», entgegnete Henri. «Auf dem Tisch findest du in der Serviette den Schlüssel zur Wohnung von der Vormann und auch ihre Adresse. Sie hat jeden Tag von neun bis elf ihren Auftritt im Offizierskasino.»

Ohne den deutschen Offizier eines Blickes zu würdigen, stand er auf und ging zum Büfett, hinter dem eine Schönheit thronte. Kloss nutzte den Augenblick, wo Henri zahlte und der Besitzerin den Blick verdeckte, und griff nach dem unter der Serviette liegenden Schlüssel.

Das Untätigsein war vorüber. Jetzt konnten sie an die Realisierung des ersten Punktes gehen, den Kloss im Gespräch mit Jeanne und Henri als völlig verrückt bezeichnet hatte.

Ein klappriger Autobus brachte ihn nach Le Havre. Zuerst ging er ins Kasino, um die Person zumindest zu sehen, in deren Wohnung er herumstöbern wollte. Renate von Vormann war groß, kräftig, rothaarig, hatte aber eine mäßige Stimme. Er hörte ein sentimentales Lied über einen deutschen Soldaten.

Die Vormann wohnte in einem großen, modernen Haus, unweit vom Park gelegen. Das Haus war sicherlich nur von Deutschen bewohnt, denn in der Portierloge döste statt der üblichen Hauswartsfrau ein Soldat. Kloss schlich an ihm vorbei, verzichtete auf den Fahrstuhl und ging die Treppe bis zum dritten Stock hinauf. Die Wohnung war klein und geschmackvoll eingerichtet. Ohne Eile und geschickt durchsuchte er Schränke und Koffer, bemüht, keine Spuren zu hinterlassen. Obwohl er alle Schubladen und Fächer durchstöbert hatte und sogar in die Speisekammer und ins Bad gegangen war, obwohl er alle Kleider und Wäschestücke genau abgetastet hatte, war ihm nichts in die Hände gefallen. Er nahm eine Reproduktion von Matisse von der Wand. Was er suchte, fand er auch dort nicht. Er sah noch die Korrespondenz auf dem Schreibtisch durch, suchte nach geheimen Verstecken, aber umsonst. Nichts, einfach nichts. Der erste Punkt unseres Plans ist schiefgelaufen, dachte Kloss. Wenn das ein Omen für das Gesamtgelingen sein sollte, dann gute Nacht. Er wollte gerade die Wohnung verlassen, als er hinter der Tür Schritte vernahm, jemand schloß an der Wohnungstür. Es war ausgeschlossen, daß es schon die Vormann sein konnte, es war erst zehn Uhr fünfzehn. Er sprang hinter einen Vorhang, bevor die Zimmertür geöffnet wurde.

Ein Offizier in der Uniform eines Obersts trat ein, blickte sich etwas verwundert um, denn Kloss hatte das Licht nicht mehr ausmachen können.

Kloss erkannte ihn sofort. Es war der Oberst Tiede, mit dem er im Zug gefahren war. Tiede fühlte sich hier augenscheinlich wie zu Hause, und daß er Schlüssel zur Wohnung besaß, bekräftigte dies. Er ging in den Vorraum und kam gleich darauf ohne Mantel und Mütze wieder. Kloss erinnerte sich, daß Tiede für rothaarige Frauen geschwärmt hatte.

Der Oberst ging zur Bar, nahm eine Flasche Wermut heraus und goß sich ein. Er hielt das Glas gegen das Licht, dann führte er es zum Mund. Auf diesen Augenblick hatte Kloss gewartet. Ein Schlag mit der Handkante, und Tiede fiel zu Boden, mit dem Gesicht in den vergossenen Wermut. Nun ließ es sich nicht mehr verheimlichen, daß jemand in die Wohnung eingedrungen war. Nur mußte die Polizei davon überzeugt sein, daß es ein gewöhnlicher Einbruch war. Kloss erblickte auf der Waschtoilette eine hölzerne Kassette, die er schon durchgesehen hatte. Er schüttete ihren Inhalt aus, es waren Ringe, Armbänder, Broschen und andere Dinge. Da sah er auf dem Boden der Kassette einen Brief: «Nach meinem Tod Oberst Ehlert persönlich zu übergeben.» Natürlich versiegelt. Im ersten Hauseingang warf er den Schmuck fort. Erst dann betrat er eine Kaffeestube. Den Inhalt des Briefes kannte er eigentlich. Von Vormann hatte die Wahrheit gesagt. Er schilderte das Gespräch mit Kloss wahrheitsgemäß und ausführlich. In den letzten Sätzen erklärte er, warum er nicht sofort von seiner Entdeckung berichtet hatte. Aus seinen Erklärungen ging hervor, daß von Vormann in das gegnerische Netz eindringen, es genau erkunden und erst dann alles melden wollte.

Genau, dachte Kloss. Die Erklärung Vormanns überzeugte ihn endgültig davon, daß die empfindliche Seele des adligen Leutnants sich ausschließlich für Geld interessierte.

Sorgfältig verbrannte er den Brief und den Umschlag, achtete dabei darauf, daß kein Stück Papier übrigblieb. Er hielt einen vorbeifahrenden Motorradfahrer an, versicherte sich, daß er nach Saint Gille fuhr, und stieg auf.

Der erste Punkt war also erledigt. Am nächsten Tag würde das Spiel weitergehen.

Von Vormann war überrascht von Kloss' Besuch.

«Ach, du bist es», sagte er, während er sich den Schlafrock über den Pyjama warf. «Bitte, mach es dir gemütlich.» Er führte ihn in ein großes, dunkles und ungemütliches Zimmer, das mit alten Möbeln vollgestellt war. Er ließ Kloss auf einem löchrigen Sofa Platz nehmen. «Was gibt es?» Er klemmte sich das Monokel ins Auge.

Ist das eine Pose, oder ist er tatsächlich kurzsichtig, dachte Kloss. Wortlos gab er von Vormann ein dickes graues Kuvert.

«Schon?» fragte von Vormann verwundert. Er schüttete den Inhalt auf den Tisch. Seine Finger zählten hastig das Geld. Als er den letzten Schein in der Hand hatte, warf er ihn ärgerlich auf den Haufen. «Was fällt dir ein, Kloss? Das sind nur dreitausend. Ich habe gesagt, zehn.»

«Zunächst konnte ich nicht mehr beschaffen.»

«Du hast noch drei Tage. Ich will alles haben, oder ...» Er schob den Stapel Geldscheine zu Kloss hinüber. «Steck das ein.»

Kloss konnte nur mit Mühe seine Befriedigung verbergen. Genau das hatte er erwartet. Er hatte sich nicht verrechnet. Der Stolz überwog die Raffgier. Die von Vormanns handelten nicht. Wenn von Vormann das Geld genommen hätte, wäre ihm nur der Ausweg geblieben, ihn auf der Stelle zu erschießen. Aber so konnte man noch weiterspielen. Nur ahnte der Leutnant nicht, daß er in diesem Spiel die Maus sein würde und Kloss die Katze.

«Wie du willst», sagte Kloss gleichgültig. Ohne die Handschuhe auszuziehen, steckte er die Banknoten zurück ins Kuvert.

«Denk daran», mahnte von Vormann, «der Termin ist endgültig.» Dann fiel er in seinen normalen Ton zurück. «Trinkst du etwas?»

«Gerne», entgegnete Kloss. Er nutzte den Augenblick, als Vormann die Flasche aus dem Schrank nahm, um das Kuvert unter den Bezug des Sofas zu schieben, so tief er konnte.

Oberst Ehlert beugte sich über eine große Stabskarte, die er auf seinem Schreibtisch ausgebreitet hatte und die die Südküste von England und Wales darstellte. Das trifft sich gut, dachte Kloss, da hat er noch alles frisch im Gedächtnis.

«Bitte, bitte, Kloss. Ich wollte Sie gerade rufen lassen. Ich habe den Termin für das Übersetzen schon festgelegt. Zusammen mit Vormann werden Sie den Befehl ausarbeiten.»

«Ich befürchte, Herr Oberst, daß wir den Termin ändern müssen.» Und auf Ehlerts erstaunt fragenden Blick fügte er hinzu: «Ich bin gekommen, um eine wichtige Meldung zu machen.»

Ehlert zündete sich eine Zigarre an und blickte seinem Offizier forschend ins Gesicht. «Ich habe gehört, Sie sind häufig

Gast im Pensionat ‹Le Trou›. Wie man erzählt, haben Sie Glück bei den Frauen.»

«In ebendieser Angelegenheit komme ich.»

«Sollte ich zu einem Beichtvater in Ihren Herzensangelegenheiten geworden sein?» Ehlerts Stimme klang unverhohlen ironisch.

Kloss griff wortlos in seine Brieftasche und entnahm ihr ein Stück Mikrofilm, das in Papier gewickelt war. Er gab es Ehlert.

«Was ist das?»

«Ein Fragment der Karte, die gerade vor Ihnen liegt. Mit den Landeplätzen unserer Gruppen in England.»

«Woher haben Sie das?» fragte Ehlert leise. Sein Gesicht war dunkelrot.

«Das ist das Ergebnis meiner Herzensaffären», entgegnete Kloss ruhig. «Ich habe das in der Puderdose einer gewissen Jeanne Mole gefunden, der Eigentümerin des Pensionats ‹Le Trou›.»

«Also doch», sagte der Oberst und setzte sich an seinen Schreibtisch.

«Natürlich habe ich nur ein kleines Stück genommen.»

«Ich begreife», sagte Ehlert. «Das heißt, ich habe es mir gedacht. Sie sind ein Könner, Oberleutnant. Hätte ich Sie früher hier gehabt ... Diese Dame haben wir im Auge.» Wütend warf er die Karte auf den Fußboden. «Die ist jetzt nutzlos geworden. Wissen Sie, wer Zugang zu dieser Karte gehabt hat? Ich, Sie und Vormann. Das heißt, einer von uns dreien. Was schlagen Sie vor?»

«So zu tun, als sei nichts geschehen. Wir informieren Vormann über den Termin, natürlich einen fingierten, und warten, bis wir mehr wissen.»

«Einverstanden, Kloss. Aber ich glaube, ein Gespräch mit dieser Mademoiselle Mole kann nichts schaden. Soviel ich weiß, geht Vormann nicht dorthin. Er muß über einen anderen Kontakt zu ihr haben.»

«Sie sind hervorragend informiert.»

«Vormann habe ich nicht im Verdacht gehabt, aber dieses Pensionat habe ich schon lange beobachtet. Wir fahren zusammen.»

Jeanne öffnete ihnen, Kloss trat als erster ein, hinter ihm Ehlert, danach drei Männer in Zivil. Jeanne spielte ihre Überraschung hervorragend.

«Ich verstehe nicht, was das heißen soll.»

«Gehen Sie voraus, Kloss. Und Sie, Fräulein Mole, werden gleich begreifen. Haben Sie eine Waffe?»

Sie brauchte nicht zu antworten, denn einer der Männer ging zu ihr und durchsuchte sie geübt. Er schüttelte den Kopf.

«Wessen verdächtigen Sie mich? Oberleutnant Kloss kann bezeugen ...»

Sie gingen ins Zimmer. Kloss erblickte die Puderdose auf der Waschtoilette und gab sie wortlos Ehlert. Ehlert fand, was er finden sollte.

Jeanne fiel in einen Sessel und verbarg ihr Gesicht in den Händen. Sie hat schauspielerisches Talent, dachte Kloss.

«Von wem haben Sie den Mikrofilm bekommen? Wem sollen Sie ihn übergeben?»

«Und wenn ich nichts sagen werde?» fragte Jeanne leise.

«Du hast keine Wahl, Jeanne», sagte Kloss. «Ich habe den Film bei dir gefunden. Wenn du sprichst, kannst du dein Leben retten.»

Alles lief wie abgesprochen. Jeanne weigerte sich kaum noch und gab zu, den Mikrofilm und auch andere Materialien in einem toten Briefkasten gefunden zu haben, der in einem kleinen, ausgebrannten Haus auf dem Weg nach Carniche existierte. Sie könne nicht sagen, wer sie dort hinbringe, sie wisse nur, es sei ein deutscher Offizier. Dieser Offizier arbeitete seit langem für die Engländer und solle in Kürze nach England übersetzen. Jeanne hatte kaum geendet, als ein Schnüffler kam und Ehlert triumphierend ein mit Maschine beschriebenes Blatt reichte. Kloss registrierte es mit Befriedigung, denn er selbst hatte es am Vortag in Jeannes Wohnung gelegt. Er hatte es mit von Vormanns Schreibmaschine geschrieben. Ehlerts Augen leuchteten.

«Lesen Sie.»

«Ich verstehe nicht», sagte Kloss ruhig. «‹Ich warte.› Nur diese zwei Worte. Was ist daran Besonderes?»

«Die Unterschrift. Wichtig ist die Unterschrift. ‹J-23›. Begreifen Sie nicht?»

«Nein.»

«Mensch! Diesen ‹J-23›, diesen verfluchten Agenten, versuchen wir seit einem Jahr zu fassen. Jetzt haben wir ihn.» Er wandte sich wieder an Jeanne. «Wem haben Sie diese Materialien übergeben?»

«Ich habe sie auf den Friedhof bei der Kapuzinerkirche gebracht», sagte Jeanne fügsam. «Wer sie von dort abgeholt hat, weiß ich nicht.»

«Und warum haben Sie das hier nicht dorthin gebracht?»

«Ich wollte mich gerade auf den Weg machen.»

«In Ordnung, Fräulein Mole, Sie bringen es dorthin wie üblich. Dann gehen Sie wieder nach Hause und rühren sich nicht von der Stelle. Wenn Sie versuchen sollten zu fliehen ...»

«Wohin soll ich denn gehen?» Jeanne schluchzte. «Ihr seid doch überall.» Sie schien völlig gebrochen.

«Soviel ich weiß», sagte Kloss, «haben Sie von Vormann heute auf Inspektion nach Carniche geschickt, Herr Oberst. Wir könnten seine Abwesenheit nutzen, um uns in seiner Wohnung umzusehen.»

«Sollte er so dumm sein?» fragte Ehlert zweifelnd. «Aber wir können es versuchen.»

«Er ist tatsächlich dämlich», sagte er zwei Stunden später, als er aus dem alten Sofa ein Bündel Geldscheine zog. «Die Fingerabdrücke auf den Banknoten werden ein unwiderlegbarer Beweis sein.»

Aber Oberst Ehlert gelang es nicht, von Vormann vor das

Kriegsgericht zu bringen. Als er bis spät in die Nacht auf die Ergebnisse der Aktion an der Kapuzinerkirche wartete und Zigarre um Zigarre rauchte, brachte man ihm die Nachricht, daß Partisanen von Vormanns Krad beschossen hätten. Durch einen glücklichen Umstand sei dem Fahrer nichts passiert, aber der Leutnant war auf der Stelle tot.

In derselben Nacht, als die Faschisten den Friedhof an der Kapuzinerkirche umstellt hatten, drang eine Gruppe französischer Partisanen ins Gefängnis ein, das am anderen Ende des Städtchens lag, und befreite alle Gefangenen. Und was noch merkwürdiger war, Mademoiselle Jeanne Mole war ihrem Bewacher entkommen. Das brachte Ehlert derart in Wut, daß er befahl, Haus für Haus zu durchsuchen. Natürlich mit Ausnahme der Häuser, in denen deutsche Offiziere wohnten. Es blieb alles ohne Erfolg. Also ließ er eine Woche lang den Friedhof bewachen. Aber keiner kam, um den Mikrofilm abzuholen, den Jeanne Mole dort hingelegt hatte.

«Wir haben zu überstürzt gehandelt», sagte Ehlert zu Kloss, als ihm klar wurde, daß er niemanden mehr fassen würde. «So bleibt uns nur die Genugtuung, daß der verfluchte ‹J-23› ein für allemal verschwunden ist.»

Oberleutnant Kloss nickte.

Hans Kloss unter Verdacht

Oberleutnant Hans Kloss hatte einiges in der Kommandantur zu erledigen, nahm also die Gelegenheit wahr, sein Dienstzimmer früher zu verlassen. Sein Vorgesetzter Oberst von Ossetzky, der ständig mit der säuerlichen Miene eines Gallenkranken umherlief, war zu einer Beratung der Chefs der Abwehrabteilungen im Osten gefahren. Kloss brauchte also vor niemandem Rechenschaft abzulegen. Mit einer Handbewegung wies er die Dienste einiger Rikschafahrer zurück und sah dabei, mehr einer Gewohnheit folgend als absichtlich, jeden scharf an. Doch er entdeckte kein bekanntes Gesicht, was Gefahr für ihn bedeuten konnte. Beruhigt bog er in die Koszykowa ein. Er blieb vor dem Schaufenster eines Schuhgeschäftes stehen, musterte die vorübereilenden Passanten, aber nichts Verdächtiges war zu bemerken. Im Schaufenster stand ein Paar eleganter Schaftstiefel, sogenannte Offiziersstiefel. Viele deutsche Offiziere trugen Stiefel aus Warschauer Werkstätten. Kloss erinnerte sich, daß sogar der neuernannte Stellvertreter des Chefs vom Sonderdienst in Warschau, Hauptsturmführer Neumann, seine krummen Beine in solche Stiefel zwängte, und er mußte bei diesem Gedanken lächeln. Er selbst hatte niemals daran gedacht, seine ausgedienten Wehrmachtstiefel, die über dem Knöchel wie eine Harmonika gefaltet waren, zu wechseln. Er haßte die Uniform, die er tragen mußte, was sollte ihm da ein elegantes Aussehen. Kloss überquerte die Mokotowską.

An diesem Ende der Koszykowa war kaum Verkehr, einige Passanten eilten an den Häuserwänden entlang, bereit, sich jeden Augenblick in den Hauseingängen zu verstecken. Feindliche Uniformen waren auch nicht zu sehen, denn um diese Zeit saßen sie geschäftig an den Schreibtischen der vielen Ämter in diesem Stadtteil, um mit deutscher Pedanterie zahlreiche Schriftstücke, Berichte und Aufstellungen anzufertigen.

Die Bäume in der Aleje Ujazdowskie zeigten schon erstes Grün. Kloss sog die frische Luft tief ein. Irgend etwas störte ihn bei der Betrachtung der um diese Zeit fast leeren Straßen.

Als ein schwarzer Mercedes auftauchte, begriff Kloss; der Zauber war vorbei. Um ihn herum hatte es einen Moment lang keine feldgrauen Uniformen gegeben, war kein Getrampel von Stiefeln zu hören gewesen. Die Allee hatte so wie früher ausgesehen – still, schön, friedlich. Erst dieses Fahrzeug, das mit quietschenden Bremsen an der Einmündung zur Szucha-Allee hielt, brachte ihm wieder zu Bewußtsein, in wessen Händen sich Warschau befand. Kloss wandte sich um. Langsam hob sich der Schlagbaum, und drei SS-Männer prüften die Papiere der Autoinsassen. Die Sicherheitsvorkehrungen waren nach dem letzten gelungenen Attentat verstärkt worden.

Dieser Gedanke bereitete Kloss Genugtuung, denn er wußte am besten, nichts würde die Genossen davon abhalten, ihre Urteile auch künftig zu vollstrecken. Er wechselte auf die andere Straßenseite über und sah schon von weitem einen alten, seltsam gekleideten Mann auf der Bank, der eine Kippe zwischen den Lippen hielt.

Podlasiński war stets pünktlich. Niemand, der Kloss in diesem Augenblick beobachten würde, hätte angenommen, daß dieser alte, zerlumpte Pole und dieser energische Offizier etwas miteinander zu tun hätten. Der alte Mann bemerkte, daß sich der deutsche Offizier eine Zigarette angezündet hatte. Er stand auf und folgte ihm in respektvollem Abstand. Sicher hoffte er, der Offizier würde bald den Zigarettenrest wegwerfen. Selbst der pfiffigste Spitzel konnte nicht darauf kommen, daß die Kippe, die der Alte gerade aufgehoben und in eine Blechschachtel gesteckt hatte, eine Information enthielt, die, in falsche Hände gelangt, sowohl dem Offizier als auch dem Alten den Tod bringen konnte.

Kloss beschleunigte seinen Schritt. Auf ihn wartete die unangenehme Aufgabe eines Abwehroffiziers. Er mußte Soldaten verhören, die man erwischt hatte, als sie im betrunkenen Zustand den Krieg, den Nationalsozialismus und den geliebten Führer verfluchten. Würde er irregeleiteten, betrogenen Jungen, denen die Augen leider zu spät aufgegangen waren, helfen können? Von Zeit zu Zeit gelang es ihm, die Aussagen eines beflissenen Spitzels zu vernichten und Vernehmungsprotokolle abzuschwächen. Diesen Soldaten würde nichts helfen, denn es war von vornherein bekannt, was sie erwartete – das Kriegsgericht und die Strafkompanie an der Ostfront. Kloss war überzeugt, Podlasiński sei bereits in der Mokotowską angelangt und würde auf dem Küchentisch die Handvoll Kippen ausbreiten, von denen nur eine wichtig war. Die Information betraf das U-Boot «U-265», das bis ins Nordpolarmeer vorgedrungen war. Aber vielleicht war Podlasiński auch gleichgültig an dem Eckhaus vorübergegangen, in die Wilcza eingebogen, um mit einem seiner vier Schlüssel die Tür zu öffnen, an der ein Messingschild mit der Aufschrift «Feliks Żytogniewski» hing. Warum eigentlich Podlasiński? dachte Kloss. War das sein richtiger Name? Manchmal sagte man einfach auch Józef zu ihm. Aber dieser unscheinbare Alte von der Aleje Ujazdowskie, der fortgeworfene Kippen sammelte, benutzte bis zu vier Namen, und das zu einer Zeit, wo gefälschte Papiere für viele Menschen lebensnotwendig waren. Podlasiński, der fromme kleine ehemalige Beamte, der täglich zur Frühmesse in der Erlöser-Kirche ging, mit der Regelmäßigkeit wie früher als Unterreferendar zum Magistrat. Ein gänzlich anderer Mensch hingegen war Feliks Żytogniewski, der eine Wohnung in der Wilcza gemietet hatte. Niemand konnte wissen, daß es zwischen den Wohnungen von Podlasiński und Żytogniewski einen Durchgang gab, der von einem Schrank verdeckt wurde. Dieser Żytogniewski war ein leichtfertiger Bürger, dem es ganz und gar nicht schlecht ging, der sich nicht schämte, mit den faschistischen Okkupanten Geschäfte zu machen. Ganz anders wieder war Franciszek Buła, der Eigentümer von vier Zweispännern, die von ihm stolz als Fuhrunternehmen bezeichnet wurden. Täglich saß er von zehn bis sechzehn Uhr in seinem Kontor und nahm Aufträge entgegen. Und, obwohl es merkwürdig erschien, diese Aufträge wurden von seinen vier fast immer betrunkenen Fuhrleuten korrekt ausgeführt. Konnte dieser brave Kleinbürger, der sicher die Deutschen haßte, sich aber an ihrer Anwesenheit bereicherte, der stolz die dicke Brieftasche aus seiner Westentasche zog, konnte er etwas mit dem Verräter Witalis Kazimirus zu tun haben? Einst war er Pole gewesen – nun aber war er litauischer Nationalist geworden und diente den Deutschen als

Konsultant für Angelegenheiten der okkupierten litauischen Gebiete. Zumindest konnte man das seinen Papieren entnehmen. Kloss war nach jeder Begegnung mit Podlasiński beeindruckt.

Er hatte sich zwar selbst in einen Deutschen verwandelt, spielte seine Rolle seit einigen Jahren mit Erfolg und war mit ihr so sehr eins geworden.

Aber Podlasiński trat in vier Rollen zugleich auf und war in jeder glaubwürdig.

Der Wachposten vertrat Kloss den Weg. «Ich bitte um Entschuldigung, Herr Oberleutnant, den Passierschein.»

In Gedanken versunken, hatte er nicht bemerkt, daß er bereits das Gebäude der Warschauer Kommandantur erreicht hatte.

Der Soldat salutierte und hielt ihm die Tür auf.

Es lief ab, wie Kloss vorhergesehen hatte. Józef Podlasiński ging durch die schmutzige Toreinfahrt eines Mietshauses in der Mokotowską, überquerte den ersten und zweiten Hof und blickte erst im dritten zu seinem Fenster hinauf, während er mit dem Portier sprach. Die Gardinen waren zugezogen. Es mußte alles in Ordnung sein. Mundek hatte er heute zum Treff mit Kloss nicht mitgenommen. Der achtzehnjährige Bursche begleitete ihn gewöhnlich in sicherem Abstand, bereit, jederzeit zur Waffe zu greifen. Am Vormittag aber hatte Adam kommen sollen, deshalb war er ohne Mundek gegangen.

Die kleine Küche war leer. Mundek steckte seinen zerzausten Kopf durch die Tür, als Podlasiński in dem Kippenhaufen die für ihn wichtige entdeckt hatte. «Ist Adam nicht gekommen?» fragte er.

«Doch», entgegnete Mundek. «In einer halben Stunde wird er Żytogniewski besuchen.»

«Gut. Du kanst weiterschlafen.» Je weniger er mitbekam, desto besser. Er wußte sowieso viel und sei es nur, daß Podlasiński und Żytogniewski ein und dieselbe Person waren. Das hatte sich aber nicht vermeiden lassen. Adam wußte noch mehr. Er kannte seine vier Rollen, aber ihm vertraute er grenzenlos. Zwei Jahre hatte er mit Adam in einer Zelle in Rawicz verbracht. Zwei Jahre allein mit einem Menschen bei Tag und Nacht, das genügte, um ihn genau kennenzulernen. Von seinen vier Existenzen wußte noch Kloss, aber das war schon eine andere Sache.

Eines Tages, vor acht Monaten, hatte er einen Funkspruch der Zentrale erhalten, aus dem hervorging, daß er mit seinen Leuten ab sofort einem Offizier der faschistischen Abwehr zugeteilt sei, der sich hinter der Bezeichnung «J-23» verbarg.

Ein paar Tage später, als er sich als Franciszek Buła bei seiner Lieblingsbeschäftigung entspannte, indem er die Schwäne im Park fütterte, hatte sich ein junger faschistischer Offizier neben ihn gesetzt und für ihn völlig unerwartet die Parole genannt. Seitdem waren sie ständig in Kontakt geblieben. Fast jeder Tag brachte wenn auch keine unmittelbare Begegnung, so doch zumindest einen Anruf oder eine Karte in einem toten Briefkasten oder wie an diesem Tag eine Nachricht in einer Zigarettenkippe. Er hatte gerade das Dechiffrieren der Mitteilung beendet, als es leise klingelte. Ohne Mundek zu wecken, öffnete Podlasiński die Schranktür und verschwand in ihr. Auf der anderen Seite fand er sich im eleganten, stilvollen Schlafzimmer von Feliks Żytogniewski wieder. Hastig warf er sich den geblümten Morgenmantel über, und es schien, als hätte das neue Aussehen auch sein Wesen verändert. Der gebeugte Pensionär war dort hinter der Wand geblieben, und nun ging ein Gentleman zur Tür, ein Mensch, der über Geld verfügte. Im Spion erblickte er Adam. Er schaute an ihm vorbei, denn der Spion war so angebracht, daß man ohne Schwierigkeiten sowohl das Treppenpodest eine halbe Treppe höher als auch tiefer einsehen konnte. Alles schien in Ordnung, der Genosse war allein.

«Die Gasrechnung, Herr Graf», sagte er lächelnd. Nie hätte

er diese Vorsichtsmaßnahme unterlassen. Sie war für unfreiwillige Ohren bestimmt. Er leuchtete mit der Taschenlampe den Zähler an und füllte ordnungsgemäß die Rubrik für den Gasverbrauch aus. Er nahm das Geld entgegen und sortierte geschickt eine kleine Karte aus, die er hinter sein Mützenband steckte.

«Wie läuft es, Adam?»

«Alles in Ordnung. Wann schickst du mich in den Wald, wie du es versprochen hast? Ich halte das viele Treppensteigen nicht mehr aus.»

«Ich brauche dich. Denkst du daran, nächste Woche?»

«In deinem Fuhrgeschäft. Ich weiß es noch.»

Sie drückten sich fest die Hände. Der Besuch des Kassierers vom Gaswerk hatte nicht lange gedauert. Beide waren erfahrene Widerstandskämpfer und wußten, daß sogar solche Kleinigkeiten wie ein zu langer Besuch einen Mißerfolg provozieren konnte.

Eigentlich, dachte Podlasiński, habe ich nicht eine Minute Zeit, mich mit ihm zu unterhalten.Und einen Augenblick lang mußte er an ihre gemeinsame Zelle denken.

Kloss hatte seine Arbeit im Gefängnis der Kommandantur schnell beendet. Die Angelegenheit war noch dümmer gewesen, als er angenommen hatte. Drei Soldaten auf Fronturlaub hatten den Unteroffizier einer Gendarmeriestreife beschimpft, worauf dieser daraus eine politische Angelegenheit zu machen versuchte. Kloss hatte ihn zur Ordnung rufen müssen. Der Unteroffizier war rot vor Wut geworden, als Kloss ihm kurz erklärt hatte, welcher Unterschied zwischen Frontsoldaten und einem Gendarmen bestand, der seit Anfang des Krieges im Hinterland steckte und sich damit die Zeit vertrieb, Soldaten anzuschwärzen, die ihr Blut für den Führer vergossen. Er befahl, die Soldaten sofort freizulassen, dem Unteroffizier kündigte er an, das eigenmächtige Festhalten der Soldaten würde im Rapport erwähnt werden.

Völlig unerwartet hatte er im Laufe der Vernehmung von den Soldaten sogar Informationen erhalten, zwei Panzerbataillone und eine Infanteriedivision seien verlegt worden. Vielleicht hatte die Zentrale das schon in Erfahrung bringen können, aber Kloss hatte nie gezögert, selbst scheinbar unbedeutende Kleinigkeiten zu übermitteln; denn zumindest bestätigten sie schon erhaltene Informationen und erlaubten es, ein reales Bild von der faschistischen Wehrmacht in den einzelnen Abschnitten zu bekommen. Das begünstigte die Vorbereitungen neuer empfindlicher Schläge, die das Kriegsende näherrücken ließen. Welchen Anteil daran er selbst haben würde, hatte ihn nie interessiert. Er wußte, so wie er arbeiteten viele. Er fühlte seine Nützlichkeit bie jeder gelungenen Offensive, bei jedem versenkten Unterseeboot.

Er trat auf den in Sonnenlicht getauchten Platz vor dem Kommandanturgebäude und überlegte, was er tun könnte. Das finstere Zimmer im Offiziershotel lockte ihn nicht. Er beschloß, ins Kasino zu gehen.

«Herr Oberleutnant», rief da jemand hinter ihm.

Er drehte sich um. Vor ihm stand einer der Soldaten. «Was wollen Sie?»

«In meinem und im Namen meiner Kameraden ...», der Soldat begann zu stottern. «Die Kameraden mußten sich beeilen, um ihren Zug noch zu schaffen. Meiner geht erst in zwei Stunden, also bin ich geblieben, um mich bei Ihnen zu bedanken, Herr Oberleutnant.»

«Sie sind nicht zusammen gefahren?» fragte Kloss.

«Nein, ich habe eine andere Richtung. Seit achtunddreißig wohne ich in Danzig, in der Horst-Mayer-Straße. Und mir war so, als ...», begann der Soldat.

«Was?» fragte Kloss lächelnd. Aber er wollte die Antwort gar nicht hören. Im Jahre 1938, als seine Wirtin ihm die Wohnung kündigte, weil sie Angst bekommen hatte, Miete von einem Polen würde ihrem Ansehen schaden, hatte er sich nach einer neuen Unterkunft umsehen müssen. Es war schwer gewesen, etwas zu finden. Die Zeitungen hetzten offen gegen die Polen. Endlich war es ihm gelungen, ein Mansardenzimmer im Hause eines alten Eisenbahners zu finden. Und das war in der Horst Mayer Straße gewesen. «Was?» wiederholte Kloss und spürte, wie ihm kalter Schweiß den Rücken herunterlief. War das eine Provokation? Wußten sie bereits von ihm? Vielleicht war von Ossetzky deshalb plötzlich weggefahren?

«Ich bitte um Entschuldigung, es ist sicher ein Irrtum», sagte der Soldat. Er hatte ein freundliches, sommersprossiges, intelligentes Gesicht. «Es kam mir so vor als hätte ich den Herrn Oberleutnant irgendwo schon einmal gesehen. Aber das ist unmöglich! Der, den ich meine, war ein Pole!»

«Was für ein anderer? Werden Sie deutlicher!» sagte Kloss lächelnd und spürte, wie seine Anspannung nachließ. Der Soldat hatte ihn offensichtlich nur von weitem gesehen und ließ sich ohne Mühe davon überzeugen, daß Oberleutnant Hans Kloss nichts zu tun hatte mit jenem Polen, in dessen Mansarde immer bis spät in die Nacht hinein Licht gebrannt hatte. «War er mir wirklich so ähnlich?» fragte er weiter.

Der Soldat nickte. «Und wissen Sie, Herr Oberleutnant», sagte er schon im Weggehen, «den Eisenbahner, der dem Polen das Zimmer vermietet hatte, haben sie gleich danach abgeholt. Er ist nicht mehr zurückgekommen.»

«Wer hat ihn abgeholt?» Kloss hatte nicht verstanden.

«Im September neunzehnhundertneununddreißig, nach der Heimkehr Danzigs ins Reich. Die Gestapo.»

«Er hat es offensichtlich verdient», sagte Kloss kalt.

Der Soldat grüßte, ohne zu lächeln, und ging eilig über den Platz davon.

Den ganzen Weg zum Kasino hin verließen Kloss die Erinnerungen an den dürren Alten mit der Nickelbrille nicht.

Adam Pruchnal meinte, es sei Zeit für das Mittagessen. Er überquerte den Platz vor dem Kommandanturgebäude. Er ging nicht gern da entlang; denn immer wimmelte es dort von

Deutschen, so auch an diesem Tag. Mitten auf dem Platz erklärte irgendein sommersprossiger Soldat einem Oberleutnant etwas. Gendarmen bestiegen einen Lastwagen. Aber die Magistratsmütze und sein Ausweis garantierten ihm eine gewisse Sicherheit.

Das Restaurant, auf das Pruchnal zuging, trug aus unerfindlichen Gründen die Bezeichnung «Klub». Adam hatte hier nicht allein den Wunsch zu essen. Als er bei Stanisława bezahlte, schob er ihr mit dem Geld ein kleines Stück Papier zu, das er geschickt aus dem Band seiner Mütze gezogen hatte. Er mußte ihr nichts erklären. Stanisława Zarębska mit dem Pseudonym «Fink» kannte die Adresse, an die sie seit ein paar Monaten die mit Ziffern bedeckten Karten ablieferte. Ohne den Mantel über ihre Kellnerschürze zu werfen, lief sie auf die Straße, zwängte sich in eine überfüllte Straßenbahn und fuhr bis zu einem Haus in der Polna. Ein Schild auf der rechten Seite zeige an, hier nahm der Damenschneider Marian Skowronek Kleidung zum Ausbessern entgegen, war aber auch bereit, auf Bestellung zu nähen, wenn der Kunde für das Material sorgte. Das Mädchen brauchte das Schild nicht erst zu lesen, um zu wissen, daß man vom Tor aus nach rechts gehen und an der Tür im Parterre dreimal klingeln mußte, zweimal kurz und einmal lang. Der Schneider öffnete. Sie fragte, ob das Kostüm bereits gekürzt sei, und erhielt wie erwartet zur Antwort, es würde in einer Woche fertig werden. Sie drückte dem Schneider die Karte in die Hand und blickte ihn kurz an. Er schien irgendwie verstört. Das ist dir nur so vorgekommen, beruhigte sie sich, als sie zum Restaurant zurückeilte. Wenn irgendeine Gefahr bestanden hätte, wäre die Kreideaufschrift verschwunden, die ständig an der Tür der Werkstatt von Marian Skowronek stand. Sie lief schnell weiter, denn der Eigentümer des Restaurants, Herr Warchoł, brauchte ihre Abwesenheit nicht zu bemerken. Hätte sie sich, gemäß den Prinzipien der Konspiration noch einmal umgesehen, wären ihr zwei Männer aufgefallen, die mit ihr Schritt hielten.

Zwei Minuten später eilte Hauptsturmführer Neumann pfeifend den Korridor im Gestapogebäude in der Szucha-Allee entlang. Im Fahrstuhl betrachtete er sich zufrieden im Spiegel und wurde dann ungeduldig, weil der Fahrstuhl so langsam fuhr. Er wollte schnell zum Standartenführer Luetzke.

Das Gesicht des Standartenführers blieb unbeweglich, die stark umränderten Augen drückten nichts aus, wie gewöhnlich. Er hörte sich unbeteiligt den Bericht von Neumann an, man habe die Kurierin identifiziert, die die chiffrierten Meldungen in die Schneiderwerkstatt von Marian Skowronek gebracht hatte. «Was schlagen Sie vor?» fragte er, als Neumann endlich geendet hatte.

«Das nächste Nest zu suchen.»

«Wie viele dieser Nester kann es noch geben?»

«Schwer zu sagen», begann Neumann vorsichtig. «Im vergangenen Jahr ist es mir in Berlin gelungen, ein großes kommunistisches Netz zu zerschlagen. Leider ist uns der Chef des Netzes durch Selbstmord entgangen, aber von dem Verbindungsmann, den wir durch einen Zufall ergriffen hatten, gab es bis zum Stellvertreter des Chefs nicht mehr und nicht weniger als zwölf Nester. Sie werden zugeben, Herr Standartenführer, daß das eine ziemliche Arbeit war.»

«Zur Sache», unterbrach ihn Luetzke. «Für die Berliner Erfolge sind Sie bereits befördert worden. Ich will sehen, was Sie hier können.»

«Ich vermute, daß ...», begann Neumann.

«Wir haben keine Zeit für Vermutungen, Neumann. Mir geht es nicht um irgendeinen Chef. Wissen Sie, um wen es mir geht? Um ‹J-23›. Mehrfach schon waren wir ihm auf den Fersen, und immer ist es ihm gelungen, zu entkommen. Seit zwei Wochen haben Sie den Sender. Jetzt endlich haben Sie das Mädchen aufgespürt, das Sie schon früher hätten entdecken können, wenn Sie den Schneider einer kleinen Behandlung unterzogen hätten. Und sie erwarten von mir, daß ich Sie vielleicht noch lobe?»

«Ich befürchte», begann Neumann. Er war es gewohnt, sich nach zwanzig Jahren Arbeit bei der politischen Polizei gewählt auszudrücken. Seine Vorgesetzten waren damals ältere Herren mit untadeligen Manieren und mit wissenschaftlichen Titeln gewesen, die sie in Bonn oder Heidelberg erworben hatten. Nun mußte er mit diesem Halbgebildeten zusammenarbeiten, der ihn mit seinen kalten Fischaugen musterte und für die einzig würdige Arbeit eines Polizisten «Herauspressen» oder «Behandlung» ansah. Er beschloß, seinen Ton zu ändern. Mit so einem mußte man anders reden. «Nein, Standartenfürer, aus Skowronek hätten wir nichts herausholen können, aus dem einfachen Grunde, weil er nicht einmal den Namen des Mädchens kennt, das ihm einmal in der Woche die chiffrierten Meldungen bringt.»

Luetzke schloß sekundenlang die Augen. Auf seinen blutleeren Lippen erschien der Anflug eines Lächelns. «Also gut», sagte er leise. «Ich lasse Ihnen freie Hand, was die Methoden betrifft. Aber ich muß ‹J-23› haben. Denken Sie immer daran, wir haben nicht viel Zeit. Wie lange haben Sie für diese Aktion vorgesehen?»

«Zwei Monate», entgegnete Neumann. «Das ist das Minimum.»

«Zwei Wochen.» Luetzke klopfte mit dem Bleistift auf die Schreibtischplatte. «Aus Sympathie, die ich Ihnen entgegenbringe, gebe ich Ihnen noch eine Woche dazu. Insgesamt also drei. Aber keinen Tag länger.»

Neumann verließ zufrieden den Raum. Die Eile, die ihm der Standartenführer aufzwang, hielt er für reinen Wahnsinn. Neumann wußte, daß man solche Angelegenheiten behutsam erledigen mußte, unaufhörlich hatte er seinen Leitsatz «Nur Verrückte haben es eilig» vor Augen. Übermäßige Anstrengungen konnten nur den großen Fisch verscheuchen, den Neumann angeln wollte. Unverzüglich setzte er eine Beratung seiner Abteilung an. Das Spiel, das er mit dem Agenten «J-23» beginnen wollte, erforderte die Konzentration aller Kräfte auf diese Aufgabe. Er zog sogar die kleinen Häscher mit heran, die unaufhörlich in der Stadt unterwegs waren, die Gespräche in der Straßenbahn oder in der Schlange vor dem Brotladen belauschten.

«Meine Herren», begann er, als das Scharren der Stühle aufgehört hatte. «Meine Herren«, wiederholte er und blickte in die Durchschnittsgesichter, die es erleichterten, in der Menge unauffällig zu bleiben.

Einige Dutzend Leute, die nicht allzu klug, aber ergeben waren, sie konnten im Notfall schießen und ohne Skrupel töten. Einige waren Reichsdeutsche und Volksdeutsche, mit polnischem Brot großgezogen, die aber nun bereit waren, für ihr neues Vaterland alles zu tun. Auf sie zählte Neumann. Ihre Kenntnis der polnischen Sprache, der Sitten und Gebräuche waren von unschätzbarem Nutzen. Für sie hatte Neumann verschiedene Aufgaben. Er hatte die Absicht, dem Chef nach dem Gelingen dieser Aktion einen Plan vorzuschlagen, den er seit seiner Versetzung nach Warschau mit sich herumtrug. Er wollte eine Provokation von ungewöhnlichem Ausmaß organisieren, aus Reichs- und Volksdeutschen eine geheime polnische Organisation bilden, die die tatendurstige polnische Jugend erfassen sollte. Nach Erfolgen, die Neumann klug zu inszenieren gedachte, könnte sie in eine der großen polnischen Untergrundorganisationen Eingang finden. Aber darüber mußte er noch nachdenken. Zunächst galt es, seinen Auftrag zu erfüllen.

Der Schneider Marian Skowronek war ein kluger Mann. So anerkennend bezeichnete Neumann Menschen, die er im Grunde genommen verachtete. Skowronek hatte Cyankali bei sich gehabt und es schlucken können, aber er hatte es Neumann gegeben, damit es ihn, wie er sich ausgedrückt hatte, «nicht in Versuchung führte». Er wollte um jeden Preis überleben. Er hatte sich bereit erklärt, Neumann die Chiffre zu erklären. Wichtiger aber war, daß er weiter unter der Kontrolle der Gestapo arbeiten würde. Luetzke war der Meinung, man hätte an Stelle des Schneiders jemand anderen einsetzen sollen, aber Neumann hatte ihn überzeugen können, daß es sicherer sei, Skowronek verbleibe auf seinem Platz. Außer daß Neumanns Leute nicht von seiner Seite wichen, hatte sich scheinbar bei Skowronek nichts geändert. Neumann hatte ihm das Leben versprochen. Er wußte, es würde Skowronek sowieso nicht gelingen, zu entkommen. Es war ein Urteil mit Aufschub. Früher oder später würde die Organisation, für die Skowronek arbeitete, die Wahrheit erfahren, und dann ...

Also Skowronek hatte er bereits. Jetzt würde dieses Mädchen Stanisława Zarębska an die Reihe kommen. Schon die ersten Tage Überwachung hatten jeden Zweifel beseitigt: Als einzig möglicher Kontaktpunkt kam das Restaurant «Klub» in Frage, wo das Mädchen als Kellnerin arbeitete. Sie wohnte in einer kleinen Kammer in der Nähe des Restaurants, sie ging nirgendwohin, man hatte auch nicht beobachtet, daß sie sich mit jemandem getroffen hätte. Neumann hatte das Restaurant mit Spitzeln durchsetzt, die wohl oder übel Kartoffelklöße und Puffer essen mußten. Nichts außer acht lassend, besuchte er den Eigentümer der Gaststätte, Herrn Warchoł, in dessen Wohnung und brachte ihn ohne große Mühe dazu, einen von Neumanns Leuten als Kassierer einzustellen. Ein paar leise Drohungen taten das Ihrige. Jetzt konnte Neumann nur noch warten. Also geduldete er sich und sammelte Informationen über das Mädchen. Sie war die Tochter eines Bauern aus der Gegend von Września, war zusammen mit den Eltern umgesiedelt worden, die im Winter 1940 gestorben waren. Mehr war nicht zu erfahren gewesen. Bis Dienstag ereignete sich nichts, und der Hauptsturmführer machte sich Sorgen um das Gelingen seiner Aktion. Aber am Dienstag klingelte kurz nach zwei Uhr das Telefon, und Neumann hörte gedämpftes Flüstern.

«Wir haben ihn!»

Jetzt war die Sache einfach. Kompliziert wurde es erst, als sich herausstellte, daß der junge Mann tatsächlich beim Magistrat arbeitete. Nachdem man seinen Namen festgestellt hatte, suchte man die alten Polizeiakten durch und fand Adam Pruchnal auf einer Liste der wegen umstürzlerischer Tätigkeit Vorbestraften.

Neumann fühlte sich wie ein Spürhund, der auf die richtige Fährte gestoßen war. Er wußte, er würde die Spur nicht mehr verlieren.

Gelangweilt verließ Kloss das Arbeitszimmer von Oberst von Ossetzky.

Der alte Preuße, der neue Instruktionen mitgebracht hatte, quälte Kloss und die Leiter der übrigen Referate der «Abwehrstelle Warschau» fast drei Stunden lang. Von Ossetzky informierte darüber, daß in der Sowjetunion eine polnische Division gebildet worden sei, deren Stab auch die Tätigkeit der linksgerichteten Partisanenverbände koordinierte. Nach seinem Bericht war eine schleppende Diskussion zustande gekommen, die zu der Feststellung geführt hatte, daß die Warschauer Geheimdienststelle mit einer zu geringen Anzahl von Agenten, zu wenig Geld und zu wenig Peilgeräten auskommen müsse. Bei dieser Gelegenheit wurde Oberleutnant Kloss für die Organisierung eines Kontaktpunktes für Agenten gelobt. Wußte von Ossetzky, wozu diese verkommene Vierzimmerwohnung in einem halbausgebrannten Haus, in der Nähe des Gettos, tatsächlich diente? Hätte er gewußt, daß in der Wohnung, deren Miete vom Geld der Abwehr bezahlt wurde, unter dem Fußboden des Badezimmers Papiere verborgen waren, für die Abwehr und Gestapo jede Summe zahlen würden … Natürlich empfing Oberleutnant Kloss dort manchmal Mitarbeiter der deutschen Behörden, die von der Abwehr angeworben waren, aber er traf sich dort auch mit Leuten, auf deren Köpfe mehrere tausend Złoty ausgesetzt waren.

Aber Kloss hatte die Belobigung entgegengenommen, ohne eine Miene zu verziehen. Dergleichen Dinge erhöhten seine Sicherheit, verringerten die Gefahr, demaskiert zu werden. Ein

Offizier, der von dem mit Anerkennung geizenden Ossetzky belobigt wurde, konnte von niemandem verdächtigt werden. Er verließ das Gebäude des Geheimdienstes. Man spürte den Sommer nahen. Aus der Tageseinteilung von Józef Podlasiński ergab sich, daß dieser jetzt als Franciszek Buła in seinem Kontor sitzen mußte. Kloss rief dort an. «Ich möchte zwei Zentner Kohle bestellen», sagte er in den Hörer, obwohl er Józefs Stimme erkannt hatte. Aber auch der war vorsichtig, obwohl der Anrufer nur Kloss sein konnte.

«Wohin bitte?»

«Aleja Róz einhundertsiebenundzwanzig.»

Es war unwichtig, daß diese Straße kurz war und kaum zwanzig Häuser zählte, also keine solche Hausnummer haben konnte. Das Gespräch hatte zu bedeuten, daß Kloss sich mit Józef treffen wollte, am gewohnten Platz am Teich im Ujazdowski-Park. Die Ziffer über 100 bedeutete, das Treffen sollte im Laufe der nächsten Stunde stattfinden.

Buła saß, wie verabredet, auf einer Bank dicht am Teich, ordentlich, aber nicht elegant gekleidet, so wie es einem Besitzer von vier Pferdefuhrwerken zusteht. Aus einem Beutel nahm er einen Kanten Brot und warf den Schwänen Krümel zu.

«Hast du meine letzte Meldung über das U-Boot weitergegeben?» fragte Kloss, ohne ihn anzusehen.

«Natürlich», antwortete Buła und fütterte die Schwäne.

«Irgend etwas stimmt da nicht», meinte Kloss. «Das war vor einer Woche, und gestern hat dieses U-Boot einige Schiffe torpediert, die in einem Konvoi nach Murmansk unterwegs waren. Ich weiß das aus einem Bericht.»

«Vielleicht ist es nicht geglückt, das U-Boot zu vernichten.»

«Überprüfe in jedem Fall, ob sie die Informationen bekommen haben. Notfalls wiederhole sie. Das U-Boot läuft von Nordnorwegen aus.»

«Ich werde es übermitteln. Hast du noch etwas?»

«Ein paar Kleinigkeiten. Nimm das, wenn ich weggegangen bin. Gib es heute weiter.»

«Über Funk?»

«Das ist zunächst sicherer», meinte Kloss, stand auf und warf seine Kippe in Podlasińskis Richtung. «Sie sind noch immer nicht hinter das System der verschiedenen Sendezeiten gekommen. Wenn es irgendwelche Befehle für mich gibt ...»

«Ich schlage vor, im Café genau um Mittag. Wenn es nicht regnet, auf der Terrassse. Dort ist es um diese Zeit immer voll. Ich setze mich zu dir, wenn ich etwas habe.»

Kloss ging langsam zur Hauptallee. Aus einem Seitenweg lief ihm ein etwa vierjähriger Junge direkt gegen die Beine. Er wäre gestürzt, wenn Kloss ihn nicht aufgefangen hätte. Erst jetzt sah der Junge Kloss' Uniform. Er verzog das Gesicht und begann zu weinen, riß sich los und lief schreiend zu seiner Mutter. Kloss war daran gewöhnt, daß seine Uniform Angst und Verachtung hervorrief, doch berührte ihn das Verhalten des Kindes schmerzlich. Am unerträglichsten waren solche zufälligen Situationen, da fiel es ihm schwer, nicht aus der Rolle zu fallen. Kloss ging ins Kasino, wo er sich mit Leutnant Tietsch verabredet hatte. Er mußte wieder an die Begegnung mit dem Soldaten ein paar Tage zuvor denken, vielleicht deshalb, weil der Junge im Park genau wie der Soldat Sommersprossen gehabt hatte. Wenn ich irgendwann auffliege, dachte er, dann geschieht es sicher durch einen dummen Zufall, der scheinbar bedeutungslos ist. Wir wissen nicht, wieviel Menschen uns kennen. Jeder kann eine Gefahr bedeuten. Der Soldat, der auf dem Platz vor der Kommandantur den Namen der Horst-Mayer-Straße nannte, hatte ihn ganz schön aus dem Gleichgewicht gebracht. Aber es gab noch gefährlichere Begegnungen. Zum Beispiel vor einem halben Jahr.

Er hatte sich mit Sturmführer Brunner und anderen Gestapoleuten in der Aleje Herozolimskie am Hauptbahnhof verabredet. Sie wollten zur Jagd in den Wald von Bialowieża fahren. Kloss hatte ungeduldig auf Brunner gewartet, der sich wie üblich nicht durch Pünktlichkeit auszeichnete.

Frierend war er in seinem kurzen Jägermantel von einem

Bein aufs andere getreten. Von Zeit zu Zeit trug er Zivilkleidung. Seine Arbeit als Sachverständiger für polnische Fragen rechtfertigte das. Er stand also da und fror, als er plötzlich dicht neben sich einen Aufschrei hörte. «Janek!»

Dunkel hatte er sich an das Mädchen erinnert. Sie hatte Krystyna geheißen, wollte aber Krycha gerufen werden. Er hatte sie kennengelernt, als er nach seiner Flucht aus Kościerszyna im Herbst 1939 in Warschau Kontakt gesucht hatte. Krycha, eine entfernte Verwandte des Besitzers des Hauses, in dem er Zuflucht gefunden hatte, wollte das gleiche. Als alle Versuche fehlschlugen, hatten sie beschlossen, sich über die Slowakei und Ungarn nach Frankreich durchzuschlagen, wo General Sikorski eine polnische Armee aufgestellt hatte. Zuletzt war es Kloss durch Zufall gelungen, auf eine der gerade entstehenden patriotischen Organisationen zu treffen, und auf deren Befehl war er nach Kościerszyna zurückgekehrt. Dadurch verlor er den Kontakt zu Krycha. Es war eine Erinnerung geblieben, die langsam verblaßt war.

Und ausgerechnet in dem Augenblick, wo er auf Leute in schwarzen Uniformen wartete, hatte sie ihn treffen müssen. Er hatte sich verabschieden wollen, gesagt, daß er es sehr eilig habe, aber in diesem Augenblick war das Auto mit Brunner und seinen Kameraden gekommen.

Kloss hatte die Verwunderung gesehen, gepaart mit Abscheu, als der Wagen direkt neben ihnen hielt und Brunner mit den Worten «Hans, entführe keine Polinnen!» ihn ins Auto gezogen hatte. Dem Mädchen war schlagartig alles klar gewesen. Wenn sie eine Waffe gehabt hätte, so verstand er ihren Blick, wäre er von ihr auf der Stelle erschossen worden. Lange hatte ihn Krychas Bild verfolgt, er wußte, daß er in ihren Augen ein Verräter war.

Die Gefahr solcher Begegnungen beunruhigte ihn am meisten. In Frankreich oder in der Sowjetunion, wohin ihn ab und zu ein Befehl schickte, fühlte er sich sicherer, aber in Polen war er nun mal am nützlichsten.

Tietsch war noch nicht da. Kloss trank langsam das dünne Bier und fing einige Gesprächsfetzen vom Nebentisch auf. Er horchte plötzlich interessiert.

Ein Major mit gerötetem Gesicht erzählte einem Hauptmann etwas, den Kloss vom Sehen kannte. «Weißt du, wieviel von uns allein in Kroatien ins Gras gebissen haben? Zwanzig Prozent der Besatzungen. Das ist so, als würdest du jeden fünften an die Wand stellen und tratatatata.» Er imitierte Schüsse. «Aber das ist nur die durchschnittliche Statistik, die durchschnittliche. Soll sie der Teufel holen. Von einigen Infanteriebataillonen ist kein Mensch am Leben geblieben.»

Mehr konnte Kloss nicht verstehen, denn der Major wurde leiser. Kloss kam auf die Idee, die Gelegenheit zu nutzen, um seinen Leumund als diensteifrig zu festigen. Er ging zu dem Tisch und bat den Major zur Seite. «Oberleutnant Kloss», stellte er sich vor. «Ich möchte Sie darauf aufmerksam machen, daß Sie allzu laut über Angelegenheiten sprechen, die Dienstgeheimnis sind. Zum Glück habe ich neben Ihrem Tisch gesessen, aber es hätte auch jemand anderes sein können.»

«Ich habe geglaubt», brachte der Major hervor, «im Offizierskasino ...»

Kloss unterbrach ihn. «Es hätte jemand sein können, der einen Rapport anfertigt. Ich muß Ihnen nicht erklären, daß das Ausstreuen von Defätismus und die Übertreibung unserer Verluste als schweres Vergehen betrachtet wird ...»

«Aber ...»

«Dieses Mal bin ich großzügig, Herr Major. Ich verstehe, daß ein Offizier, der gerade von der Front zurückgekommen ist, sich aussprechen möchte, sich der Erfolge rühmen will.» Und im Tonfall eines Lehrers fügte er hinzu: «Aber auch über Erfolge erzählen Sie bitte leiser.» Er drehte sich auf dem Absatz um und ließ den verstörten, leicht schwankenden Major stehen. Natürlich würde er die Information über die Verluste in Kroatien dorthin weitergeben, wohin sie gehörte.

Er sah Tietsch hereinkommen und winkte ihm zu. Im Augenwinkel beobachtete er, wie der Major vor dem Hauptmann gestikulierte und beide eilig das Kasino verließen. Wahrscheinlich würde der Major den Hauptmann fragen, wer dieser junge, kaltschnäuzige Oberleutnant war, und dieser bei ihm die Überzeugung bestärken, Oberleutnant Kloss sei ein besonders gefährlicher, fanatischer Nazi. Sicher würde er das auch anderen mitteilen, und darauf baute Kloss.

Das waren seine Überlegungen, während er der monotonen Stimme von Leutnant Tietsch zuhörte, der im Zivilleben Apotheker in einer bayerischen Kleinstadt gewesen war. Tietsch klagte, daß seine Abteilung den Sender immer noch nicht hatte ausmachen können. Aber was sollte er dann machen, wenn der Sender im dichtbesiedelten Stadtviertel arbeitete. Zwar regelmäßig jeden Dienstag, aber immer zu einer anderen Zeit, und Tietsch konnte doch seine fünf Peilwagen nicht den ganzen Tag dorthin schicken, denn zum ersten waren sie woanders nötig, und zum zweiten hatte der Sender sich den ganzen Tag lang überhaupt nicht gemeldet, als er mit Hilfe von Oberleutnant Kloss einige Peilwagen mehr hatte heranziehen können. Tietschs Stimmung besserte sich erst, als der Kellner erschien und den Herren Offizieren Hammelbraten empfahl, denn trotz seiner unscheinbaren Gestalt war Tietsch für gutes Essen, und Kloss wunderte sich stets aufs neue, wieviel er bewältigen konnte. Kloss gefiel Tietsch vor allem durch seine exakte militärische Haltung, die er selbst allen Versuchen zum Trotz nicht erreichte, und durch seine einnehmende Lebensweise, mit der Oberleutnant Kloss viele Freunde gewann. Die wohlwollende Kameradschaft, die Kloss ihm entgegenbrachte, hütete er sorgsam. Kloss hatte übrigens nie seine Überlegenheit gezeigt. Wenn er Tietsch einen Rat gab, bemühte er sich, das in einer Art und Weise zu tun, daß dieser denken konnte, er sei in seinem Kopf entstanden. Kloss hatte Zutritt zu Tietschs Räumen bekommen, und das erleichterte es ihm, den eigenen Sender zu schützen. «Sag, Hans, was soll ich tun, damit sie mir nicht die Leute wegnehmen?» fragte er mit ratloser Stimme, als er seinen dritten Pudding mit Himbeersaft aß. «Was kann ich nur machen? Heute mußte ich wieder drei meiner Leute der Gestapo zur Verfügung stellen. Dieser Neumann schaltet und waltet, wie er will, und unser von Ossetzky gibt dem Luetzke nach, als wäre er sein Diener.»

«Wozu braucht Neumann deine Leute?» fragte Kloss, scheinbar ohne sonderliches Interesse.

«Weiß der Teufel», brummte Tietsch, über seinen Teller gebeugt. «Er bereitet irgendeine großangelegte Aktion vor. Ihn interessieren die Abnehmer von Gas oder Strom, ich weiß nicht mehr genau.» Mit wehmütigen Augen blickte er auf den Kellner, der die Teller zusammenräumte. Kloss schien es, als überlege Tietsch, ob er noch etwas bestellen sollte, aber dann ließ er es bei einem Bier bewenden. «Weißt du, Hans», sagte er, nachdem er den Schaum abgetrunken hatte, «diese ehemaligen Polizisten, die darauf spezialisiert waren, kleine Diebe und Zuhälter zu fassen, gehen mir auf die Nerven. Sie tragen jetzt schwarze Uniformen und denken, sie wären die großen Asse des Geheimdienstes.»

«Du hast recht», sagte Kloss zerstreut, denn er überlegte, was das für eine Aktion sein könnte, die der Hauptsturmführer vorbereitete. Obwohl er Tietsch recht gab, nahm er Neumann nicht auf die leichte Schulter. Er kannte diesen Typ von Schnüffler – langsam, geduldig, hartnäckig wie ein Esel. Er wußte, solche Leute waren die gefährlichsten Gegner.

Die Stimme von Standartenführer Luetzke am Telefon verhieß nichts Gutes.

«Ich komme gleich», sagte Neumann.

Diesmal benutzte er nicht den Fahrstuhl, denn er hatte es nicht eilig, seinen Chef zu sehen. Zwei SS-Männer führten ein blutüberströmtes Mädchen die Haupttreppe hinunter. Sie mußte schon von Bedeutung sein, wenn man sie oben verhört hatte. Ansonsten fanden die Verhöre im Keller statt. Das

Mädchen klammerte sich krampfhaft ans Geländer. Einer der SS-Männer stieß sie brutal weiter.

Neumann drehte sich angewidert weg. Er dachte an die Aktion, über die er dem Standartenführer berichten mußte. Für Neumann war die Sache klar. Man hatte festgestellt, daß die Kellnerin aus dem Restaurant mit einem gewissen Adam Pruchnal Kontakt hatte, der achtundzwanzig Jahre alt war und in den Akten der polnischen Polizei aus der Vorkriegszeit als kommunistische Person geführt wurde, die wegen umstürzlerischer Tätigkeit verurteilt worden war. Seit einer Woche stand er unter Beobachtung. Gleichzeitig wurden die Personen genau überprüft, mit denen er außerhalb der Arbeit zusammenkam. Aber die Arbeit dieses Adam Pruchnal war das wichtigste. Neumann spürte, daß der Gasmann die Informationen in der Wohnung eines seiner Kunden erhielt. Sein Abschnitt befand sich in Stadtmitte und umfaßte einige Straßenzüge. Rund gerechnet waren es dreieinhalbtausend Wohnungen. Wenn man feststellen könnte, in welcher Wohnung Pruchnal viermal im Monat erschien, denn die Meldungen kamen jede Woche, wäre die Sache sehr einfach. Luetzke wollte natürlich den Kassierer verhaften lassen. «Vertrauen Sie mir, Chef», hatte Neumann daraufhin gesagt. «Natürlich können wir die Flunder fangen, aber dann entwischt der Hecht, und der ist wirklich gefährlich. Ich habe den Text der letzten Meldung dechiffriert. Unser Hecht weiß schon vom letzten Erfolg des U-Bootes ‹U-265›, obwohl in den Berichten des OKW darüber nichts gesagt wurde.»

«Sie brauchen mich nicht zu überzeugen», hatte Luetzke daraufhin gesagt, «daß ‹J-23› gefährlich ist. Ich lasse Ihnen freie Hand, aber beeilen Sie sich.»

Neumann hatte die Gelegenheit genutzt und den Chef gedrängt, ein paar Leute von der Abwehr mit heranzuziehen, denn die Aktion, die er vorbereiten würde, sei ohne Beispiel. Dreieinhalbtausend Leute, die Hauptmieter waren, zuzüglich der Familienmitglieder und der Untermieter. Selbst wenn man die Kinder ausließ, blieben noch ungefähr zehntausend übrig. Man mußte ihre Personalien feststellen, die echten natürlich, denn es würden sich unter ihnen auch Leute mit falschen Papieren befinden. Die frühere Betätigung Pruchnals schien darauf hinzuweisen, daß «J-23» Verbindungen zu extrem linken Kreisen besaß, also mußte man unter diesen zehntausend Leuten diejenigen suchen, die vor dem Krieg kommunistischer Tätigkeit verdächtigt worden waren. Wie er vorausgesehen hatte, war nichts Neues über Adam Pruchnal herausgefunden worden. Sein Gefühl trog Neumann nicht, dessen war er sicher. Der Kontakt mußte in einer der Wohnungen stattfinden. Anhand der Kassenbelege versuchte man zu überprüfen, ob der Kassierer eine Wohnung häufiger aufsuchte. Nichts deutete darauf hin. Da klammerte sich Neumann an eine andere Variante. Der Sender arbeitete am Dienstag, am selben Tag brachte Stanisława Zarębska die Meldungen zum Schneider Skowronek, und zuvor – auch immer am Dienstag – traf sie sich mit Adam Pruchnal. Es war wenig wahrscheinlich, daß Pruchnal mit dem gefährlichen Material durch die Stadt lief oder es irgendwo aufbewahrte. Sicher waren diese Leute auch an der Aktualität der Nachrichten interessiert. Daraus würde folgen, daß der Kassierer die Meldungen auch jeden Dienstag bekommen müßte. Diese Annahme hätte es gestattet, die Anzahl der Wohnungen auf vierhundert zu verringern, aber wenn sich Neumann irren sollte, würde ihn das auf den falschen Weg führen. Neumann wußte, es war der einzig mögliche Weg, aber er war sich auch im klaren darüber, daß es ihm an Zeit fehlte.

Er betrat Luetzkes Vorzimmer. Ilse, die vollbusige Sekretärin von Luetzke, wies wortlos auf die Tür vom Chef. Ein schlechtes Zeichen, dachte Neumann. Einer guten Sekretärin teilt sich die Stimmung des Chefs immer mit.

Luetzke spielte mit seinem Feuerzeug. Seine schlanken Finger drehten es hin und her, ließen es fallen und hoben es wieder auf. Neumann konnte den Blick nur mit Mühe von den unruhigen Händen losreißen. «Das Spiel dauert mir zu lange, Neumann», sagte der Standartenführer gefährlich leise. Diesmal bot er Neumann keinen Stuhl an, also blieb der Hauptsturmführer in strammer Haltung stehen. «Ich habe Ihren letzten Rapport gelesen. Viel Arbeit, aber eigentlich nur der Schein von Arbeit. Listen, Namen, Papiere, aber dieser ‹J-23› ist noch immer nicht gefaßt. Warum stehen Sie da herum? Setzen Sie sich! Seine letzte Information, sowohl über unsere Verluste in Jugoslawien wie auch die Verlegung von Spezialtruppen nach Süden, stimmt mit den Tatsachen überein.»

«Ich möchte Ihre Aufmerksamkeit auf folgenden Fakt lenken.» Neumann setzte sich bequem. «Keine der Informationen nutzt den Bolschwisten etwas, sie erreicht sie nicht; denn durch die Kenntnis der Chiffre schicken wir ihrer Zentrale präpariertes Material.»

Aber Luetzke erlaubte ihm nicht, sich darüber zu freuen. «Er ist am Leben, er arbeitet weiter. Solange wir ihn nicht haben, können wir nicht ruhig schlafen. In dieser Zentrale sitzen keine Idioten, Neumann. Sie werden eines Tages begreifen, daß wir ihnen falsche Informationen unterschieben, und dann ist Schluß. Oder dieser ‹J-23› bekommt mit, daß etwas nicht stimmt, und hört auf, den Sender zu benutzen, der bei diesem Schneider steht. Wer garantiert denn, daß sie nicht noch irgendwo einen anderen Sender haben? Was dann? Ich glaube Ihnen, daß Sie den Hecht fangen wollen, aber Hechte fängt man nicht, indem man stundenlang mit der Angel am Ufer steht. Wissen Sie, was Spinnangeln ist?»

«Es hat Schwierigkeiten gegeben.» Neumann konnte endlich etwas einwerfen. «Dieser Kassierer hat im Laufe des letzten Monats keine Wohnung zweimal aufgesucht. Das Netz muß tiefer gesichert sein, als wir angenommen haben. Aber das ist nur eine Frage der Zeit. Sie müssen in die Falle gehen.»

«Sie wissen doch, Neumann, daß es uns gerade an Zeit fehlt. Deshalb müssen Sie die Angelegenheit beschleunigen.

Wenn wir ‹J-23› fassen, fallen uns die anderen Glieder der Kette von selbst in die Hände. Er scheint bestens informiert. Entweder hat der mit unserem Militärapparat zu tun, oder er hat gute Informanten. Zu ihnen können wir vordringen, wenn wir ihn haben.»

«Aber...» Neumann wollte sagen, daß ein zu schnelles Vorgehen die ganze Sache verderben könnte. Der Standartenführer aber erlaubte ihm nicht, auch nur ein Wort einzuwenden. Er trommelte mit den Fingern auf den Schreibtisch.

«Ich habe gefragt, ob Sie wissen, was Spinnangeln ist. Ich mag es nicht, wenn man auf meine Fragen nicht antwortet. Einen Hecht, mein lieber Neumann, angelt man mit einem Blinker. Man wirft ihm mit der Angel einen kleinen, sich drehenden Fisch zu, anders kommt er nicht an den Haken. Und dann zieht man ihn blitzschnell heraus.»

«Ein Köder?» fragte Neumann. Der Standartenführer lächelte zum erstenmal an diesem Tag. Sicher habe ich mich in der Einschätzung meines Chefs geirrt, dachte Neumann. Den Hecht mit einem Köder zu angeln, wäre gar nicht so abwegig. «Ich habe eine Idee», sagte Neumann. «Es ist ziemlich riskant, aber man kann es versuchen. Diesen ‹J-23› könnte man zu einem Treffen mit einem Funktionär ihrer Zentrale bestellen.»

«Sie machen Fortschritte, Neumann. Ich mag es, wenn meine Mitarbeiter nachdenken.» Er klopfte mit dem Feuerzeug auf die polierte Schreibtischplatte.

«Wir riskieren dabei, unsere Aktion zu verraten. Es ist nicht ausgeschlossen, daß mit seiner Zentrale ein besonderer Code für solche Fälle vereinbart ist.»

«Hätte unser Führer im Jahre sechsunddreißig nichts riskiert und das Rheinland nicht besetzt», belehrte ihn Luetzke geschwollen, «wären wir heute nicht die Herren Europas.»

Neumann hatte begriffen, daß er von diesem Augenblick an nicht mehr selbständig handeln durfte. Er konnte nur noch hinausgehen.

Kloss wußte bereits alles. Das heißt, er begriff das Spiel, das Neumann begonnen hatte. Wie immer in Momenten äußerster Gefahr legte er sich einen Plan für die nächsten Stunden zurecht. Neumann kam nicht voran, das war sicher, aber die Gefahr blieb weiterhin bestehen. Er trank seinen Wein aus, legte Geld auf den Tisch und ging. Die Garderobenfrauen des «Club-Cafés» kommentierten offenbar die Vorfälle der letzten Minuten, denn sie begannen bei seinem Erscheinen allzu laut über das Wetter zu reden. Im Spiegel sah er, wie der schwarze Opel von Neumann losfuhr, hinter ihm ein Lastwagen mit SS-Leuten. Er beschloß, zu Fuß zu gehen. Bis zum Treffen mit Podlasiński war es noch fast eine halbe Stunde, und so hatte er Zeit, die Ereignisse der letzten Wochen zu überdenken.

Als sie sich am letzten Mittwoch wie gewöhnlich im Ujazdowski-Park bei den Schwänen trafen, hatte ihn die Unruhe Józefs verwundert. Er überbrachte die auf dem üblichen Weg erhaltene Mitteilung der Zentrale, daß «J-23» an einem dafür bestimmten Tag im «Club-Café» mit einer weißen Nelke als Erkennungszeichen zu erscheinen habe. «Wo soll ich denn die Blume tragen?» hatte Kloss gemurmelt, als er die auf den Rand einer von Józef liegengelassenen Zeitung geschriebene Mitteilung gelesen hatte. «Das ist höchst seltsam», hatte er hinzugefügt. Die von der Zentrale festgelegte Parole für ein Treffen mit ihm war die Bitte um die genaue Mannschaftsstärke des Panzergrenadierbataillons 33. Kloss beschloß, dennoch ins «Club-Café» zu gehen, natürlich ohne Blume. Er wollte sehen, mit wem er es zu tun hatte, wer sein Gegner war. Er hatte natürlich geglaubt, daß die Sache ohne Folgen bleiben würde, er hatte nicht ahnen können, daß sich ein älterer Deutscher eine Blume ins Knopfloch stecken würde. Gleich beim Betreten des Cafés hatte er Neumann entdeckt und Bescheid gewußt. Also auf dessen Schultern ruhte die großangelegte Aktion. Aber was hatten die Gasanstalt oder das Elektrizitätswerk damit zu tun, die Leutnant Tietsch im Kasino erwähnte? Er hatte keinen Zusammenhang gesehen und beschlossen, Józef zu fragen. Es gibt zwei Möglichkeiten, dachte er nüchtern, entweder ist Józef aufgeflogen oder der Sender. Wäre Józef es gewesen, hätte Kloss nicht mehr ruhig über die Straße gehen können. Also blieb der Sender. Die Gestapo verfügte über eigene Peilwagen. Sie konnte unabhängig von Tietschs Abteilung dem Sender auf die Spur gekommen sein. Zwar hätten sie die Abwehr davon unterrichten müssen, aber Kloss wußte um die Rivalitäten zwischen Gestapo und der faschistischen Abwehr. Aber vielleicht waren sie dem Sender nur durch Zufall auf die Spur gekommen? Das würde man leider nie erfahren. Er hatte den Funker nicht persönlich gekannt, sondern war von Józef einmal auf das Schild der Schneiderwerkstatt von Skowronek aufmerksam gemacht worden. Kloss war damals ungehalten gewesen, denn er bemühte sich stets, nur das zu wissen, was unbedingt notwendig war. Den Kontakt mit dem Funker hielt Józef beziehungsweise seine Genossen. Wenn der Sender entdeckt worden war, mußte das ganze Netz unter Beobachtung stehen. Eins war sicher, zu Józef waren sie noch nicht vorgedrungen. Er würde seine vier Wohnungen aufgeben und sich eine fünfte suchen müssen – oder noch besser für einige Zeit aus Warschau verschwinden. Und, wenn es möglich war, die anderen warnen. Kloss setzte sich auf die Terrasse des Cafés. Józef war noch nicht da. Er blickte zur Straße, um zu sehen, ob er vielleicht gerade käme, und erstarrte. Der elegant gekleidete Józef kam, den Schirm schwenkend, quer über den Platz, als ihn drei Gendarmen den Weg vertraten. Hatten sie ihn jetzt? durchzuckte es Kloss, als Podlasiński ihnen die Papiere zeigte. Da viel ihm ein Stein vom Herzen. Die Gendarmen ließen Józef gehen, ja sie grüßten sogar. «Habe ich vielleicht eine Angst um dich gehabt», sagte Kloss, als Podlasiński sich endlich gesetzt hatte, während er den Hut und den Schirm ablegte.

«Das war unnötig», sagte Józef lächelnd. «Witalis Kazimirus ist ein Mensch, vor dem ein Gendarm nur salutieren darf. Was gab es im ‹Club-Café›?» fragte er dann.

«Nichts Gutes. Sie haben einen Deutschen verhaftet, der so unvorsichtig war, sich eine Nelke ins Knopfloch zu stecken. Neumann persönlich war dabei.»

«Das heißt», schlußfolgerte Józef, «sie haben unseren Sender und die Chiffre!» Darauf hätte er früher kommen müssen. Bereits, als die Information über das Unterseeboot, das in Nordnorwegen stationiert war, nicht angekommen war. «Von mir wissen sie noch nichts», sagte er lächelnd und verbeugte sich vor einem aufgetakelten Mädchen, das am Arme eines Sturmführers der SS hing. Józef vergaß nie etwas. Diese Verbeugung, die der Frau vom bekannten Gewerbe galt, war bezeichnend für den Luftikus Witalis Kazimirus. Keiner, der die beiden Männer im Gespräch sah, hätte geglaubt, es seien höchst gefährliche Leute. «Du weißt, daß ich nur mit Bedekkung gehe. Mundek ist ein Schütze, wie es wenige gibt. Wenn sie mich verfolgen sollten ...»

«Ich weiß», entgegnete Kloss. «Du kommst nicht in Frage. Die Wohnungen mit den verschiedenen Namen erlauben es dir, unauffällig zu verschwinden.»

«Das heißt», sagte Podlasiński, «daß Adam nichts gesagt hat. Sie haben ihn noch nicht. Er kennt alle meine vier Wohnungen. Eigentlich habe ich sie hauptsächlich für ihn eingerichtet, um ihm die Arbeit zu erleichtern. Er kann mich jede Woche einmal gefahrlos besuchen und die Post zusammen mit dem Gasgeld in Empfang nehmen.»

«Gasgeld?» fragte Kloss hellhörig geworden, denn er erinnerte sich plötzlich, daß Tietsch von einer Aktion Neumanns unter den Gasabnehmern gesprochen hatte.

«Er ist Kassierer. Das war übrigens auch seine Tätigkeit vor dem Krieg.»

«Dann haben sie ihn», konstatierte Kloss. Er erzählte Józef, was er wußte. «Du mußt ihn warnen, er soll verschwinden.»

«Und das Mädchen?»

«Das nächste Kettenglied. Das muß Adam entscheiden. Wenn er zu ihr Vertrauen hat?»

«Er kommt morgen zu mir.»

«Sollen sie also morgen verschwinden. Aber zuvor übermittelt ihr noch eine Nachricht von ‹J-23›.»

«Du bist verrückt! Wenn der Sender aufgeflogen ist ...»

«Eben. Die Meldung wird nicht zur Zentrale gelangen wie auch die anderen aus den letzten drei Wochen nicht. Sie ist für Neumann bestimmt. Übermittelt, daß ‹J-23› am vereinbarten Ort nicht erscheinen konnte, weil er zu diesem Termin dienstlich in Stettin zu tun hatte. Er bittet um einen neuen Ort und Termin.»

«Du willst ihn ablenken?»

«Ja. Ihr braucht Zeit, um aus Warschau zu verschwinden. Vergiß nicht, die Kopien meiner Nachrichten der letzten drei, vier Wochen mitzunehmen. Übergib sie Bartek, er müßte eine neue Chiffre und einen neuen Sender haben.»

«Und du?» fragte Józef.

«Ich muß dem armen Tietsch helfen. Der kommt nicht auf das System, nach welchem der feindliche Sender arbeitet.»

Er stand auf und verbeugte sich leicht vor Podlasiński. Kein Abschiedswort fiel zwischen ihnen, obwohl beide dasselbe dachten – ob sie sich noch einmal wiedersehen würden?

Bartek war von dem Befehl, den er in der Nacht zuvor erhalten hatte, nicht erbaut. Er mußte seine Leute von einer geplanten Aktion zurückrufen und eiligst den Landeplatz vorbereiten.

Zum Glück gab es nur wenige faschistische Abteilungen in der Nähe.

Sie warteten seit Einbruch der Dunkelheit auf einer großen Lichtung im Wald von Kozienice. In Gräben lagen mit Benzin übergossene Reisigbündel zum Anzünden bereit. Aber das Flugzeug kam nicht. Die Nacht war kalt. Adam klapperte mit den Zähnen.

«Ich mache mir Sorgen um Józef. Was kann passiert sein? Warum ist er noch nicht da?»

«Mal den Teufel nicht an die Wand», sagte Bartek gereizt.

«Er hat mir gesagt, wir würden uns bei dir treffen. Und wenn er es nicht geschafft hat?»

«Fängst du schon wieder an?» brummte Bartek und gab Adam eine glimmende Kippe. «Hier, zieh daran, beschäftige dein Mundwerk, damit ihm keine Dummheiten entschlüpfen.»

Eine Weile saßen sie schweigend da. Irgendwo über ihnen schrie eine Eule. Ein junger Genosse kam zu Bartek.

«Genosse Kommandeur, wenn er in der nächsten halben Stunde nicht kommt ... Es wird gleich hell werden.»

Da hörten sie das Geräusch eines nahenden Flugzeugs. Der Partisan rannte, ohne auf einen Befehl zu warten, zum Landeplatz. In den Gräben loderte Feuer auf. Der Pilot mußte das Zeichen gesehen haben, denn er setzte zur Landung an. Bartek ging zum Flugzeug und half einem beleibten Mann beim Aussteigen. Die Partisanen entluden Waffen und Munition und schleppten sie zu bereitgestellten Fuhrwerken, während Bartek den Kurier zum Forsthaus führte.

«Habt ihr jemanden, den ihr mitschicken wollt?» fragte dieser. «Das Flugzeug startet gleich wieder.»

«Du bleibst hier?» fragte Bartek verwundert.

Der andere nickte, und mehr erfuhr Bartek in dieser Nacht nicht. Am nächsten Tag stellte sich der Genosse vor.

«Hauptmann Antoni», sagte er, «ich komme wegen des Mißerfolgs in Warschau.»

«Ihr reagiert schnell», meinte Bartek. «Daß sie die Genossen vom Warschauer Netz aufgespürt haben, haben wir euch erst vor vier Tagen übermittelt. Ich habe eine Überraschung für dich. Zu Adam und ‹Fink› hat sich der Funker durchgeschlagen.»

«Das ist interessant», äußerte der Kurier. «Ich will ihn gleich anhören.»

«Das ist nicht möglich. Der Mann ist bewußtlos. Er wurde auf der Flucht angeschossen, wie durch ein Wunder ist er zum

Gemeindevorsteher von Kozienice gelangt. Ich mache mir Sorgen wegen Józef und Mundek. Sie hätten schon hier sein müssen. Dann wären alle gerettet.»

«Nicht ganz», wandte Antoni ein. «Es fehlt ‹J-23›.» Gleich nach dem Frühstück begann er, die Genossen zu befragen. Bartek war mit dabei, obwohl er den Sinn der Fragerei nicht verstand. Um ehrlich zu sein, der Kurier war Bartek nicht sehr sympathisch. Trocken, vorsichtig, mißtrauisch ... Bartek schien es, als sei sein aufmerksamer, bohrender Blick auch auf ihn gerichtet. Was für eine unangenehme Aufgabe, dachte er. Der Genosse unterhielt sich gerade mit Stanisława Zarębska, genannt «Fink». Das Mädchen bemühte sich, möglichst genau zu antworten, aber es war offensichtlich, daß sie der mißtrauische Ton deprimierte.

«Du behauptest, dich hätte Adam gewarnt?»

«Ja», antwortete sie.

«Er hat dir gesagt, du wirst beschattet. Hat er auch gesagt, wie lange schon?»

«Nein. Er hat mir befohlen zu verschwinden. Wir haben uns in Pyre verabredet.»

«Wen hast du noch gekannt?»

«Nur Adam und Skowronek.»

«Du weißt, wer ‹J-23› ist?»

«Ich kenne ihn nicht.»

«Hast du bemerkt, daß du verfolgt wurdest? Aber vielleicht», sagte er, die Stimme hebend, «wolltest du es nicht wissen?»

«Nein!» schrie das Mädchen hysterisch. «Ich bin keine ... Ich weiß, es war ein Fehler, ich hätte besser aufpassen müssen, aber ich war in Eile, ich bin mit den Nachrichten während der Arbeitszeit unterwegs gewesen. Ich hatte mit Adam vereinbart, es sei so am sichersten.»

«Und bei Skowronek war alles in Ordnung?»

«An die Tür war mit Kreide das Zeichen geschrieben. Im Falle einer Gefahr wäre es doch abgewischt worden.»

«Also, war das Zeichen da oder nicht?»

«Es war bestimmt da, nur es war ... Vielleicht schien es mir auch nur so. Ich hatte den Eindruck, als hätte Skowronek vor irgend etwas Angst gehabt, er hat solche Augen gemacht ...»

«Wann hast du das festgestellt?»

«Vor zwei, nein, drei Wochen.»

Er dankte dem Mädchen und bat sie, Adam hereinzuschikken. Er erinnerte sie noch daran, daß sie das Lager nicht verlassen dürfe. Das war nach Barteks Meinung völlig überflüssig.

«Übertreibst du nicht etwas?» fragte er.

«Mensch!» Der andere fuhr ihn scharf an. «Jeder von ihnen kann der Verräter sein. Seit fünf Wochen gibt der Sender Falschmeldungen weiter. Verstehst du? Wir müssen das Netz säubern, den liquidieren, der verraten hat. Was ist mit Skowronek?»

«Der Arzt war bei ihm. Nachmittags wirst du dich mit ihm unterhalten können. Setz dich», sagt er zu Adam, der gerade hereinkam. Er wollte dem Unangenehmen etwas Höflichkeit entgegensetzen.

«Wann hat Józef dich informiert?» Die erste Frage war gefallen.

«Am vergangenen Dienstag. Ich bin in die Wohnung gegangen, in der er als Witalis Kazimirus gemeldet war. Wie üblich habe ich das Gasgeld in Empfang genommen.»

«Hat Józef gesagt, daß er beschattet wird?»

«Er hat mir befohlen, zu verschwinden und das Mädchen mitzunehmen, wenn ich Vertrauen zu ihr hätte. Ich hatte keinen Grund, ihr nicht zu trauen.»

«Hat er von einer bestimmten Gefahr gesprochen?»

«Józef hat nie zuviel gesagt.»

«Und Namen? Hat er keinen Namen genannt?»

«Nein. Er hat nur gesagt, es bestehe Gefahr.»

«Und trotzdem hat er dir aufgetragen, noch eine Meldung zu übermitteln. Weiß du, worum es dabei ging?»

«Ich habe immer nur chiffrierte Texte erhalten. Ihr verdächtigt mich? Ich verbitte mir das! Ich bin kein Verräter!»

«Ich verdächtige dich noch nicht!»

«Wäre ich ein Gestapospitzel, hätte ich Józef verpfiffen. Nur ich allein ...» Er brach ab, weil er sich bewußt wurde, daß Józef noch immer nicht bei der Abteilung eingetroffen war.

«Ja», sagte Antoni, «nur du allein kanntest alle seine vier Adressen und Namen.»

«Ihr verdächtigt mich.»

«Ich kenne Adam seit acht Jahren», mischte sich Bartek ein. «Ich bürge für ihn.»

Adam war schon hinausgegangen.

«Irgend etwas stimmt bei der ganzen Geschichte nicht», sagte Antoni. «Józef hat sie gewarnt, und dann verschwindet er spurlos. Der Sender füttert uns einen Monat lang mit Lügen, und dann erscheint der Funker gesund und munter bei euch.»

«Nun, nicht allzu gesund», warf Bartek ein.

«Irgendwo sitzt hier ein Fehler. Logisch wäre nur eine Erklärung, jemand, der ausschließlich Podlasiński kannte, hat den Verrat begangen. Jemand, dem es später gelungen ist, den Sender aufzuspüren.»

«Wir sollten mit den Schlußfolgerungen nichts überstürzen. Warten wir ab, was der Schneider zu sagen hat.»

Skowronek hatte endlich das Bewußtsein wiedererlangt, war aber noch immer recht schwach. «Ich habe gerade gesendet», berichtet er mit leiser Stimme, «als ich Lärm an der Tür vernahm. Es waren die Faschisten. Kein Gedanke daran, das vereinbarte Zeichen abzuwischen. Ich bemühte mich, entsprechend der Instruktion, die Chiffre zu vernichten. Ich warf alles in den Herd, auch die Meldungen, die ich an diesem Tag erhalten habe. Es war wie verhext, es wollte nicht brennen. Ich öffnete die Tür zum Hinterausgang, aber da hörte ich, daß sie auch dort waren. Ein Dutzend Soldaten und zwei Offiziere. Und dann kam noch einer in einer schwarzen Uniform.»

«Gestapo und Wehrmacht gleichzeitig?»

«Ich weiß nicht.» Skowronek stockte und atmete mühevoll. «Ich war nicht fähig, darüber nachzudenken.» Er schloß die Augen für einen Moment. «Als dieser Gestapomann hereingekommen war, machte einer der Offiziere Meldung. Ich erinnerte mich sogar an den Namen des Offiziers. Oberleutnant Kloss. Und dann habe ich ihre Unaufmerksamkeit ausgenutzt und bin durchs Fenster gesprungen. Darunter ist ein Schuppen, kaum ein halbes Stockwerk tiefer. Ich habe keinen Schuß gehört, erst später habe ich bemerkt, daß ich verwundet bin.»

«Wie hieß dieser faschistische Offizier?» wollte Antoni wissen.

«Kloss. Oberleutnant Kloss.»

Bartek wollte Antoni sagen, es sei unmöglich, daß der Schneider Kloss begegnet sei, er kenne und schätze den Oberleutnant. Antoni aber, als ob er dem zuvorkommen wollte, sagte: «Jeder Agent wird irgendwann einmal geschnappt, und dann hat er die Wahl – entweder zu sterben oder zu verraten. Nach dem Willen des Feindes weiterzuarbeiten.»

Ich glaube nicht, daß ‹J-23› ...»

«Jetzt bildet alles ein geschlossenes Ganzes. Die Faschisten haben sich ausgerechnet, daß wir früher oder später merken, wie uns ‹J 23› in die Irre geführt hat. Was macht die Zentrale in solchen Fällen? Sie bricht den Kontakt mit dem Agenten ab. Sie wollten dem zuvorkommen, deshalb ist Oberleutnant Kloss aufgetaucht und hat den Sender aufgespürt. Sie haben das so arrangiert, daß der Funker nicht fliehen kann, denn sie wissen, daß er uns erreicht und den Namen dessen nennt, der den Sender ausgehoben hat. Wenn Kloss die uns desorientierende Sendeanlage vernichtet, haben wir keinen Grund, ihm zu mißtrauen. Verstehst du jetzt den ausgeklügelten Plan?»

Bartek nickte, obwohl ihn die Absolutheit des Dicken bei seinen Urteilen entsetzte. Er war froh, als das Gespräch durch Adam unterbrochen wurde.

Adam brachte die Nachricht, daß Mundek gerade eingetroffen sei. Sie riefen ihn sofort, aber er konnte nichts berichten.

Er hatte sich vor einer Woche von Józef getrennt. Er hatte angenommen, Józef sei schon im Wald. Er sei erst jetzt gekommen, weil er in Karczewo in eine Falle geraten sei. Gendarmen hatten das Dorf umstellt, durchsuchten es.

«Hast du den Offizier gesehen, mit dem sich Józef manchmal getroffen hat?»

«Ja», entgegnete Mundek.

«Würdest du ihn wiedererkennen?»

«Mit Sicherheit.»

«Morgen fährst du nach Warschau.»

Bartek begriff endlich, was der Kurier beabsichtigte.

«Willst du, daß Mundek ‹J-23› erschießt?»

«Wir haben das Recht der Entscheidung in solchen Fällen», entgegnete Antoni. «Und dieser Mundek ist, du hast es selbst gesagt, ein guter Schütze.»

«Aber Beweise, Beweise!» schrie Bartek.

«Es ist Krieg. Die Verdachtsmomente sind stark. Wir dürfen nichts riskieren. Im Namen der Republik, das Gericht des polnischen Untergrundes ...»

Neumann mußte seinem Chef recht geben. Er war ein Idiot, er hatte sich an der Nase herumführen lassen. Er hatte gedacht, «J-23» schon in der Hand zu haben, aber währenddessen macht sich dieser über ihn lustig. Und das ganze Theater natürlich wegen Ilse, der Sekretärin des Standartenführers. Woher zum Teufel hatte Neumann wissen sollen, daß das Mädchen die Nichte des Gauleiters war? Als er die Meldung erhalten hatte, daß «J-23» den Treff nicht hatte wahrnehmen können, weil er dienstlich in Stettin gewesen sei, hatte er geglaubt, ihm sei der Fisch schon ins Netz gegangen. Seine Annahme bestätigte sich. Jener geheimnisvolle «J-23» war in den eigenen Reihen zu suchen, denn niemand anders war dienstlich unterwegs. Festzustellen, wer sich an diesem Tag in Stettin aufgehalten hatte, war ein leichtes. Die einzige Person mit Dienstauftrag war Ilse Kempke gewesen. Er hatte sich schon das Gesicht des Standartenführers vorgestellt, wenn er erfuhr, «J-23» und seine Sekretärin seien ein und dieselbe Person. Aber reingefallen war er, Neumann. «J-23» hatte mitbekommen, daß die Geschichte mit dem Café eine Provokation war, und beschlossen, ihm eins auszuwischen.

«Man hat Sie aus Berlin hierher versetzt, Neumann», sagte der Standartenführer leise, «damit Sie unseren Sicherheitsdienst stärken. Ich bestreite nicht, es ist Ihnen gelungen, am Anfang einige Erfolge zu erringen, Sie haben den feindlichen Sender gefunden. Schon damals habe ich Sie zu überzeugen versucht, mit dem Funker anders zu verfahren.»

«Sie haben mein Vorgehen akzeptiert», wandte Neumann ein. «Wir haben vier Falschinformationen übermittelt, und das ist doch ein Erfolg.»

Kloss war beunruhigt. Seit zehn Tagen, seit dem letzten Gespräch mit Józef hatte er kein Lebenszeichen mehr von ihm erhalten. Natürlich konnte Józef nicht einfach anrufen. Aber es gab tote Briefkästen, einige Dutzend Plätze an verschiedenen Stellen der Stadt, wo man Nachrichten hinterlegen konnte. Es gab schließlich noch die Wohnung in der Bonifraterska, in der Nähe des Gettos. «Tante Susanne» wußte, daß man dort an jedem ungeraden Tag zwischen sieben und neun Uhr abends Oberleutnant Kloss antreffen konnte. Warum also gab die Zentrale kein Zeichen? Es ging weniger um neue Informationen, die er in der Zwischenzeit sammeln konnte. Das wichtigste war, Józef zu übermitteln, daß der Schneider Marian Skowronek, der zweifellos für die Gestapo gearbeitet hatte, entkommen war. Kloss sah die leere Telefonzelle und beschleunigte den Schritt. Er wollte noch einmal versuchen, Józef anzurufen, aber vergeblich. Aus keiner der vier Wohnungen meldete sich jemand. Er ging unschlüssig weiter. Er blickte sich um, denn ein Gefühl sagte ihm, er werde beobachtet. Sollten ihn seine Nerven verlassen? Eine menschenleere, übersichtliche Straße. Kloss ging in Richtung Zentrum, aber das Gefühl, beobachtet zu werden, verließ ihn nicht. Kloss mußte an Tietsch und das Gerangel um den Sender denken, als plötzlich ein Schuß fiel. Er drehte sich um und ließ sich hinter einen Mauervorsprung fallen. Er sah das Profil des Burschen, der schräg über die Straße rannte und in den Trümmern eines ausgebrannten Hauses verschwand.

Gendarmen mit schußbereiten Waffen kamen herbeigeeilt und halfen Kloss beim Aufstehen.

«Wer hat auf Sie geschossen.»

«Das wüßte ich auch gern.» Kloss hielt eine Rikscha an.

«Bonifraterska!» stieß er hervor. Er hatte beschlossen, wie an jedem ungeraden Tag zum Kontaktpunkt zu fahren, obwohl er den Burschen erkannt hatte, der auf ihn schoß. Es war Mundek gewesen, von dem Józef erzählte, er sei sein Schutz. Kloss hatte ihn einige Male von weitem gesehen. Ein Irrtum war ausgeschlossen. Er umging das Haus an der Bonifraterska, das zur Hälfte zerstört war, und gelangte durch den Keller in das Treppenhaus. Er hatte schlagartig begriffen, was geschehen war. Józef war wahrscheinlich hochgegangen, aber nur er wußte, wer der Verräter war. «Tante Susanne» hatte das falsche Spiel durchschaut. Kloss wußte, in solchen Fällen gab es nur einen Befehl – erschießen. Er selbst wäre in ähnlichen Situationen so vorgegangen.

Aber er wußte auch, er war nicht der Verräter und mußte das um jeden Preis beweisen.

Er schlich die Treppe nach oben und horchte, aber niemand schien ihm zu folgen. Und wenn der Bursche nicht allein handelte? Vielleicht erwartete ihn schon jemand in der Wohnung? Im Treppenhaus war nichts zu hören. Kloss öffnete blitzschnell die Tür. Hastig wanderte sein Blick im Zimmer umher. Es war alles in Ordnung. Er prüfte noch, ob die Tür verschlossen war. Seit seinem Fortgehen hatte sich hier nichts verändert. Was würde geschehen, wenn Mundek hierherkäme? Es war sicher, er würde das Urteil auch nach dem mißlungenen Versuch zu vollstrecken versuchen. Er hätte den

Jungen mit Leichtigkeit erschießen können, wäre er der, für den sie ihn hielten. Aber er war kein Verräter. Er würde nicht töten, sich aber auch nicht umbringen lassen. Zwar rechnete er immer damit, sein Leben zu lassen, denn dieses Risiko war bei seiner Tätigkeit eingeplant, der er seit Jahren nachging. Aber von der Hand eines Polen, eines Kameraden, wollte er nicht sterben. Langsam zog er die Uniform aus, dann ging er zum Alkoven und suchte eine Decke. Nach kurzer Überlegung nahm er eine zweite. Eine halbe Stunde später ging ein junger Mann die Treppe zum zweiten Stock hoch, bemüht, jedes Geräusch zu vermeiden. Einen Augenblick legte er das Ohr an die Tür, dann zog er einen Revolver aus der Tasche und setzte einen Schalldämpfer auf. Die Tür öffnete sich lautlos.

Er erblickte eine Gestalt auf dem Sofa und schoß, ohne zu zögern. Die Schüsse klangen wie das Klicken eines Lichtschalters.

Bevor Mundek sich darüber wundern konnte, daß der Körper nicht einmal zitterte, warf ihn ein starker Schlag gegen das Kinn an die Tür. Die Waffe fiel ihm aus der Hand. Sein Gegenüber hob sie auf und schaltete das Licht an. Mundek erblickte einen Mann in Unterwäsche. Es gab keinen Zweifel – das war der Deutsche, den er erschießen wollte.

Der Mann half ihm auf die Beine und sagte im reinsten Polnisch: «Ich konnte nicht anders handeln. Ich muß dir einiges erklären; aber vor allem sag, was ist mit Józef passiert?»

Mundek wußte nichts. Beide konnten nicht ahnen, daß Józef nach vielen Umwegen endlich in den Wald gelangt war, daß er von Hauptmann Antoni die Entscheidung einer sofortigen Rückkehr nach Warschau erlangt hatte und sich auf dem Weg befand, um das Todesurteil gegen Hans Kloss aufzuheben, den Agenten mit der Bezeichnung «J-23».

Inhalt

Die letzte Chance [3]
Eine Partie Domino [57]
Streng geheim [106]
Die vorletzte Vorstellung [157]
Die Parole [203]
Hans Kloss unter Verdacht [250]